跨度·非虚构文库

跨度·非虚构文库

神池人的厦门

◎王秉岐传◎

柴然 著

中国文史出版社

王秉岐

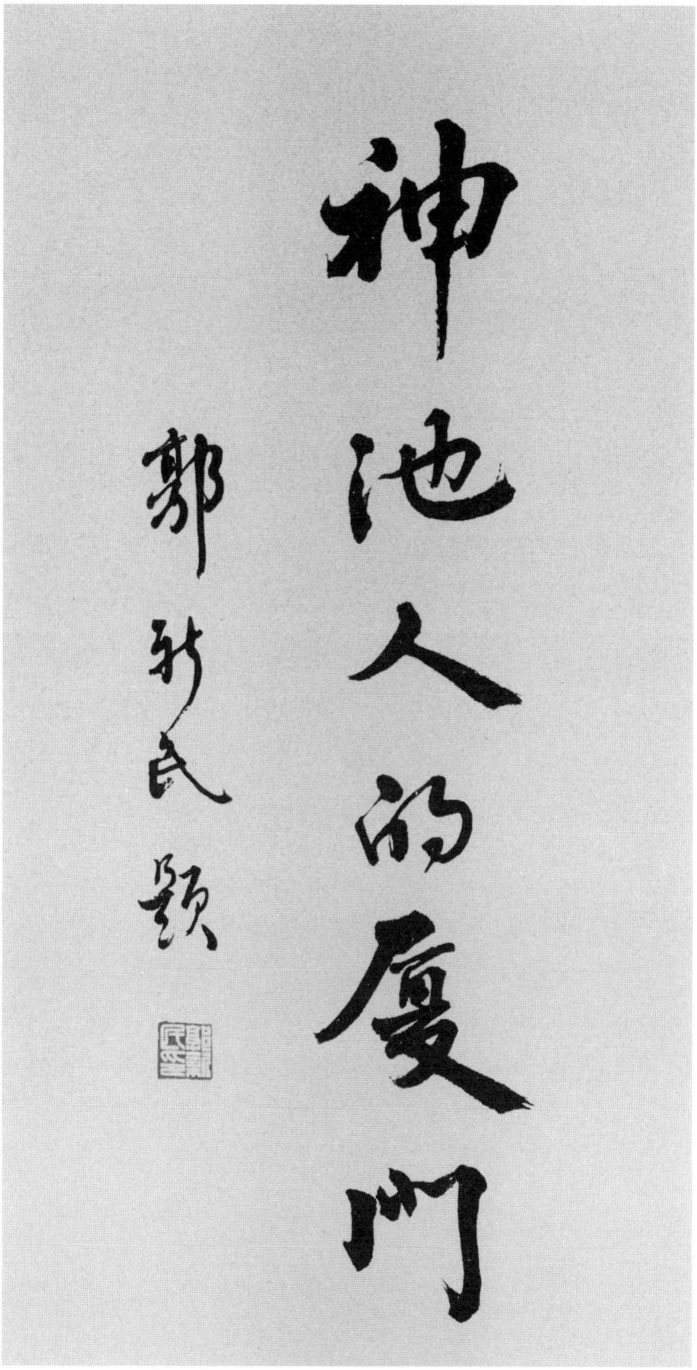

郭新民为本书题签

目　　录

第一章　不凡神池人

1

2013年早春，与老朋友郭新民小聚，他突然讲出桂龙药业被英国利洁时公司购并的消息，令我惊讶不已。他说："正式收购了，我二爹一家打包退出，在厦门，双方已经签订了合同。"

新民所指二爹，正是桂龙药业集团董事局原主席、董事长王秉岐，本书的主人公。

王秉岐是郭新民爱人王彩玲的二叔，所以新民随爱人叫王秉岐二爹。

不过，新民与王秉岐的交集，已超出了通常我们所说的这层亲戚关系。

二十世纪八十年代，王秉岐所创桂龙咳喘宁到北京搞医药科研鉴定会，新民全程参与，做了很多重要工作。其中一项，是他负责首都各大媒体对鉴定会的宣传，如新华社、中央电视台、《人民日报》《光明日报》等，消息或报道，无一遗漏。

应该说，新民和桂龙的联系，从始至终，没有断过。

桂龙这一驰名中外的中药品牌，最早的商标设计，即出自郭新民之手。

王秉岐写《桂龙铭》，新民不仅帮助他在文字上进行推敲，当《桂龙铭》成，他即纵情泼墨，写出几幅书作。

进入二十一世纪以来，王秉岐曾竭力相邀新民辞官从商，加入他的桂龙管理团队。当时新民在长治市任市委常委、组织部长，仕途上正处在一个顺风顺水的上升期。可就在那一时间，新民都多有思量他二爹的相邀，想着自个儿南下厦门，开启他人生的“另一番作为”。当然，新民最后没有弃官从商。

“就这样，说给就给，就卖给外国人了?”

“桂龙最后走到这一步，作为拼搏一生的王秉岐，头上不管顶有多少光环，这大幕落下来时，都会有悲剧色彩。”

桂龙本就是一个当代神池神话，不乏英雄主义气概——当年王秉岐在神池县为官，用去他十六年人生中壮丽的年华，可是说声对不起，即辞官下海，另辟他途，扬帆远航了。

二爹王秉岐，同是新民这个热爱故土的神池人的骄傲，是他心目中的英雄。他怎么会想到，二爹竟然会用这种方式，为桂龙药业，也为他自己的人生鸣“金”收兵?

“钱是个什么东西。”新民甚或有点恼恨地说。

2

郭新民题为《故乡的深度》的文章，对于神池故园有个历史性概括回顾，也表达了他对故土的深深牵记：

> 神池古属北锹之国、楼烦故地，当属边塞胡汉杂交之域，自古战乱不绝，烽烟频仍，归属无定，至清雍正三年始建神池县。县龄不长，却颇有高度，地处晋西北黄土高原丘陵地区，平均海拔一千五百〇九米，拥有三晋大地上站得最高的县城，海拔一千五百六十米，比东岳泰山还高二十八米。可惜众多神池人身居其境，不知其高，倒是神池的恶劣气候名声在外令人不寒而栗。当年“爬雪山过草地”的红军东征挺进山西，有支部队近百人在神

池虎北过境，忽遇暴风雪，竟冻死十数人，成为历史上一个沉痛的感叹！神池隆冬常有暴风雪，气温有时低至零下三十五摄氏度，过去冻死人的事常有发生。儿时的我，戴狐皮帽、穿狗皮袜子和毡靴都冻坏了耳朵和双脚，留下终身之疾。神池高寒少雨，十年九旱，老百姓说“一年一场风，从春刮到冬”，沙尘暴更是常见，有时“飞沙走石”，刮得昏天黑地，白天还得点灯。女人们出门，围上头巾，还得戴顶帽子，再漂亮的女人也防不住脸上留有被风沙强烈“亲吻”的斑痕（高原红），世世代代的神池人就是这么生活着、奋斗着。我曾感叹“晋北生大风，芦芽长劲松。紫塞传新歌，神池养精忠”。在人们平常的印象里，神池人往往是敦厚老实正直刚毅的象征，为朋友能够两肋插刀，讲义气不分贫贱富贵，重情意常常忍辱负重，修德性总是坦诚憨厚。神池的山山水水，养育了神池人难能可贵的秉性和风骨，当然也造就了由神池人所建树的特有的文化和风俗。论饮酒，猛而有量，煮酒言情，为三晋之最；论饮食，炖猪熬羊，炸油糕蒸莜面，丰而有精，佳而有味，颇具晋北美食风味；论生活，躬耕劳作，广种薄收，艰辛负重，顽强拼搏，生生息息，无怨无悔；论教育，史载明、清两代境内中文武进士者六人，中举者三十二人，贡生百余人。其中出任户部主事、国子监典籍、翰林院待诏、布政司、知州、知县、总兵、副将、参将、守备、千总等文武之官者数不胜数。特别是清末民初，涌现了两位功昭三晋、荫被后世的著名教育大家——山西大学和山西农大的创始人。一位是光绪十六年进士，曾任户部主事、户部员外郎、朝廷特命留英学者、山西大学堂总监督、中学专斋总理、民国山西省第一任民政长的谷如墉先生（清代张瑞玑《赠谷芙塘》诗赞曰：“先生名望如斗山，先生一出群情安；舌底莲花翻海起，胸中云梦接天宽。”）。另一位是留日先贤、中国农牧专家、创立西北农牧学科的鼻祖李秉权先生。令人遗憾的是，在山西大学百年校庆时，很多人却遗忘了山西大学真正的首创人谷如墉先生。

由此，我突发狂想，近百年来，三晋大地最有文化的人难道不是神池人吗？当代佛学大师、世界十大名僧、全国政协委员、五台山大住持、山西省佛教协会会长请佛是神池人士。他自幼在宁武延庆寺出家，后浪迹萍踪，佛踪遍及大江南北，而后又高居五台山之巅修行事佛，颇为众僧和佛学界所尊崇。论政要，古有翰林大学士、辽金两朝宰相虞仲文，后有冯爰立、孙吴、李识蒙、谷如墉等贤士仁达。特别值得一提的是孙中山挚友、同盟会先驱、光绪留日先贤谷思慎先生。谷思慎留学日本，就读于明治大学政法系，与光复会等革命组织骨干黄兴、宋教仁、胡汉民、汪精卫等结为同盟，并拥孙中山为同盟会盟主，被孙委为同盟会华北主盟人，后任“中国革命同盟会”经理部负责人、山西分会总干事，主管山西事务。

抗日战争和解放战争时期，神池千余热血儿郎血洒疆场，数百精英南下西进，为打击日寇和蒋军、开创中华大业立下了汗马功劳，涌现出了李启民、宫榅书、张维民等大批卓有成就的党政军高级人才，其功其绩，世代相传。论药业，三晋名医出神池，仅王氏名医便大可称道。王雅轩先生，承袭六代祖传医术，悉心研究中医药学，曾深得阎伯川先生青睐，盛名享誉三晋。胞弟王沛藻承传祖业，精研医术，行医不分贫富贵贱，深受患者信赖和尊崇。

写到王秉岐时，新民用了以下文字：

特别需要赞誉的是孙家湾村王秉岐，开创桂龙药业，发明研制了“桂龙咳喘宁”“慢咽舒宁”等数个品种的特效中成药，并于厦门创建桂龙药业集团有限公司，成为全国著名的药学专家……

该文正是新民为《神池儿女》所写的序言。

由此，我们也就不难理解他会说出那样的气话。桂龙药业的出让，在他这个神池人心中，同样留下了难诉的隐痛。

尽管大家明晓，如桂龙咳喘宁、桂龙慢咽舒宁这样的民族中成药品牌，一经投入人类的健康事业当中，它们实已不属于哪一个体，诚如药品本身的研制者、开发商、生产厂家，而是人类社会所共有的健康财富。如我们吃六味地黄丸，同仁堂的也好，咱山西榆社天生中药厂的也罢，全中国到处都有中成药企业生产，它们是一代代传承并推广下来的。一般而言，我们却不知道它的发明家是谁。中医药学浩瀚的文化传统承载着古往今来无数贤能仁达的智慧奉献结晶。无论其为伟大的李时珍，还是伟大的张仲景，抑或出自伟大的孙思邈的《千金方》《千金要方》《千金翼方》，或者战国时期集成的伟大的《黄帝内经》。

3

新民在前年春天的小聚中，能和我讲出这番话，其原因是我知道王秉岐和他的桂龙药业二十世纪九十年代以来成就的辉煌，为咱山西争了不少光，它是金字招牌，是“国宝”，用过药得以医治的病患，更是口口相传。我很早便认识王秉岐本人，时间能追溯到二十世纪七八十年代，王秉岐还在神池县当公社书记、任工交部长的那个时段。到桂龙咳喘宁正式研制、开发、产品上市，还隔着好几个年头。他也还没有坐到县卫生局局长兼县人民医院副院长这个职位上。

和他结识，是在我来山西迎泽宾馆。我们这一批新员工当中，有神池家男女参半十余人，年龄都比我冒点儿，俊男靓女，个个好人才。

王秉岐来太原开会、办事，多来找李太平。另两个是张维全、王福。他们仨，俩服务员，一个炊事员，都是我的好朋友。李太平后来还给我当过小组长，管过我几个月。王福，最早和我一起写诗，初始两个人弄古体诗，经常在一块儿头碰着头研究王力的《诗词格律》。他是炊事员，志趣却在普希金、郭小川，和我这个小服务员一样。

我不爱打问他们的情况，弄不清他们来太原是否得到过王秉岐的帮助，知悉的是他当年在神池义井当公社书记时的通信员，名李福，也在我们这一批新招来的员工当中。但李福在迎泽宾馆待的时间很短，好像新员工培训一结束，便分去了晋祠宾馆，后来去了省人大。

晋祠宾馆那面，另一个和王秉岐关系好的，那是振生，也是我们这一批人，起初也是楼层服务员。如李太平一般，振生和王秉岐的友谊，亦保持了几十年之久。较为特殊的，是他们间还属两代人的友情：振生的父亲，那在神池解放前夕，就是郭新民父亲郭伦——以前的老神池县委书记的通信员，后来在县上，和王秉岐亦多有交集，关系融洽、良好，走得很近。

这年里王秉岐已在中年，但他似乎有超越年龄界线的本领，人又看着显年轻，很容易和他们打成一片。他们实然对他有爱戴之情。太平他们几个谈起他，就有种为之骄傲的自豪感。“人家是老山西大学的大学生，会俄语、会英语，懂医、懂药，还会自己做药；人家给很多人都看好过病；好些病，外面的大医院都没办法，说是不治之症，可是照人家开的药方子抓几服，吃个三天一星期，好了。”

另是：“我们王部长，年轻时候就背过上千个汤头。”

敢情弄得你一头雾水。事实是，他在县里抓农业、抓工业、抓商业都是把好手，都有比较突出的成绩。尤其作为工交部长，更是使神池的工业更上层楼，不仅恢复并保持了神池的山西省重要工业县的发展势头，在他手上，神池县还创办了几个国营大厂，工业形势相当喜人。

在今天人们淡漠的意识中，早年的神池工业多保持在省内的高位——曾一直排在全省工业县的第二十一位上，这正如王秉岐当年上山西大学学英语一样，对于这么个荒僻小县，有些令人匪夷所思。

从 1957 年开始，神池能从一个干脆无工业的农牧小县一跃成为省内的工业强县，其时任县委书记的郭伦，居功至伟。

郭伦，1957 年动员群众，把战争时期遗留在阳方口的旧火车头拉回修理后发电照明，并以此为动力，建成了晋西北第一个配套齐全的机械厂，该厂当时生产的牛头刨、水泵、脱粒机远销省内外，名噪一时。

机械厂的成功，又使他们办起来更多厂子。

这其中有：神池酒精厂、神池农机厂、神池水泥厂、神池地毯厂、神池粮油厂、神池磷肥厂、神池食品厂、神池砖瓦厂、神池粉丝厂、神池铁合金厂、神池轮胎厂、神池铁木业社、神池汽修厂……

神池工业，从无到有，先是成为西八县（宁武、静乐、神池、五寨、岢岚、河曲、保德、偏关）的龙头老大，立足整个晋西北，可和原平、定襄这样的大县一较高下，然后又跻身全省工业大县之列。

王秉岐说：“但神池工业曾经遭到了很大的破坏，我们恢复并不容易。有政策，还得有相应的好办法，保证一个发展的连续性。基础是一点点地打下来的，从新民父亲郭伦那里，一直到我们这一批人手中。”

我对当年王秉岐的印象，首先是干净、整洁，其次是他北人南相，虽瘦小却精壮，头发黑亮，精神振奋，肤色也格外白皙。他亦生有一双美目，目光坚定，深邃，顾盼生辉。另他喜欢穿布鞋，说走起来合脚、轻便。

大家伙儿也讲他不像神池人，没有荒寒高原——边塞紫外脸型风格。

另一强烈印象，是他有理性的力量。这不仅限于一般性辩证看问题，讲求社会学和方法论。他思维缜密，谈话训练有素，逻辑结构层层推进，亦有赖于他天生的领悟力非比寻常；他生性倔强、认真，办事的毅力和决心是令人惊叹的。

前段时间读《乔布斯传》，上面有一句话：“乔布斯始终认为自己是与众不同的。他认为，世界上的某些人，如爱因斯坦、甘地等是特别的，是被上帝选中并受到启示的。当然，他认为自己也是其中之一，这也形成了他独特而自我的个性。”

王秉岐恐不会认为他是上帝专门选派来的，但他坚信，他所开创的桂龙事业造福于人类：

秉华夏仁术之道，创国粹桂龙药业，立世已逾十载，常暝而思之，研而精之，苦而求之，恒以康健民众为宗旨，不敢稍有怠惰。

他在《桂龙铭》里写道。

4

前面说了，王秉岐来太原，便会到迎泽宾馆找李太平，由李太平来为他们安排食宿，办理一些力所能及的事。反过来说，有好些年李太平回神池，都住王秉岐家。当时太平家还在乡下，没有搬到县城。

王秉岐的夫人摄连珍，早年上过卫校，是名副其实的中专生。她还是一个典型的神池女人，泼泼辣辣、风风火火、敢作敢为，另又慎思严谨，主意拿得真，吃得了苦，受得了罪，所谓：上得了厅堂，下得了厨房。

像丈夫王秉岐一样，摄连珍也把太平既当小兄弟待，又当跟前一个大孩子待。

王秉岐的长子王俊新——2008 年至 2013 年出任桂龙药业集团总经理。正是在他手中，桂龙的产值连年递增，到 2012 年，也即桂龙售让英国利洁时公司前一年，做到了年销售额五个多亿，实现利润一个多亿，创公司业务增量第一。

俊新早年在神池，即和太平投缘。太平一回来，俊新学都不想上，要跟他玩儿。后来俊新到太原上学、进修、工作，太平对他多有照顾。

俊新呢，心像他父亲，刚毅、倔强、不居人后。他有自己的见解，敢于据理与父母争执，亦能另辟新路。

俊新早先有一段恋情，难以释怀。后来在厦门，也一个人住，不思回家。特别是由那时开始，他多年不搞对象，不恋爱，不结婚，王秉岐、摄连珍老两口，看在眼里，急在心中。

俊新是长子，是后来才结的婚。俊新的娇妻是咱山西运城那面的人，两人由人牵线结识于京中，也就是他父亲在京看病之时。可以说，父亲生病，当然还有这个年轻貌美的女孩子，让俊新回心转意，短时间完成了这段好姻缘。俊新和妻子的年龄悬殊，妻子可能要小他一轮还多。高学历，都市白领，人很文静，身材婀娜，长得亦美。山西运城那面，多是些肤色差次、长相一般的女流之辈，忽而一个白皙、高挑、亮瞎人眼睛的美女出现，神闲气定，风光占尽。

俊新 2007 年前负责桂龙华东市场的开拓，人多在上海。当时，他正赶上中国股市那波大牛市，先后投进去六百万元，几番折腾，资金竟打了好多个跟斗，上证指数冲击六千一百点前，他手中的股票全部抛出，真正赚了个盆满钵满，不用发愁钱了。

这和他父亲 1991 年到厦门，不久便拿出桂龙咳喘宁生产准字号批文作抵押贷款买房子，低位入、高位出，几番易手，即赚取了桂龙厦门总部的启动以及有一定规模的发展资金，异曲同工。

有头脑、有胆略，赶上了好时机、好运气。

俊新的女儿前年出生。弟弟俊义的女儿则上了高中。

俊新和太平的交往，一直没断过。后来这些年，作为集团公司的总经理，俊新忙得抽不出身来，是自然的。然则俊新但凡回山西来打理业务，他都会像当年父亲从神池上来一样，哪怕多留一日，也得和太平见见面，吃顿饭。

这样的缘分，不是一个简单的老乡关系就能有的。

其实，在太平身上，亦能看见王秉岐的影子。

印象深的，第一太平也那样爱干净；第二是工作、生活的条理化；第三或者说更具有神池特性：谈不拢，合不来，管你天王老子，滚你娘的——啥事也不能。王秉岐眼睛里揉不下沙子，为此他常做出一些决断来，甚至不计遭倒霉、受损失，是“底线的坚守”，也可说是圆融不够。在太平，这“滚你娘的”对他的进步便造成过阻碍。还是我常爱说的那句：带着生身土地的不肯臣服。山里人那股子犟劲儿，非神池家独有。

晚近，王秉岐因遭受病痛折磨，有时说事情，心理上多波折、逆反。对自己最亲近的人，夫人、孩子，他都说不了几句好话，还总呛他们，说他们文化少了、读书少了、妇人之见了。俊新年轻时把好时光都混过去了，离他寄予的希望太远、太渺茫。一日，他甚至否定自己辞去公职以前在神池大干工作那十六年："多好的年华，正是干事业的时候，全浪费了。"关于神池、忻州、整个山西，他都出言不逊。这样，倘若你不理解他，不能设身处地为他考虑，单听他病中抱怨，你还真以为他对家人、对神池、忻州，包括整个山西，有多深的成见、多大的怨怼呢。（这可能会起到一些缓解病痛折磨的作用?）"老王犯浑呢，你别听他的。"夫人摄连珍多有理解。然而，你必须说，它之实质，王秉岐与家人的关系，与神池、山西的感情，只能是：爱之深切。王秉岐是一个家庭观念极强的人，同时也是一个故乡观念极强的人，还是一个山西人在外成就大事业的表率。这样波折、逆反的表达形式，用个不恰当的比喻，倒似一个小孩子在母亲怀里闹觉。

现在，简单说他的老乡观念，有一个明证，这是在厦门，他自己身边，多围绕、忙乱的，净是咱神池人，神池亲戚也不少。

你置身在那样一个美丽的祖国南疆岛屿城市，冬日里花朵竞放，万木葱郁，与我们黄风滚滚的黄土高坡形成巨大反差，特别是你心理准备不足，忽见这么多的神池家在高尔夫区（厦门一个富人别墅区）出现，说着神池话，脸上皆神池表情——当然说不上有多丰富，但憨态可掬是一定的，便觉得怪有趣的，有种莫名的惊诧。是王秉岐的病情不容乐观，大家忧心忡忡，使这种神池氛围多添加了几分严肃、凝重。

对，神池人在厦门。这个不知道他们是否做过统计，倒是从王秉岐的司机口中得知，这二十余年，王秉岐拉拽出来的神池乡亲，至少以百计。这是在厦门，还不包括当年神池药厂和现在忻州桂龙公司的神池籍高管和神池籍员工，当然还有安徽马鞍山桂龙药企的情况，那边也有一定比例的神池人。仅在厦门，跟着先生致了富发了家的，即可开列一张名单。

5

对于王秉岐售让桂龙药业的决定，李太平和郭新民并没有两样，都是很惋惜、很失望的。实际上，在桂龙售让利洁时公司签约以前，郭新民和李太平不只是对此有所风闻，王秉岐分别和他两人都有过交流。当然了，他们亦曾为之而感到忧虑。但是，他们不曾想到，王秉岐的动作会这么快。决断一出，没有了回旋余地。照他俩当时的想法，即便走到谈判桌上，那恐怕也不能完全遂了他的心（还有，谁家能出得起那么大一笔钱，来买下桂龙这个大摊子？这可不是个一般的数目）。预想着，售让的事情进行得不顺当，中间再由大家来做工作，那倒很有希望逐渐打消他售出公司的决心。

这些年俊新作为桂龙的总经理，良好的市场业绩则摆在那里。桂龙很好，不是小好，而是大好。

但王秉岐售让桂龙，也得到了部分好友的理解。曾追随过他好多年的老友张志礼和他通话时就积极赞扬。后来我到忻州采访张志礼，张志礼就此还特别强调，认为这是王秉岐走得最妙、最老辣的一招，激流勇退，最是难得。“正当桂龙公司事业蒸蒸日上，王秉岐已看出，他们这样的家族企业模式，不可能再向前有更大的发展。”

（他实际上是把他这桂龙品牌推在了一个更高的国际化平台上。）

王秉岐向来注重企业的现代化管理。始在 1991 年中外合资企业成立、桂龙进驻厦门初期，他即多方着手，物色现代化管理人才。他不仅为桂龙请来过多个优秀管理团队，也曾多次派出过自己的管理队伍到香港等地学习、取经。

在俊新当总经理之先，王秉岐已用过大几个总经理，每个还用一段时间。他们基本都是国内叫得响的职业经理人，圈子里（业界）能排得上号的。其中像邱波等人，工作干得并不坏，能力非比一般。

这些人才翘楚市场脉搏号得准，辛苦也有，效益也就差不了。

不过他们的问题也明显，首先是个人的诚信观念。这是个共同性问题。对你的人不忠诚也就罢了，关键是他们对桂龙这个事业也不忠诚，有人甚至把社会上一些不好的东西带到公司。

这你就不能不阻止他了。王秉岐说，我的桂龙不是世外桃源，但它是很干净的，不能受你的荼毒和污染。他们中有人甚至破坏董事局内部的团结，扬言只有搞乱你们这个家庭，你们一人一条心，他们这样的人（高级经理人），在公司才能站稳脚跟，才有更大的发展、更多的上升空间——挣到更多的钱。是可忍，孰不可忍。这已经不是什么个人才能的问题了（你甚至可以说他们很有才），这是做人的问题，道德问题。

这番话，王秉岐曾向几位朋友讲过。这也是他晚年的一个心结。有时他真犯疑惑，有时郁闷，整夜无眠，甚至认为自己不理解这个社会了。

这样，他把俊新扶在了总经理任上。

俊新小时候调皮捣蛋，不听话，学业与他的期望值大相径庭，早年在外地找对象也不和他商量，搞得他满心不悦。他对俊新的任意随性颇多失望，认为俊新光知道要。后来俊新来了厦门，又与家里话多不投缘，他还不爱回家，自己一个人住，似乎并不把他们这当父母的放在心上——有这么些的烦心事，却也让他怀疑，俊新就这么着下去，怎么可能子承父业、光大桂龙事业呢？

俊新能让他另眼相看，实乃因俊新前后主抓了华东和西南两个大市场，绩效斐然，为公司创下丰厚利润，向他交出一张一百二十分的答卷。优异的绩效、巨大盈利数字放在面前，儿子的形象在他心目中也光鲜起来，令自己耳目一新。

俊新起先到上海去开拓华东市场，他什么都没给，就一句话，有个公司政策，由他负责就是了。俊新原以为，反正家里上海有套房子，人有个地方住就成。结果他去了，房子倒挺大，毛墙毛地，什么也没有，他人还得寄居在朋友屋檐下。

那时候俊新手里也没什么钱，是他母亲怕俊新受了罪，背着他，偷偷拿出来私房钱，塞给俊新二十万元。俊新就靠母亲给他这二十万和公司的政策，第一年，在那边就挣了二百万元，并且还富了一圈跟着他干的人。

前面说俊新炒股，用的正是这样赚来的钱。

俊新说，钱在他个人账上，也没有什么别的用途。他对股票并不大懂，入股市也还是因为有朋友是股票分析师，也帮人做股票，俊新多听人家的指导，买卖都是。

俊新执掌公司业务，以改革创新发展业务，以人为本夯实市场基础，销售业绩翻了几番，这是前任、前几任都不可望其项背的。实际俊新工作上有一个特性，那是他自己并不多干活，也非什么抓大放小，他主要是能够找来合适的人跟着他干。政策定下，由他们主导，让他们把自我的潜能发掘出来。

和郭新民一样，李太平在与王秉岐个人交好外，对他所创桂龙事业，也尽过“绵薄之力”。

1985 年 9 月，王秉岐到北京去进修，报考了北京中医大学刘渡舟教授的研究生，因完全属于一厢情愿，根本不知道这个国家一流的中医高研班会不会接纳他，是抱着撞大运的心理去的。这一路上，就有太平陪同。

太平是请了事假跟着他去的北京。这时太平在京中已建立了一些关系，所以在吃、住、用车等上面，仍由太平来料理。

太平就是他的后勤保障。最终，他争取到了上高研班进修的资格，我国著名伤寒论大家刘渡舟教授和我国著名方剂学家王逸之教授，成了他的导师。

1987 年，北京搞桂龙咳喘宁科研鉴定会，太平又去了。

这一次，太平和新民走在了一起。新民主外，太平主内。太平肩上挑的，是整个科研鉴定会的后勤保障供给，一点也不比新民轻松。新民写报道弄资料的同时，太平那自是在落实酒店、看场地、订车辆、布置会议大厅，忙乱这些。

桂龙咳喘宁科研鉴定会大获成功，受到八方好评，除却选题切中，疗效肯定，物美价廉，适用性强，权威专家一致肯定，也和会场选在北京饭店有一定关系，规格高呀！说当年这北京饭店，可不是你普通人说掏钱包进去开会就能成的，这是搞国宴、接待国宾的地方，必须有国家机关事务管理局的准许会议批复。太平在这儿关系挺硬，全弄好了，钱还不多花，能省则省。

6

对，有此渊源。有了桂龙咳喘宁在神池小县的艰辛诞生和之后王秉岐的几大步跨越式发展，从神池小县到省城太原，之后南迁厦门，搞中外合资企业，直至将桂龙做成一块影响甚巨的民族中成药品牌，方有我和新民当日的交流。我也为王秉岐售让桂龙而深感惋惜。

有五言联：风篁类长笛，流水当鸣琴。是汩汩回声。

尽管说我们这可不是什么高山流水，更非坐而论道。

不过在此时，我对他的关切，仍处在一种较为原始状态的探询和尊崇之中，没有什么直接的目的性，并非想好了，要对他进行一番深入的采访，写一篇视角独特、观点鲜明的“利洁时购并桂龙”的报告文学。事件的跌宕起伏触动了我为他写一部传记或者一部围绕着桂龙事业发展壮大直至走到后来这一日的长篇纪实。

然而，当一年多过去，我在京中，竟是和出版社朋友商量着拟就了这样一个书籍出版可以报批的提纲：

> 该作记述桂龙药业集团创始人、原董事长王秉岐的人生奋斗历程。
>
> 王秉岐是国内著名的企业家，同时还是桂龙咳喘宁、慢咽舒宁等中草药制剂的发明者，一生跌宕起伏，波澜壮阔，充满了故事性。
>
> 1988 年，王秉岐辞去公职下海，创建桂龙药业集团；1991 年，由山西神池小县去南方创业，到厦门建立中外合资企业。桂龙药业在他的领导下，成长为全国乃至全球的知名药企。但就在

他人近七旬，似已实现了平生座右铭“做人，做大人；走路，走大路；做事，做大事；赚钱，赚大钱（光明正大之钱）”的人生理想时，一个决定，竟将桂龙集团打包售让英国利洁时公司（世界五百强）。

带着种种疑惑，作者于2013年之后开始对传主王秉岐本人、家人、桂龙药业上下，包括对传主与桂龙产生过影响的人物、亲友及地方进行了深入的采访……

是的，我跑了一年多时间，掌握了不少有价值的东西，采访虽说不上很顺利，但总体进入得还可以。

在王秉岐身上，有很多值得探索的东西。对于今天的中国社会，也是非常有意义的。

第二章　乡里第一个大学生

1

1945 年，王秉岐出生于神池县贺职乡孙家湾村。

孙家湾很小，从他出生一直到二十世纪八十年代末他创立桂龙药业，村中仅有三十来户人家。后来虽多少有点儿变化，但添户添丁并不多。我的几位文学界的老友——田润喜、刘呈炎、张茂林，当年曾为王秉岐写过一篇报告文学《神池·神医·神药——王秉岐纪事》，登载在《黄河》文学杂志上，产生过一定的影响。润喜、茂林他们本就是忻州人，对神池很熟悉，为这篇东西又专门跑过贺职乡孙家湾。隔着这二十载春秋，去年夏末我前去考察，发现他们当年还真的做足了功课：

> 神池往西，有水一泓，旱不涸，雨不淫；来无踪，去无影；夏不生鱼虾，冬不结凌碴。沿着这个神奇的地方，向西北方向再走七八十里，你会看见一片狭长的丘陵地带。高处，几株毫无生气的杂树上盘旋着数只恼人的乌鸦。乱石遍地的沙土地上染着几处不连接的绿色。荒岭半腰，不规则的“石线”曲曲弯弯地围圈着听天由命的庄稼。几只狗儿漫不经心地在村道上来回走动，几个老人倚在墙根，就着六月的阳光在怀里和背上挠着痒痒。接着剧烈的咳声传了出来让你听了难受。这就是王秉岐的家乡，仅有三十余户人家的孙家湾村。

来到这个小村庄之前，我一直在想，村中是不是有一些特别的地方？因为我和大部分关心王秉岐的朋友一样，知道他是一个纯粹的农家子弟，祖父、父亲曾扛过长工，都是老实巴交的庄稼汉。父亲王二闰身体还不好，瘦小、单薄，多年受气管炎病痛的折磨，人到了五十四周岁，这年因染风寒咳喘不止、医药无救命之力而逝，给王秉岐留下深深哀痛。

在村子里兜了一圈，却没有发现什么异象，就晋西北黄土塬上那么个普通的小村庄。

说孙家湾的好，还得和王秉岐联系在一起。

较早些时候，王秉岐即拿出钱来为村子里修过路，建过学堂，又对村上如人畜饮水、种树绿化这些有过投资。

村中，和几个老人坐下闲聊。真正收获，还在王秉岐父母的勤劳吃苦非比一般。当然，还有王秉岐父亲王二闰的头脑，也非一般村里人所能比。

王秉岐三兄弟，他是老二，老大王秉钧，老三王秉青，三个孩子中，最小的老三，也读到了高中。前面讲了，他读的是山西大学，哥哥王秉钧读的是五寨师范。父亲王二闰是个最普通的村民，可他拖着病体，竟能在这小小贫穷的孙家湾供出来三个念书的儿子，简直不能想象。

“人家有决心，饿死也要供三个孩子读书。”

“当时队里一个工分一毛钱，有时几分钱，谁家也吃不饱。他家要供三个儿子念书，家里没钱，人家能咬着牙卖了口粮，一家人全年吃野菜、吃糠。”

“人家和大家不一样，孩子们都上了学，长了大出息。”

“他爸爸从来不闲着，起早干到黑，人还一直气喘咳嗽。就是打草，人家也要比旁人多打一些。”

“他妈叫张换女，可能是想换个兄弟吧。她是个小脚，身量也不大，可是为了孩子们上学，多挣些工分，人家在地里能和男劳力一起扛麻袋。”

“拼死拼活，都为挣生产队那几个不值钱的工分。”

《神池·神医·神药》中则这样写道：

王秉岐从小就很体贴老人。他知道自己能念书，全靠父母的血汗钱。忘不了小脚的母亲身扛麻袋在田间摇晃，忘不了喘着粗气的父亲往山上送粪，忘不了母亲冻僵了的枯手在雪地里捡羊草，忘不了父亲为了省钱供孩子上学拒绝请医治病……更忘不了全家整年端着可照见脸的绿菜清汤。清汤中间倒映着亲人们菜绿色的瘦脸。他的书包是母亲在昏灯下缝制的，那杂色的破布寄托着慈母的良好祝愿。他的抄本，尽管都是劣质纸张，可它的正反面都写得密密麻麻、规规矩矩，他不能辜负两个老人，要按老人的心愿，学好本领，考上大学，插上翅膀，飞出这穷困闭塞的山窝窝。

后来在厦门，我采访王秉岐的大哥王秉钧老人，他在谈到自己的父母亲时，亦有这样深深的感慨。

王秉钧和弟弟王秉岐一样，认为他们的父亲是最伟大的。

“没有父亲咬着牙供我们兄弟三个念书，你人在村上，脑子再好，再有本事，最后顶多能当个村主任、村支书，你还有什么大的前途？一没文化，倒决定了你了。”

王秉钧老人，正是郭新民的岳父，今年七十六岁，他身体好，身材保持得也不错。作为一个老者，不胖不瘦，身轻体健，且头脑清晰，记忆力无减退，性格和善，阅世甚深，也更宽容，遇事更从容，在我看，这才是人在晚年最大的福气。

当年王秉钧五寨师范毕业后，先回了神池教书。第二年，即被抽在地区工作组到了定襄等地，由此也就走上了仕途。他在忻州地区工作了一段，之后又回到神池发展。他性格好，能力强，有公心，晋升顺利。到弟弟王秉岐任职县里的工交部长时，他已在神池当了县官，后来更是升迁到握有大权的管财政副县长到常务副县长。他在任上，坚持办实事、爱百姓的原则，为神池县办过不少大事。

弟弟王秉岐搞桂龙药业，对他在仕途上的发展亦有影响。说长兄如父，他替弟弟操心，那是自然的。既然是弟弟的一番大事业，有些事在弟弟顾不过来时就不可能不管，如后来桂龙在忻州高新开发区建厂，不但他鞍前马后跑，大女婿新民还得好好搭把手。弟弟王秉岐去了厦门，山西这边，他就是弟弟的代表，不仅代表弟弟说话，甚至代表弟弟作决断。

对，桂龙成立后的第四五年上——也就是桂龙在忻州建厂的前前后后，他也调在了忻州，出任地区工商局副局长。这任上，他本有几次机会再往上走走，但因为桂龙的事分心，都未能去努力争取。不过，他认为依凭组织章程办事，就好。所以十几年任副职他也无怨无悔。

王秉钧一离休，即做了名副其实的桂龙顾问——有时候却像个“大管家”，但他没有真正意义上进入桂龙。

这是他的选择。弟弟知道他主意已定，后也没有强扭。

作为王秉岐，对兄长尊敬而顺从，另也说，那是哥哥能在身边，比什么都强。

反过来，王秉钧替弟弟操心，为桂龙办事，也主要出于兄弟亲情。他就曾和我说：“自父亲去世以后，我对待两个兄弟，就非比以往了，不仅仅是一个当哥哥的了。”他要代替离世的父亲照看好他们。长兄如父，这是他的根本责任。

人老了，回忆父亲，情更切，意更远：

> 说我父亲呀，对于我们这个家庭的贡献，那是非常伟大的。我父亲是个最普通不过的农民，他还不识字，可是，在对待我们三兄弟的教育上，他又最不普通，最有头脑。正因为他不识字，才要我们识字、有文化。父亲当年和我们说，哪怕我再苦再累，受死受活，都要你们识字、有文化，只有给你们创造出这个条件来，你们才能有将来，真正离开咱这穷山沟。

王二闰老汉的这一思想，决定了王家后来的命运。

王秉钧说：“当初我父亲在村上能有这个上进心、重文化思想，很不简单。不要说比咱家庭差的了，就是村上的好家庭，也没有人家为了供孩子们上学像咱家一样，弃舍了一切。孩子稍微大点，就是个劳动力，那能为家里添一点，是一点。再说了，村里哪家人的生活也是很困难的。所以，我也总和人们说，我父亲是一个有志向的人，为了我们，下了最大的决心，吃了太多太多的苦。”

王秉岐说：“我这一生最崇拜的人就是我父亲。我那个父亲，是最伟大的父亲。”

说这话时，王秉岐正在厦门医院。他的病势，则越来越重。

2

那之后，我还问了王秉钧老人他姥爷家的一些情况。我以为，像王秉岐这样的人，从血液上似乎就应该有一个文化方面的传承。

老人的回答，说不上令人满意，但也不能说不满意。他们的母亲不识字，但他们的姥爷还是有一定文化的，可以说是一个乡村知识分子，做过村中文书、教过书。不过，和我想象中或许是大户人家的子弟，较之甚远。

收获，还是母亲对他们兄弟的影响，在他们今后的人生道路上，起过重要作用。

他说：“我母亲非常诚实，她就是这么一个人。由于她的言传身教，我们三兄弟都不说谎话，不说假话，从小不说，到现在也不说。”

这正是一笔大的精神财富。他说：“我母亲的脑筋还是挺可以的。我们这个家庭，让她经营得是好的。精打细算、省吃俭用、传统持家、忍辱负重，保证了我们没有失去念书的机会。这点我们受益很大。后来我在县上管财政，用的正是母亲持家这一套，精打细算、省吃俭用、传统持家。老二脑筋好，会算账，像我母亲。后来他创业有成，不管他老板当多大，也全是普通吃饭穿衣，向来不搞奢侈的，也像我母亲。”

父母、生身之地，会对人的一生形成影响。

显然，更久的历史渊源实已很难向上追溯了。

单说他们早年的家庭，大抵也不外乎如此：新中国成立前多处在贫寒之中，父亲很小即外出给人打工扛活；到了土改以后，日子过得还可以，因为家里分到了土地；而在他们兄弟稍大一些，也即王秉岐记事不几年，乡里村里都搞集体化了，他们一个纯粹的乡村农民家庭，家境自也平常、稀松，王二闰再有头脑，再会生着法儿搞点儿副业挣钱，但要供他们兄弟三人读书，那都是万分艰辛的事儿。

为此，王秉钧老人还特意强调说："为什么我们家生活不如过去？我们孩子多，要上学，我父亲又是一个体力上不能特别跟上去的人，他在二十几岁上就得了气管炎，这一生当中，他老是气不够用。你想，气不够用，家里家外还挺苦重的，这他倒要受多大的罪？到了集体化以后，靠工分吃饭，他又不是一个强劳力，拼死拼活，也赚不下几个工分。我母亲又是个小脚，工分自然低，人家挣八分九分，给她个三分四分不错了。生活艰苦，就不如过去家里有地时单干。我们大了点的时候，反而日子过得很紧张。"

老人陷入沉思。之后说："不过，我们兄弟的个人条件还是很好的。老三秉青，不如我和老二的记忆力，数理化这些，消化、吸收得也不如我两个快，但总体上也是够聪明的。老三是赶的机会不好，不然，考在外面至少上个大专，不会有问题。老二秉岐，当然更特殊了，小小的，就有过目不忘的本领。他还刻苦、勤奋、执着，从上初中，各门功课学在前头，老师讲到时，人家在课堂上是在验证提前学习的结果。化学脑袋，聪明得很。"

老人也介绍了一下自己早年的学习情况："我上学晚，到十一岁上才入学，当时村子里还没有学校，我们得到外村去上学。我一年级上了半年，直接跳到了三年级，三年级也是学了半年，升四年级又考了班上的第一名，当时觉得上学很轻松、很愉快。我初中一毕业，倒让招进了五寨师范。但五寨师范只是一个中专。我的大学专科，是我在职读的，也就是山西大学政治系划归省委党校后那一批。但这一切的一切，都要感谢我父亲。"

在病榻上的王秉岐说："我父亲没有享过一天福。靠卖鸡蛋、卖草供出我们来，他也没有享上我们的福，一天也没有。"

这也是他们兄弟三人终生的大遗憾。

我最大的感触是潜藏在他们父亲身上那种隐忍的力量。这才是以后的王家改天换地的根本。

这是父辈，伟大也渺小，牺牲了一切，成全了他们的土地，荫庇着后代子孙。

3

当年神池县没有高中，王秉岐考取高中后，是到偏关县去上的。

另外，神池的高中生多数到河曲读书，部分到宁武去上，而西八县的中考与高考则集中在河曲进行。他们这些高中生所选择的县份有别，其中一个原因，那是他们选择外语的学习而各有不同。如王秉岐在偏关，那学的就是俄语。

有关王秉岐在偏关上高中，当时就多有故事。

有位很了解他的朋友，向我谈起过他在这边上学的艰辛。

朋友说，王秉岐的父亲王二闰，二十多岁就得了病，严重的支气管炎，喘得不行。这对王秉岐刺激大，王秉岐后来一心学医，搞桂龙药业，其启蒙治病愈人的观念，都和这个分不开。有这样一个家庭情况，他念书时自然没钱。别说后来到偏关上高中，就是在神池上初中时，他的家境也是差的，没有钱，紧巴巴的。在偏关，很多同学至今还记着他每个星期都要从家里带往学校的船头面——也可叫船头面饼吧。这个是什么东西呢？就是把莜面少和一点盐，然后拿绳子把它勒成圆片片，相当于现在那种圆饼干一样。他妈给他把和好勒好的面往火上烤，烤好以后再穿起来。这他就背上来上学，每天都吃这个——船头面饼子，直到高中毕业考上山西大学。

王秉岐人穷却志向远大。他狂热地学俄语，立志当一个外交家，成为国家的栋梁之材。他并非暗暗下决心，事实上他这一远大志向，学校里无人不晓。由于他俄语学习成绩特殊，老师后来都有些教不了他。所以，大家似也把他真看成一个未来的外交家。而不像有些孩子，刚讲起自己的人生理想，随之便引来同学们的阵阵嘲弄与调笑。

为了这梦想的实现，一进高中第二个学年，他基本上就把数理化扔了。这和他此前在学习上全面发展有着太大的不同。

偏关是我比较熟悉的地方。二十世纪八十年代中期，我岳父朱祯祥在那儿当县委书记，我不只每年过年过节要去，好多偏关人来太原，我还在这面有过接待。有几位老同志，现今还有来往。

这里面就有王秉岐在偏关城里读高中时的同学。我把电话打去，了解当时他在校情况，人家就讲了：

“啊呀，王秉岐，那可是个了不起的人。在咱西八县，敢情能排上头一号。在班里，我和他关系挺好。他偏科学外语，数理化看也不看，老师作业催得紧了，他就照我的抄一份，随便一扔，过关了事。人家的俄语，那叫个顶呱呱，口语发音标准得很。我们当时就认为，他能当外交官，日后走到国际舞台上，展示他的外交才华。

“王秉岐学习的目的性很强，主次鲜明，像我们今天说的工作上敢于‘抓大放小’。总之，他不会让不重要的事缠住自己的手脚。”

我对他们当年向外考学的情况，不甚了然。简单一问，方知像王秉岐这样考专业外语课的，仅考语文、历史、政治三门，不像后来，文理两边，必带一门。

王秉岐正是在河曲县参加的高考。他报的是山西大学外语系。随后有讲师来面试，他不仅顺利地一次性通过，面试老师还特别在他的试卷上标注了“此生必取”四字。

他的外语考了七十六分，为整个山西学区第二名。平遥一个女生考了第一。

分数公布出来后，他多少有些遗憾。因为，他如果报考北京外语学院，似乎也没问题。

他虽学的是俄语，上的却是山西大学外语系英语专业。

中苏关系已出现了明显的裂隙，国内各学院，砍掉了很多俄语班、俄语专业。

神池孙家湾农家子弟王秉岐大学梦的实现，在神池当地引起了很大的轰动，人们都在奔走相告了。正如王秉钧老人所言：“我弟弟那是我们周围的第一个大学生，真的是神池县多少年里的第一个大学生。”最高兴的，当然是他们的父亲王二闰老汉。

王秉钧说：“我父亲得到确信后，第一个倒流了泪，哭了。”

这对于孙家湾周边的邻里乡亲，也是一个大喜讯。

大家都想要自己的孩子好好读书了。既然知识可以改变命运，目不识丁的老王头能把二儿子供进山西大学堂，咱和他比，算盘都打得，怎么就不能让下代人也变得有出息呢？

榜样的力量是无穷的。他考中大学，还带起来一片孩子们的上学热潮。

偏关，在他的母校，同样一片欢腾，师生齐贺。

当时他们是两个班，同期走了六名大学生，其中神池一人就是王秉岐。

六名偏关中学生考上大学，轰动了西八县，《偏关县志》上有记载。

当年和他同在偏关中学并一起考上大学的花三海上的是山西医学院，退休前人在忻州市人民医院肿瘤外科工作。他们大学毕业分配后经常联系。

花老先生说：“秉岐头脑好，学问好，处人好。后来创业到了厦门，1994年，我和夫人还飞过去看过他。他很热情地接待了我们，还专程把我们送到了泉州（那面有花老先生的亲属）。”

之后，花老先生又和我说：“王秉岐是偏关中学的骄傲，也是我们同学的骄傲。”

4

1964年，王秉岐背了铺盖卷，一身学生装，来在山西大学外语系学习英语。他的人生梦想得以伸延，学习劲头和热情特别高。

王秉岐说：“本来我在高中是学俄语的，考试考的也是俄语，一下转在英语上，竟然没有阻隔。我英语学得特别快。”他那雷厉风行的性格，也决定了他凡事往前赶，多打提前量。“我一般都是提前一个礼拜，把下一周的课全都学完，再温习一遍。这样老师上课的时候，我已经会了，于是我就继续往下赶。我记单词、发音这些，都是非常棒的。”

一个山里的孩子，来到大学学英文，却可以超越城里的孩子，成为班上的佼佼者。

“外语系每一个班有一个助教，我们的助教呢，干脆把他的工作任务压在我的头上，由我来替他做。这样一来，晚上给同学们判作业，包括很多的辅导，也都变成了我的事。我嘛，能往精里学，乐此不疲。同学们和我开玩笑，有事就叫我，总说：‘反正你有时间，书本上的东西你已经学过了。’我英语很棒，天赋好，一背就会，过目不忘。”

另一让他高兴的事，是大学第一年，他被评了一个十六元助学金，每月特定伙食费扣除十五元，还能剩一元的零用钱。这真让他喜出望外。对于他这样的山里娃，每月吃十五块钱，何止是不饿肚子了，简直可以说是吃得太好了。

“外语系是小班，我们一个班二十五个人，因这超好的伙食，到最后吃荤的人就剩下两三个，差不多都成了素食者。啊呀，大家一开始，尽是那红烧肉大肉块或者是米粉肉，一顿一顿地饱吃，然后是两个馒头或者一碗米饭，面条也非常好，结果没多长时间，大肉大荤都吃伤了。那个生活，真叫个好。”王秉岐说。

国家给予了他们一种特别的幸福感，让他们深切体会自己正在成为国家的栋梁之材。

5

王秉岐有一点文艺天赋，很小的时候就学会了吹笛子、拉二胡。

也是无心插柳，他这才艺却让人发现，随之被招到了山大宣传队。一度，他们的排练多，演出也多。他们走出校园，到社会上演出，还常常会和其他宣传队同台献艺。王秉岐记得最清楚的，有几次是和晋剧表演艺术家王爱爱一同会演。

当时王爱爱还很年轻，不过已经唱过《汾河流水哗啦啦》了，名气和影响已不仅限于晋剧界。

当时文艺演出的内容与形式虽大同小异，但各个档次宣传队的水平差之很大，如他这里，王爱爱在演出，如咱村上，丑婆姨也在唱李铁梅，不能同日而语。

我问王秉岐："你们宣传队都有一些什么节目？"

"我们演出歌剧这些，还有音乐合奏这一类的。"

这使我意识到，噢，毕竟是山西大学，他们还不是一个一般的宣传队。看来，他的笛子和二胡也应该是有一定的水平的，他无师自通，是凭着一股韧性练出来的。

由此，我想起来二十世纪八十年代常在一起写诗的好朋友周典。

这兄弟，上的也是山西大学，不过他学的是中文，因此毕业后被分在了太原市政府综合处写材料。有一次，我们一块儿去参加财大的一个活动，中间夹有文艺演出，谁料我们中有人把他推上台，结果，他要了把二胡，竟技艺娴熟、激情满怀地演奏了王国潼的《赛马》。这二胡独奏曲专业难度可大了。为此也感染了全场，赢得了师生们的阵阵欢呼。

我调侃他真人不露相，问他是不是省歌白虎文的学生，于是他说了"白承德"，省歌"二白之一"，也是一位二胡大家，教学上似更有心得。

周典后来任职太原太平洋保险公司总经理，几年后远走厦门，担任厦门太平洋保险公司总经理，且一干多年，对厦门各企业有颇多了解。近年来他又多回归人文学科，还应邀做了厦门大学的客座教授。

去冬，我去厦门采访刚从美国治病回来的王秉岐，周典却跑回来山西。我和他通话，告之我到厦门采访了，出乎我预料的，是他十分肯定地说："桂龙药业。你到厦门采访桂龙药业。"

他和王秉岐同为山西人，仅是一面，根本上说，还是桂龙药业实力强劲，在厦门业界有重要影响，一般厦企不能替代。

于桂龙，周典有一句话，竟然和收购桂龙的英国利洁时代表的评价无一字之差："桂龙的资产，非常优良。"

那接下去，我想王秉岐总是会唱神池道情的，于是我问他。

他说："会呀，现在也能哼几句。"这是他在厦门长庚医院的病床上，你不能再难为他了。

6

有多种资料显示，王秉岐走上中医之路，而后发明桂龙咳喘宁，一定程度上，亦为人生命运的某种安排。

不知是老天的故意作祟，还是命运多舛的人生与他作对，抑或有意考察王秉岐的医术。王秉岐出生在土地贫瘠、十年九旱的神池县。他的爷爷、伯伯、叔叔和父亲都是受气管炎、肺心病折磨最后被支气管哮喘夺去生命。他大学毕业后，立志行医治病，分配到县药材门市部担任司药员。刻苦自学中医知识的他萌生了一股冲动，一定要从中国古典医籍中找到辨证施治哮喘病的根据，为黄土高坡上的父老乡亲解除这一揪心的病痛。

二十世纪六七十年代，医疗卫生条件较差，药品匮乏。北方气候干冷，很多人由感冒咳嗽变为慢性支气管炎，天长日久，很容易发展成肺气肿，之后又发展为肺心病、哮喘，许多壮年人因此恙而早逝，令人惋惜。王秉岐父亲王二闰，是显著明证。老汉本就患有严重"老慢支"，一场重感冒来袭，最终呼吸不上来，谢世而去。

王秉岐说："普普通通一个病，最后能要了人命。"

插话进来，那是我在陵川县的舅爷爷亦多年饱受哮喘折磨。小时候每在过年去舅爷爷家，他都在犯病期（一入冬哮喘便犯了）。舅爷爷面色煞白惨黄，并带有菜青烟色浮肿。舅爷爷是我们最亲的亲人，父亲自三岁上由他一手拉扯成人。运动中父亲被活活打死，舅爷爷遭至致命打击，遂染严重哮喘，一年一年，一再发作，越来越重：呼喽喽、呼喽喽、呼喽喽、呼喽喽；咳、咳、咳、咳；撕心裂肺，肝肠寸断。我来太原后不几年，舅爷爷就这么咳咳咳咳的，恨世无救命良药，捯不上气来，死了。他是我们最亲的亲人，死于哮喘。

这是历史上的。现阶段，是我岳父朱祯祥罹患哮喘病、肺心病，治疗与发病的故事挺多，这个留待后面讲起。

再插一句，是我岳父朱祯祥二十世纪八十年代中期任职偏关县县委书记，与原平县县委书记吕日周比赛着搞“搭台唱戏”，对邻县神池人王秉岐亦有一定的刺激与影响。

王秉岐在他们那个宣传队“混”过大半年之后，对这种文艺宣传的热情消耗殆尽、荡然无存了。

他说：“后来，跟他们混了大半年，不行，这个最终不能吃饭，也不是我要做的。所以，我就开始学中医。他们宣传队对我有意见，我和他们说：‘你们不要对我有意见，我是为我将来着想、选出路呢。我不可能吹一辈子笛子、拉一辈子二胡、唱一辈子歌。’”

除却那种所谓冥冥之中的天意安排，还有一则，是鲁迅先生的弃医从文，也对他有所启示。这一信息，我在几份材料中都曾看到。毛泽东诗词《卜算子·咏梅》前面有言“读陆游咏梅词，反其意而用之”；对于鲁迅先生的弃医从文，他这显然也是一种“反其意而用之”。而就他当时的心境，却更接近于陆游的《咏梅》：

> 驿外断桥边，寂寞开无主。
>
> 已是黄昏独自愁，更著风和雨……

是题外话又非题外话，那是从少年时代起，就有人爱讲他身量像鲁迅、冷峻像鲁迅、幽默像鲁迅、脾气也像鲁迅，是一顶挺美的小高帽子。

而此际的中医学习，一是给自己日后的人生寻出路，至少从眼下来看，所学洋文，一点用没有；二是为实现自己的夙愿，可以为黄土坡上那些贫病的父老减轻一些疾苦；三是寻找这残酷运动中的一个避风港：“从此王秉岐避开那些触目惊心的现实，独自去开辟自己的‘乐园’。杂草中、密林间，他偷偷学习。《中医学基础》《温病学》《中医针灸学》等等教材，学了一本又一本，笔记也记了一本又一本。斗老师他不去参加，串联游行他请假。当他手提糨糊桶时心中却在默念：‘人参败毒茯苓草，枳橘柴前羌独芎，薄荷少许姜三片，四时感冒有奇功，去参名为败毒散，加入消风治亦同’。”

而他在这时突然转变为自学中医，倾心鼎力投在这国之魂宝避风港，除有一颗凝然之心，也得坦然面对现实，由时艰而引起摩擦，于一个孤单单的外语系英语专业大学生，并不易消弭。

王秉岐初学中医，就是在如此的大环境之中。

王秉岐在宣传队吹笛子、拉二胡的同时，随手把这些中医书找来，理论先于实际，一点一滴地“啃”，一点一滴地消化、吸收。

这样，当1966年冬天到来的时候，王秉岐已经掌握了一定的中医学基础理论。到了他和宣传队搞得若即若离、被人家提意见之时，他已进入医院去临床“实习”阶段。

学医，当然是很难做到无师自通的，这点他十分清楚。

具体该怎样入手呢？他考察了一阵儿，认为或是先能掌握一项针灸技艺也不错。为此，他径自跑到了校医院佯装身染微恙排队就医，一连几日潜下心来偷师学技。一天，前面排队的病患一下走开，忽然将他暴露在医生面前：嘿，轮到他小子了，他也只得硬着头皮上去。

医生问他哪不舒服，他支支吾吾，说肚子痛，说头痛，还说关节痛，也是他应变能力强，当下就说，这些，他都想让医生给他针灸一下。女医生虽然起了点疑虑，看这小子怪怪的，但因他后面排队的病人较多，未来得及细琢磨，还是给他扎了针，并不曾想到，他这是在以身试针，他要感同身受，体验一下针刺的感觉，并能窥看她怎样给其他病人进行施治。

前面通过他兄长王秉钧之口，我们知道了，他们兄弟传承有他母亲的诚实品德，不会说谎。

他不但忐忑不安，也备感羞愧。在医生给他起针的同时，他倒向医生承认了错误，说自己撒了谎。

女医生说：“要扎坏了你怎么办？”

他说：“这个没关系，就扎这么一下，和神农氏尝百草比，天差地别。”

这位女医生叫王梅，是校医院里优秀的好大夫。她看病耐心，待人热情，医生业务也多精细纯熟。在这所医院里，她可说阅尽了莘莘学子，怪孩子也见得多了，但王秉岐这样，还是让她感到惊奇。

通过简单的交谈，她发现，王秉岐不仅怀有学医的志向，且竟是在短短半年时间里，系统地自学了许多中医基础理论。

这可不是件容易的事。尤在现时，青年学生几乎全部投身于腥风血火运动之中，鲜有人能顾及自己的功课，况乎他这还是在自学兼修中医课程。倘人家讲他“走白专道路”，抓他一个反面典型，都不冤枉他小子。

她说：“你想先学针灸也好，我可给你介绍个老师。”

王梅医生，把自己偷着学针灸的老师杜亲民介绍给了有志学医的王秉岐。

杜亲民是太原市传染病医院的大夫，其时正闲置宿舍，过着孤苦孤单的日子。

后来王秉岐和我说：“杜亲民大夫实为西学中医，且两者多能融会贯通，理论又特别好，针灸更是一流。包括王梅医生的针灸，也还是在他的精心指导下达到一个高度的。这我就去宿舍找他，说，杜老师，你能不能教我学中医、学针灸？他说，你是哪个专业的，哪个系的？我说外语专业。他一听就说，我知道你的意思了，学外语没用途，可是学针灸，首先就得学习中医理论基础知识。我说，这我知道，也学了一些。”

杜老见面后就喜欢上了王秉岐。和他的认识一样，这年头学外语一点用也没有；你若能学好中医，则随时可医病救人。

他的到来让杜老变得煞是兴奋：有人能来宿舍向他求教，还是一个外语系的高才生，这已充分说明，他人并非被社会完全抛弃、只有挨批挨斗挨整的份儿。

王秉岐说：“这之后，杜老就很认真地教我。每天晚上我到他的宿舍里去，因为他是老‘右派’，很少有人和他接触。但我也不影响他的生活，每晚准时六点半去十点钟离开。他很喜欢我去，教我读书，每次都要给我安排一定量的作业，第二天测试。中医要学的东西实在太多了。”

这边，杜老则发现：这小子记忆力惊人，消化吸收非常快，中华传统医学的底子，打得也不错。

王秉岐说："可杜老的临床并不是很好，因为他是老'右派'，多数人都不愿意接触他，怕受牵累，而他本身临床的病人也比较少，但是他针灸很好。而我希望多进入临床学习，这我便跑了好几家诊所。当然，大医院人家都不接受我。

"尖草坪赛马场那边有个诊所，中医很好，两个大夫，一个老一些，一个年轻一些。我连续往他们那儿跑，看他们如何辨证施治写处方，给病人打针。后来，他们发现了我，问，这个小年轻，你是过来干吗的，是不是想学中医啊？我说是啊，你们接不接受我呢？他说，你学过吗？我说，我在山西大学读书，有个老师教我学针灸和中医基础理论，我都学了。我可不可以在这儿给你们打扫卫生，让我看一看你们的处方，向你们求教？那个年轻些的不答应，但年老些的说，可以啊。这他又做通了年轻些的工作。这样，我就跟上了人家，周六周日，我能连着跑两天。一来二去，从1967年上半年开始，一直到1967年年中，在中医临床这方面，又学习了不少。"

另有记述他在尖草坪赛马场诊所学习的这一段是：

他站在两个老中医中间，看他们对病人"望闻问切"，留心他们开出的每一张处方。这儿离学校很远，他借辆自行车来回，中午只有带点窝头、大饼之类的东西充饥。这里没有多余的凳子，他只好站着，有时竟然一站十多个小时，晚上回校后躺在床上，腰酸腿乏，全身像散了架似的，但是为了自己学本事，他始终咬牙坚持。时间长了，两位大夫被感动了，专门为他带来新凳子，让他们这位刻苦的大学生徒弟坐在身旁，教他看病例，开处方。

从山大到尖草坪有很远一段路，贯通整个太原市南北。

后来，他本人也说，倒电车费劲，他就借自行车去。

而后是：功夫不负有心人，处方的君臣佐使，他掌握了；表里虚实寒热，他能辨证了；方剂药学、脉学，他也了然于胸，他开始给人治病了，这时他还多通过针灸，接二连三治好不少同学和老师的病。他的医名，在山大校园，也不胫而走。

王秉岐说："到1968年，我的针灸基本上没有问题了，过关了。"

7

一个在校大学生，在运动期间学中医，其实并不容易。

青年王秉岐实际的本领，还在于他不随波逐流，该兼顾则兼顾，这和他上高中学俄语放弃数理化就有一些体现。中医理论、中医的辨证关系，在他学习、巩固的同时，对他的生活开始产生影响，亦更益于他日后全面发展。

针灸，脉象，看病例，改病案，开一般处方，他娴熟自如，都没问题。

1969年，全民备战备荒，他们这一届的学生们分两拨儿，被疏散到了昔阳县和天津小站参加生产劳动，接受再教育。

天津小站，那是出大米的好地方，大米好过我们的晋祠米。

小站也是袁世凯当年练兵的地方，闻名遐迩。袁世凯以德国军制为蓝本，制定了一套近代陆军的组织编制、军官任用和培养制度、训练和教育制度、招募制度、粮饷制度等为内容的建军方案，基本上摒弃了八旗、绿营和湘淮军的旧制，注重武器装备的近代化和标准化，强调实施新法训练的严格性，成为中国近代陆军的草创先河。

王秉岐他们，则被疏散到昔阳县。

昔阳大寨，全国、全世界的人们来取经、参观络绎不绝，风光无限。

王秉岐被分去的大村子巴洲，属今之乐平镇，离大寨不远，离县城也近，全村好像有一千几百口人。比起神池老家孙家湾来，大得不知道有多少倍。

时限为一整年。他们要在这巴洲大队和老百姓同吃同住同劳动，但工作量并不大。那时，作为一个学生娃，参加的是工作队工作组，做的是村里人的思想政治工作：礼贤下士，多则访贫忆苦，让大家认识生活在新社会有多么幸福。而现在，他们唯有通过农业生产劳动，全面而深刻地接受贫下中农的再教育。

王秉岐以一个学生的面孔来接受再教育，可来后不久，他便成了这巴洲村里最吃香的人物，乡亲们就喊他“小王大夫”。

挺了不得的一点，是我们的小王大夫，这时已经有了处方权。

学校医院一位中医沈大夫，和他们同期来在昔阳。有时候遇到一些疑难病，沈大夫还会找他来一起进行会诊。沈大夫知道王秉岐医术不孬，所以，在对病人的诊治过程中，也给了王秉岐一定的权限，如看病例、改病案、替他开处方。总之，沈大夫认为，青年王秉岐是个很好用的助手。

王秉岐头脑反应敏捷，他抓准机会向沈大夫说：“你能允许我看病例、改病例、帮着你开方子，可是我没有处方权。”

沈大夫一下被他点醒：“这个的确很重要。秉岐，我马上要回一趟学校，这个我帮你到校医院、校部办好。对，在这边，你有了处方权，我在或不在，一些常见病、多发病，你都可以自己进行处理。”

沈大夫又强调说：“对，有了处方权，比较好。”

所以，沈大夫重返昔阳，已经帮王秉岐办下来由校医院和校部共同出具的临床许可，他有了处方权。

处方权是行医资质，对于王秉岐来讲，十分重要。

这我也在多篇写他的文章中看到。

“到了1969年，王秉岐已经是山西大学校医院一位有处方权的中医了。”文章中都这样写。

而他在巴洲大队医病救人，名气一下传开，那首先是他通过针灸和汤药相合——一天一针一药，治好了村中一位严重的中风病人，这是位妇女，完全瘫在炕上，并失去了语言功能。经他精心医治，不到半个月时间，这位妇女居然能下地行走了。后来，她的语言功能也逐渐恢复。大概一个月后，她人完全康复，枯木逢春，一个好生生的昔阳妇女，又俏丽地走在了人前。

这下，小王大夫的名声大了。起先是村子里的人来找他看病，每天的门诊还排上了队。因为他每天要跟着大家去参加生产劳动，看病时间比较有限。后来和村中人有关系的，如外村里的一些亲戚，听说他病看得好，之后，便从外村找了来。总之，慕名而来。他呢，哪怕是在大田里劳动了一整天刚回来，又饿又累，只要有人来诊病，那也会和颜悦色地迎上去，接待他们，为他们义务诊病。

一年多时间下来，治愈的人数越来越多，仅巴洲村中，就治愈了二十多人。

大家对他多有感谢，他自也心领，并告诉大家："我感谢你们的信任，我从你们的病中也学到了好多东西，对我今后肯定帮助很大。总之，理论与实践相结合，我进步很快。"

在他离开昔阳的时候，被他医好的那位巴洲妇女，带了全家人来送行，这一门人，激动得泪水涟涟，不住地唤他"救命恩人"。

这期间，他还啃下来几个中华医学的经典文献，其中就有伟大的《黄帝内经》和一个大厚本线装书《偏方秘方》——搜集整理了很多历代医学治病绝技秘方，为解除人类病痛，发挥了很大作用。

但留有的遗憾与伤痛，也是显而易见。王秉岐说："在昔阳巴洲，我能给这么多人看病，却不能回到神池孙家湾为我父亲诊病。1970 年春节刚过，父亲一场重感冒，老慢支发展成了肺心病，最后就因为气上不来，撒手人寰，去时人只有五十四周岁。遗憾呀，我不能侍奉于身边，让他把命留下来，即便死，也不要死得那么痛苦。"

说到此时，病榻上的王秉岐吁了一口气。

"1970 年，全国过革命化春节，我们在昔阳巴洲参加农村生产劳动，干脆不准回家，也不准请假。冬天里干的还是最重的体力活儿，农业学大寨，我们又在昔阳学，那罪受得可想而知。我们一是搞大会战兴修水利，到冰冻三尺的河滩上开河道、挖渠；二是大搞农田基本建设，到山上去垒堰、打坝，拿镢头在冻土地里搞深翻。在这极其沉重的体力劳动之外，我还要给大家看病，还要下辛苦攻读医书。这是我当时的基本情况。

“我哥哥王秉钧呢，当时倒是在神池，可是他们一样过革命化春节，人必须坚守在机关待在工作岗位上，同样也不能回家。

“我们三个孩子，就我弟弟秉青一人守在父亲跟前，可是秉青年纪尚小，这时也就十岁刚出头。

“还有，是我父亲本身，他是不愿意因自己的病而惊扰了我们的。

“当年交通不便，通信不便，传递一个简单的信息，要费很大的气力和时间，更别说这过大年前后，又都赶上神池下大雪，本来山也封了。父亲病情加重的消息等到我哥知道，实际又过了大半天，他才真正和家里人通了话。这时天也就黑了，又赶着了下雪。

“我哥连夜找了车，是政府办公室的吉普车，赶紧往回赶。可走到半道上由于雪太大，司机不走了，人家说怕出事呢。当时都是农村的土便道，下大雪的确也很不好走，走就有危险。这我哥就一直给人家司机说好话，说我父亲病得很重，总算把人家说动了，这我哥半夜到了家里，我父亲已经神志不清了，呼吸变得十分艰难。

“我哥一看，人是不能往县医院送了，趁半夜再往县返，到县医院，叫了个值班医生，再往孙家湾回，这时天也快亮了。

“到了孙家湾，进门，医生人家也就看了我父亲一眼，说不行了，料理后事吧。上午，我父亲他人走了。这在正月十二。

“我哥料理后事的同时，给我拍了电报，我一接住，是父亲过世的噩耗，人一下软瘫了。

“丧假特殊，就是在‘革命化的春节’，系里还是准了我的假，但时间就给了几天。

“我这就从昔阳扒了一辆大卡车，在呼呼的西北风里赶往太原，到太原再坐火车走阳方口，在阳方口再扒大卡车马槽赶神池，回到县上再往村里走。当时钱没有是一方面，主要的是路上大多也没有班车，有时有，它不是一天一趟，就是两三天一趟，根本等不起。

“父亲死了，可我们是在过革命的春节，丧葬也一样，一切从简，不能照过去传统那一套进行，反正破‘四旧’了。正因此，我们实际上也就是给父亲买了口棺材，啥也没置办，出丧时没有鞭炮，没有吹鼓手，纸火、花圈也很少，稍越外的一点，是请了人偷偷地给他叫了叫魂。这是我回去跪在父亲棺材前的第二天，我们把父亲下葬了。

“我回来能怎样？我是个有了处方权的医生呀，可救不了他，父亲已经死了。照我哥的话，我这回来只能是安排一下，看看他的脸，最后送他一程。

“我们作为他的孩子，是很遗憾、很内疚的。我们从内心里都是非常崇拜父亲的。父亲不只是给我们创造了一个上学的条件，父亲还给我们留下来一种精神：人不管在什么样的情况下，都是可以坚定不屈的。贫贱不能移，这才是一个人最大的志向。”

山西右玉走出来的油画家白羽平，他画过两幅《暖冬》，其中一幅是以一位右玉老农的形象反衬那片冬天的土地的，很多朋友都看好它，认为是一幅名画，会和罗中立的《父亲》那样传诸后世，我亦很喜欢。在王秉岐兄弟深情地谈起他们的父亲时，我脑海里即会出现白羽平这幅杰作，并感到画中站于雪地上的那位袖着手的孱弱老人，也正是他们父亲的形象，是这土地上最为坚韧顽强的小老杨。那也是白羽平不多的人物画之一，我第一次看到便向身边的人说，《暖冬》就似凡·高的《加歇医生肖像》、塞尚的《玩纸牌者》、乌叔养的《削马铃薯者》，会让人记取一生的。那之后，我在写油画家的评论中说，其实这里有种难以名状的东西，似在这样告诉我们，当土地的形象一旦建立，你再转述它，语言一定是苍白的。

现在，是王秉岐的父亲王二闰老汉，离他们而去了。

第三章 青春作伴好还乡

1

1970 年，王秉岐毕业离校，返回故乡神池。与一般接受分配的大学生多少不同，是大学额外给他写了一张证明：

> 王秉岐同学在校期间，积极从师学医，曾为贫下中农和革命师生治愈疑难杂病，望分配时适当考虑其爱好与专长。

正所谓他大学毕业，既带了大学文凭，还带了行医资质（处方权），工作分配的路子，多了一条。

王秉岐说："当时大学生一般分配得都比较差。大概是我的运气好，我回到县里面，让人家看了我的证明后，人家给我留了三条路，当工人，当小学教师，当营业员站栏柜。我斟酌再三，最后选择了到商业局去干营业员。我心里有个小九九，是希望争取到县药材门市部去。我自从学中医，即对中药材甚感兴趣。可因为条件限制，开方开出的中药，真正放在掌心里，好多都不能明辨。到县药材门市部，不失为一个熟悉、掌握中药材实践知识的天赐良机。

"所以，一到商业局我就去找局长，说我希望能到药材门市部站柜台。我把我在校学中医的情况讲明，又给他看了大学给我出具的（资质）证明。这时县药材门市部正缺人手，局长看我是个挺精干的后生，'一个大学生愿意当司药员'，欣然同意了。

“这实际也是我朝后来开创桂龙事业迈出的一步。尽管当时我并不清楚，但头脑里一直有那么个朦朦胧胧的东西。”

王秉岐很喜欢司药员工作。能迅速认识这么多中草药，让他开心许多。他喜欢中草药，喜欢闻味品苦识形。他成了它们的近亲，一天一天，他将多种形态的中草药认准并熟记下来。“大概有一个月时间，我识得了六百多味中草药。当然原来理论上是熟悉的，图片也看过，实物一见，自然知道了。看顾客拿来的方子，一般也能分出君臣佐使，主方名称。”

在店里，他把药抓好、包好，教病人怎么煎，哪个先放、哪个后放。他抓药迅速、准确，并常常向顾客说出药方治什么病，有哪些长处、优点。加上他谈吐文雅，服务热情周到，一时即赢得了上下各方面一致的好评。司药员是当好了，成为全县“抓药”的一把好手。

这是他回神池后的第一大收获。更大的收获，则在他对所收处方的深入研究上。他为此而着迷，几乎每一天每一夜都在做着这同样的功课。他手头的好多处方，都是他自己抄录下来的。

有一句话：机会是留给那些有准备的人的。这又印证在王秉岐头上。

这里还有个故事，是桂龙在这片土地上成就后，因王秉岐当年曾多在神池、五寨、宁武行医，治病救人，故这边不明就里的人误传他为“承袭了六代祖传医术的王雅轩先生”的后人，传得有鼻子有眼。当然，都是老王家人，都是妙手回春好大夫；祛病医患，分文不取，秉承的又是王家悬壶济世的高尚医品。好像不想让乡亲们把他和大名鼎鼎的王雅轩先生联系在一起都不行。

有知情人说：“王秉岐是土生土长的孙家湾人。”

这些人回：“那是可小小把他抱至孙家湾的。”

知情人说：“人家王部长自己就说，他和王雅轩没有关系。”

回得更硬：“他当然那样讲。王雅轩是谁？在阎锡山部队上给人看过病，阎锡山很重用他。他跟阎锡山走台湾，没走成。论政治划线，是掉脑袋的事。”

怎么和他辩？另外早先王秉岐没干职业医生，他们也是讲因王雅轩有交代，云云。

说他与一代名医王雅轩有交集，他这个县药材门市部司药员，主要还在对王雅轩先生所开出的处方的研究上。约有八个月，王秉岐都在研读王雅轩开来的处方，但他和王雅轩本人未曾谋面，后来也没有见过王雅轩，留了个遗憾。

在厦门长庚医院，他为我讲起这一段时，中间因郭新民和他岳父王秉钧老人都在场，通过他更精准的记忆，大家还特别辩明了当初返回到神池县接受贫下中农再教育的，究竟是时在省中医研究所的王雅轩，还是他的胞弟王沛藻。

王沛藻先生，新中国成立初期曾做过神池县的民主副县长，同样为山西名医，后调在忻州地区人民医院。一度回到他老家板井村参加劳动改造有一段时日。

这期间有混乱，是几篇写王秉岐的文章在此说法不一：有的说王沛藻，有的说王雅轩，并有说兄弟二人那一时期都回到了神池，莫衷一是。

“王雅轩曾做过阎锡山的私人医生，也多为他的将士们诊过病疗过伤，是省内著名的民主爱国人士。他弟弟王沛藻，抗战时参加的是革命队伍，人到过延安。我对他们都进行过学习研究，不过一开始使我受益的，就是回来改造的王雅轩先生。”

是有着这样一个历史渊源。当时，王秉岐未能和王雅轩先生谋面，客观原因，一在王雅轩是被安排在下面的村子里；一在王秉岐本人每日忙碌在门市上难能脱身；再有就是他对先生开出的处方的研究，则称为“逐步锻炼用逆定推理的方式，从药方中推出各患者的病情病状”，久而久之，竟然做到十拿九稳——这种中间挡着帘子似的揣摩、思索，使他暂不想将“窗户纸捅开”。这样的深入研判，本就带着一个更加“入定的自我”。王雅轩回来在神池待的时间也有限。“当时我倒想去来，见见人家不是更好嘛！可在门市部根本抽不出时间。我本来站一天柜台就非常累，完了我还要一一整理他的方子，深入研究，一般扎进去都要到了午夜以后，好在学习自己爱好的东西兴趣大，不觉很困乏。”当时王雅轩因“右派”问题下放神池，安排在县上当然不合适，政治问题，有谁愿意担责任呢？不过，下放在村里也有村里的好处，村中人顾不及改造他们。生活如此艰辛，村里人已经够吃紧的了。相反，倒是大家多多地麻烦于他，要他来给众乡亲们看病。而这何止周围村里的人呢，找他看病的人，络绎不绝，实在是太多太多了。虽说当年王雅轩已经一把年纪，可是给乡亲们看病，那简直和头一年在昔阳县接受生产锻炼、略通中医的山大学生王秉岐一样，全情投入，乐此不疲。“四里八村的乡亲们闻讯纷纷来求诊”，王先生几乎每天都开出上百张药方。

这其中很大一部分，则流入了王秉岐所在的县药材门市部。王秉岐在这边亦很忙，忙得常常白天抓不完药，晚上还要接着干。

“每天总有五六十人拿着王雅轩的处方来我这里抓药。

“我运气好，赶了个学习的好机会。我总是把他的方子一一记下来，有些顾客需要留处方，那我就先将其誊抄下来再抓药。白天学习，晚上研究，如获至宝。王雅轩用药如临阵布兵，兵是兵，将是将，绝非凡医俗士所能比；他之药方组方严谨，疗效卓著；他又是地地道道的《伤寒论》大家；他是看杂病的，什么病都看，这也对我日后的成长多有帮助。大概有一年时间，我了解了王雅轩辨证施治的方略，比如他对肝阳上亢，最擅长用紫石英、紫贝齿等寒性药。我对他的整个中医思想和精华都有所揣悟。”

至此，他对中医文化瑰宝《伤寒杂病论》产生了浓厚兴趣。

而《伤寒论》《金匮要略》《温病条辩》等著作，亦成了他接下去的主攻经典。

2

回来说王秉岐的爱情、婚姻及家庭生活。在此之上，我开始有一个“误以为”。

在厦门，采访他夫人摄连珍女士时，她告诉我，他们是自由恋爱，两个人互相看上后搞的对象，并未通过中间人或者家里人撮合。他俩一个是大学生，一个上卫校是中专生，两人都是神池县贺职乡人，她家本在贺职，王秉岐的家孙家湾离贺职也就十里路，这些，都没有错。关键是他们的结婚时间，我一直以为，那是在王秉岐大学毕业回到神池以后，实不然抓瞎了：他在校期间已和美丽大方、春风满面的摄连珍女士结了婚，她当时也在学校，卫校在五寨，他们恋爱并结婚都是在假期里完成的。

他们结婚不久后便有了自己的第一个孩子：王俊新。

俊新生于1969年，这时的王秉岐仍在太原上大学。

摄连珍说："我们两个都是农民出身，又不是什么官二代。我是1965年考的中专，1968年毕业，实际上没有文化，什么也没学，我总说，我是个文盲。王秉岐还好，人家是自己学下东西了，爱见中医学了中医，他学校毕业以后是正式分配了，是大学生。我卫校毕业以后就没有分配，我上卫校，是中专生，有差别的。卫校，没人管，我们哪来哪去，都让扔了回去。我回了贺职公社，在卫生所干的是合同工，也叫赤脚医生，这个，就得等国家给你慢慢地转正了。"

卫校，中专，学的医。两口子从一开始即懂医。这实际上就是桂龙事业最早的基础。

"我们是自己找的对象，不是人家别人介绍的，也不是什么别的。对，他也看上我了，我也嫁给他了。就这样，我们两个结了婚。"意犹未尽，又说，"我愿意嫁给他。我们那个年代，自己找对象的很少。我们两个就是自己找的对象。

"当初我们俩结婚的时候，一床被子，一身衣服，穷得连根筷子都没有。"

"结婚后我们两个人担子很重。"摄连珍说，"我这边，父亲是个教师，我妈身体不好，常常生病，我下面还有两个弟弟，家里的日子过得也不好，一样需要我们照顾。他家呢，那是我第一年跟他结了婚，第三年上他父亲去世了，撂下比我小一岁还没有结婚的老三，上面是他母亲；他哥四个孩子，一家六口，也需要我们照顾。这边照顾我的家人，那边照顾他的家人。那时候，每年他们家分不回粮来，你就得放下钱，缴到农业社里，他们才能分到口粮；我们家情况也差不多，也要我们把钱放下，几口人才有粮吃。

"我们还得给老三（王秉青）说媳妇吧。老三比我小一岁，后来给他说了媳妇，也挺可以的。”

上面说了，桂龙事业的第一基础，是他两个初始结合即懂医懂药。这当然谈不上高深，尤其摄连珍当时基本处于一个医护的见习阶段。她在卫校并没有学到更多东西，回到贺职乡里，仅当了一名赤脚医生，需要学习的东西很多很多。

令乡亲们肃然起敬的，还是她的真心和热诚：对待病患，更多像身边一个知冷知热的亲人，问疾祛患，打针送药，面露关切，态度和蔼。人性的温暖亦如良药，是精神慰藉，春风化雨。大病、疑难病她不行，但很多常见病，特别是普通的头疼脑热、感冒发烧、上吐下泻、抽筋、长冻疮、拉肚子，她治起来还很有一套。虽不能说手到病除，却也抵得过一般乡下郎中。多还是中西医结合，包括使用一些民间土方子。

当初公社、县上对她都有表彰，称她这个赤脚医生为多个村寨送去了健康。

赤脚医生，当年还是一个政治概念，作为最值得肯定的“新生事物”，而在中国广大山乡提倡、推广。当年两部反映赤脚医生的电影，一部《春苗》，一部《红雨》，也反映出如摄连珍那样肩背药箱走千家的生活，田间地头，饭场村口，都留有他们的身影。

王秉岐、摄连珍结婚了。这个婚姻里，既有王秉岐本身的强势，亦有摄连珍的聪慧颖悟。摄连珍一嫁去孙家湾，即向大学生王秉岐表白：“我呢，今后你说什么，我听什么。今后你干什么，我都支持你。我嫁给你，就是为了辅佐你，一辈子跟着你。”

一个成功的男人背后总有一个默默支持他的女人——虽说这话老套得你都不大好意思写下来，可当初摄连珍就是这样想的，后来也是这样做的——做了半个世纪。

摄连珍的性格，并非传统那种完全依赖男人的女流辈，嫁鸡随鸡，嫁狗随狗。她有主见，有头脑，还有担当。她能向王秉岐这样表白，很重要的一条，是在那个时候，她就认定了自己嫁的人是个干大事情的。

3

王秉岐志向远大，口气也大。展望未来，理想色彩浓重。周边多数人认为，根治气管炎，他那是在漫无边际地吹牛。

王秉岐那时在县上最好的朋友，是县医院的中医大夫张志礼。两位青年才俊，也可说是惺惺相惜走在了一起。就是如此关系，青年中医大夫张志礼对他的有些话都不相信，总认为他这好兄弟多是在痴人说梦。而这还是建立在他对他一定程度的了解上。

张志礼这一生，曾几次追随过王秉岐。1991 年，他们初到厦门时，张志礼还做过一段时间的总裁助理，每日里忙得要死要活。志礼也能算是桂龙的元老之一。

张志礼业务精，是省内出了名的儿科专家。他还有很好的文字水平，是大笔杆子，桂龙很多理论性的东西，包括后来的一些宣传策划文案，都出自他的手中。王秉岐真正能看上的人不多，但张志礼肯定算一个。张志礼大王秉岐一岁。

于王秉岐的桂龙事业，张志礼属友情客串型。去，即全情投入；不在公司和王秉岐身边，也惦念在心。

一个不能说是问题的问题，那是人家不能因桂龙而丢弃了自己的工作和事业，包括家庭。

志礼早年做医疗队长援过藏，后来又做过地区职工卫校的校长，再后来又任职忻州市妇幼保健院院长，最后他就退在这个位置上。他医学上有专著，又是主任医师，又是几种中成药的专利拥有人；他爱好文字，在职时只能抽空利用业余时间写一些散文诗赋，这退休之后有了整块时间，便著书立传，佼佼医名之上又博作家名。更为特殊的，是他近年来竟有佛教研究专著问世。他之事迹，《神池儿女》上亦有记载。

张志礼晚近颐养于忻州，前些日子，他在家中接受了我的采访。

不是出于什么偶然，县医院年轻的中医大夫张志礼，很快就发现药材门市这个新营业员，喜欢药喜欢医学。志礼是科班出身，是当时的老中专生，中医底子打得比较牢固。但王秉岐的针灸、把脉、用药，包括对药性药理的认识以及中医理论水平，还是让张志礼感到惊异。

“一个司药员竟然能做这么多，让人不敢相信。”他说，“王秉岐是相当聪明好学的。你一说话他就懂你的意思了，再不用重复第二遍。王秉岐身上有股子精神，他看准的事，非一鼓作气拿下来不可。他喜欢医喜欢药，主动要求当司药员打基础。那个时候，他已经背下来很多的汤头、药性，中医基础理论，也背得差不多了。每天起来背，持之以恒，绝不松懈。”

在张志礼看，王秉岐最终选择搞医搞药，实属必然：王秉岐父亲三十岁上即染严重老慢支喘不上气来，劳动、生活两艰难，在儿子心里留下大隐痛，也成了儿子要改变这一切的夙愿。

“王秉岐这个名字，我一直琢磨了好多年。起得很奇怪，他们兄弟是‘秉’字辈，秉钧、秉岐、秉青，秉是根子，继承的意思。他这‘岐’字可就大有讲究了，‘岐’，中国古代最有名的医学大家叫岐伯，也是这个‘岐’，岐伯、黄帝出《黄帝内经》，后代人一说‘岐黄子弟’，即我们这搞医行的；医药界就是以岐黄为代表的，指称‘岐黄之术’。王秉岐的父亲不识字，却给他取了这么一个字，是巧合，还是天意？

“另外，这个‘岐’字也预示着他今后的人生路并非平坦、顺当。”

两点讲得都有水平，也照出张志礼非普通人。

“山路，有岐路了，‘岐’通‘歧’，分歧渐渐会多起来，这里包括社会的，包括单位的，包括家庭的。社会的，如他这个人很有能耐，见义勇为，仗义执言，但也会惹祸上身。

“开初，他在义井公社当党委书记，有两个乡里的赖人，又偷又刁，常常闹事。有一次，王秉岐询问一个，孰料人家根本不买他的账，又吼又叫，又骂他们。王秉岐一时激恼，让人扇了这家伙一耳光，当时公社是有执法权的。话虽如此，但人家不让了，天天告他，弄得他非常被动。有一天，他从义井回来后，气咻咻地和我说：‘不干了，不干了——’你也别说，这还真导致他从公社书记上下来，回到药材门市上又站了一段栏柜。

“后来，还发生过一件事，是他当了二轻部部长之后，又惹了一个人，也是老告他的状。本来他是副县长的不二人选，组织上已经研究了，可这个人一直告他，结果他这个副县长也没有弄成。

“这是不是势运岔开了？所以，我分析他这个‘岐’字，有正能量，也有负能量。”

而张志礼讲王秉岐“志向远大”，这首先是，王秉岐不大胜酒力，但他好朋友、义气、豪爽、敢喝——可是到敢喝时人也就差不多醉了。

有一次，两人到一个姓赵的好朋友家喝酒，回来时，踉踉跄跄的王秉岐向张志礼说：“志礼，我要创业，在医学上创业。现在，周总理提出来消灭四病，气管炎、感冒、肺气肿、肺心病，这四病，我一定要拿下一项来，对周总理负责任，圆总理消灭‘四病’的梦。我父亲就是因为这气短咳嗽老慢支早早没命了。我要攻关这个难题，为了周总理，为了我父亲，为了众多的患者。”

张志礼说：“你这个题目太大了。我是搞医的，我还不懂得，周总理指出这四病，全国也拿不下来，你能拿下来?”

他说：“我一定要拿下来一项。”当时张志礼也只能当这是酒话，“一个儿戏的话”，不相信。这在 1974 年前后。

1987 年，桂龙咳喘宁在京通过科技鉴定，大获成功。跟着就有多篇对王秉岐的采访报道，其中登载在首都某大报上挺有名的一篇，题目即《为了周总理的嘱托》。

> 周总理生前曾经嘱托中国医学界攻克“老慢支”难题。从此，许多有志之士向“老慢支”发起了一次次进攻。1987 年春，一种专治“老慢支”的新药“桂龙咳喘宁”在山西神池县研制成功，投入生产后很快声名远播，产品远销许多国家和地区。
>
> 王秉岐，作为“桂龙咳喘宁”的发明人，一般人只知道他是一个成功的企业家，很少了解他当过十多年县政府官员。他先做过神池县商业局副局长，后做县财贸部副部长、部长，管过工业，主管过乡镇工作，但他的兴趣一直在医学方面。他选择了攻克慢性支气管炎这项影响全球数亿人生存质量的医学难题，终

于，他成功了。

今日本报比较全面地报道王秉岐的事迹，相信在当今政府机构改革的形势下，读者会从中获得某些启发。

这是报纸配发的按语，一样是后话。而在他当年，说那样的话，人家不讲他吹牛，多也无言以对。还是好高骛远，不可理喻。

王秉岐性格倔强，还敏感，若碰上张志礼那样的善意的不够理解，还老大不舒服，这样的时候，若是有人调笑或嘲讽他，那他会大发其火。真要消气，还得回家去和摄连珍说："燕雀安知鸿鹄之志？对牛弹琴，对牛弹琴了。"

4

1972 年，在他们有了老二俊义后，摄连珍由一名赤脚医生而被挑选到县医院做护士。这就牵扯到他们要从贺职乡搬县城来住。

非常特殊，是王秉岐租赁到的那孔窑洞，是人家在县城北面一点的旧城墙向阳面上掏的。那片儿总掏下有三间，他租了一间；隔个一二十米，张志礼亦在此东侧有自己的三间窑洞，他们成了近邻。有道是：一对好兄弟，皆住城墙里。

张志礼说："他每天步行上下班，连个自行车也不骑，从旧堡子这儿下去，到商业局或是到东面的药材公司，我们常常碰面，总得聊两句。我们都在此住了有两三年。"

总之王秉岐那时很穷——结婚时连筷子都没有，就是用张志礼的话讲也是："他们的生活过得非常艰苦。"

志礼可能家里拖累少好点？"不过，那个年代都那样，家家穷。"这反倒是摄连珍的话。

那后来，她开始在县医院上班，一上五年。因护士医生都要上夜班，她带着两个儿子多有不便，最后，她和王秉岐商量："我呢，就是个没文化的女人家，我来料理家、养儿子，换个不上夜班的工作做。你呢，给咱往前忙，我和孩子不拖你后腿，你做什么，我都全力地支持你。”

之后，她调换了工作，做了县卫生局的会计。

想到这时，他们也不外乎油盐酱醋米面的夫妻了。

但摄连珍还真的特殊，尤其对上述他那类描摹人生愿景的“天方夜谭”，一个若干年、又一个若干年后，她仍深信不疑。在她看，丈夫那就是一种顽强持久的自我激励：穷且益坚，不坠青云之志。

他这样的人，怎么能甘居人后呢？她也不会甘居人后。

我们常常感慨：夫妻夫妻，有命运在里面呢。这也是她的命运、王秉岐的命运。

与他恋爱之始，她倒成他的追随者了。

但我这也仅指一般意义上的认识——虽窥一斑，那也是比较理想化的。

深一层揭示，还是他面对现实时强大的一面。他能迎得住挑战。他首先就是一个解决问题的能手，尤其处理棘手、复杂的事物，头脑里能闪现出几套切实可行的方案来。他并不打诳语，却敢于讲出那些话，本身有根底，是经过深厚蕴藉的。至于别人不相信，还是他们不曾看到他深潜于心灵上的那种力量——成就事业，这才是至关重要的。

摄连珍当然不一样了。他哪句话掷地有声，她清清楚楚、明明白白。他说话打提前量，却会落在实处；完了，她又会一一见证。是这样，她能不牢牢地站在他这一边吗？在乡里，她做赤脚医生时是这种情况，随后在县医院工作这五年，也是这种情况。也因此，无论是在工作中还是在生活上，她都得到了大的提升：她的眼前总是明亮的。

这里最具说服力的事实，便是他们家老二俊义一岁时突然患小儿哮喘差点要了命，他俩几乎是在最绝望的时候，他对她说：“连珍，不行我自己开张方子吧？”（这命运的黑鸟以死神的面目落到他肩上。）他要给自己奄奄一息的小儿开出一张方子。

厦门。2013 年初，在利洁时购并桂龙的签约仪式上，他说：“我算了一下，今天应该是桂龙药业差几个月四十周年的一个日子。我开出来的第一张处方，就是给我二儿子治疗小儿支气管哮喘的，它正是桂龙咳喘宁的前身：‘桂枝加龙骨牡蛎汤治疗小儿支气管哮喘’，这是桂龙最初的由来。”

四十周年，是这样一个算法。接下来，他说：“作为一个民营企业，能走四十个年头也算不错，磕磕碰碰，歪歪扭扭，欣慰也有，辛苦更多。我们可以很客观地看到，家族企业本就有它的致命弱点，突不破家族这个圈子，到时候只会把自己的企业做得越来越小。这是我从开始办企业的时候就预料到的。古往今来，几乎无一例外，当然桂龙也在其中。”

难能可贵的是他能坦然面对。

“我对政治不感兴趣，甚至有一些厌恶。”

等等一切，令人印象深刻。

他身上确有类属于外交家那种迷人气质，包括一如既往的干净、整洁，语言表达更老辣、更纯熟、更驾轻就熟。你若不是对他有了解，断不会相信，这个年近七旬的人，刚在北京动过癌症手术，拖着的是一条沉重的病体——心力交瘁，但仍不失一个儒商的聪慧与机敏。

“有一个好药不容易。当时我们在北京做科研鉴定的时候，我们国家顶到头的十余位专家，异口同声地说：这是国宝。当时他们和我说：‘小王，你不要认为这是你的专利，这是国宝。你一定要把它弄好。’”

回到当初那个苦痛的原点上。他仅一岁的儿子也染上了这种哮喘顽疾。

所谓“亲人难下药”，他们只好抱着孩子上医院。但这个医院可非摄连珍所在的县人民医院。他们先下忻州，然后又上省城太原，走了几家大医院，给孩子不断地打针吃药，小儿哮喘则不见好。再治月余，病情加重，孩子脸色蜡黄，两眼呆滞无光；哭声干哑，咳声更是在挣扎中发出，声声揪心扯肺。哮喘，伴随着抽风。小儿子生命垂危。

这时他“不分昼夜地查阅了两万多个药方，终于在《伤寒论》中找到了《桂枝加龙骨牡蛎汤》”，他写了这个药方，抓来开始给孩子服用，仅两三日下来，即见了大疗效。

他成名后这也多有报道，就学术这一块，比如：

> 《伤寒论》原出自东汉太守张仲景之手，焚火残缺后，由晋

人王叔和重新编纂，是中医学中最精粹的部分，堪称国宝。

他用的桂龙咳喘宁取源于汉代医圣张仲景医学名著《桂枝加龙骨牡蛎汤》，许多医家用此方专治男子夜梦遗精女子崩漏的，未曾用来治疗哮喘。

他对医圣张仲景的古方进行了自己的加减，首先在自己的儿子身上获得成功。沿用此方，又接连治好了几个孩子，由此撞开了一道门。

“人有疾病常思良医，甚有千里寻觅者，其芸芸人海中，觅之更难。”这是朱丹溪在《治病必求其本论》中所述。朱丹溪，浙江义乌人，生于元代，被誉为“金元四大医家”之一。年轻时，朱丹溪师从理学大师钻研儒家经典，致力于科举功名。在他三十岁那年，母亲患了严重胃病，朱丹溪四处求医不得治，无奈立志学医为母治病，遂成一代大家。

无独有偶，王秉岐一岁的儿子染上哮喘，自己的父亲死于这种疾病，这命运之门、魔咒之门，此时却向他渐渐地启开了。

他向张志礼讲的那些，完全是因为有这个给孩子治好哮喘的基础。

他不打诳语。妻子摄连珍即最好的见证者。他们一起度过了这个坎、这个大难关。

小儿子很好，呼吸平稳，安然地睡在那小被窝里，脸蛋儿又变得红润润的。

说他两口子这辈子里都格外亲老二俊义，这也是一个因由。

老二是他们打小从死神手中抢回来的。桂龙后来的一切也都基于此。

5

就“总理的嘱托”，王秉岐和我说：“这就是我们国家‘一五、二五期间’的一个战略规划。二十世纪五十年代末到六十年代初，全国搞过一个叫‘中西医结合治疗慢性支气管炎’的运动。那时候，国内这个发病率更高，而且往往看着是个慢性支气管炎却很容易死人，一个不注意，感冒赶上就死人了，危害很大。所以，这也是我为什么搞桂龙咳喘宁的一个缘由。

“慢性哮喘病在农村发病率太高了，我们家祖辈几代人都是这病，活的年龄都不大。”

另一个缘由郭新民较全面地理解阐释了。

“1987 年桂龙咳喘宁的鉴定会为什么在京城能引起那么大的轰动？包括《人民日报》《光明日报》、新华社、中央电视台等二三十家媒体都进行了全面的报道。是我这个‘桂龙新闻官’当得好，组织得力？那仅是一方面。俗话说，一个巴掌拍不响，咱剃头挑子一头热，解决不了根本问题，还是桂龙咳喘宁的有形无形价值，品质放在了那儿。要解决哮喘病这么大一个群体，当时涉及两三千万人，另也有一种统计，说患有哮喘病的人有七八千万，特别是在我们北方寒冷地区，比例是非常高的，是个大面积群体。针对解决国内哮喘病人多、发病率高的医学医药治疗问题，卫生部有个明确的要求，就是把这个定位为实现总理的嘱托。王秉岐也正是基于这样的思想而展开他的研制的，突出了桂龙咳喘宁的宣传主题。治疗哮喘病中医药原来没有特效药，桂龙咳喘宁的治疗效果却非常好，一下攻克了这个难关，填补了国内的空白。这还不得好好宣传、庆贺庆贺呀？

“之后，为什么会有那么多的外国人来购药，就和舆论引导有关。

“鉴定规模：国内顶级的专家都在场。当时大家都肯定地说，它对中国医药事业的发展是一个明显的巨大贡献。卫生部跟科技部有两个部门专门管新药的研制，他们和首都各大媒体齐努力，都表示出来极大的热忱。”

第四章　居官风雨路

1

在药材门市部，王秉岐站了八个月栏柜后，他转念想做一个临床大夫。他跑到县委组织部说："我想去县医院中医科，你们帮帮我，把我从药材门市调出来。我去医院当大夫，能多帮一些病人。"

他是这样的性格，风风火火，积极进取，主动出击。

兄长王秉钧在政府机关工作，和这些部门比较熟络，说话能起一定作用。王秉岐这又把想法说给了他，兄长认为可以，说："你找你们老局长商量商量吧，你去看看他的意思。要是他同意你调走，我可以找组织部想法给你办这个事情。"

王秉岐又去找老局长。老局长曾是以前的老县长，不光说话有权威，别人还不好做他的工作。那时候的干部能上能下，县长干一段当成局长，还是常有的事，并非特别大不了的。老局长姓郝，当然，郝局长一万个不同意王秉岐调走，"不行，我可不放你走。你工作突出，我正准备提拔你呢。咱商业局很需要你这样的人才。"

他当下又去了组织部，由于调动未成功，把人家几个人骂了一通。

路堵死了。也注定了王秉岐的从政之路——整十六年。

后来，他在很多场合，都向人们讲："我是不喜欢从政的，而是被迫走上这条路的。"他被抽到了商业局机关干行政。这个时间段，老局长对他不错，话说得也不错：不放他走，那就是在培养他，重用他。

1974 年，全县组织机关干部下乡锻炼，王秉岐的名字，赫然在列。

关于这前前后后，当年就有报道：

> 1974 年冬，在商业局写材料的王秉岐被选送到地委党校深造。三个月后，他被选派到贺职公社包队，他给当地农民办了不少的实事。八个月后，县里通知他赶快回来，回县后他已是财贸部副部长了。随后又被提拔为部长。部长没当一年，又被调到义井公社当书记。

当然，他又是从第一基层出发。下去贺职以后，他先包了一个生产队，将这个生产队搞好了，粮食实现了翻番，跟着负责一个生产大队——一个大村子的全面工作，随后粮食又实现了翻番。

他在村里真抓实干，整忙乱了两年。有人问他农村工作经验，他答：千条万条，搞农业那就是要粮食的。但你能有何法让土地多打粮食，给农民生活带来变化呢？这可不是几句话说一说算了。

还有更重要的，那是每年秋上缴公粮，一村、一队、每一个社员，都不能马虎、含混。

他虽是农民子弟，但对农村、农业、农民远不够熟稔。早年他那样拼命地学文化，原也是为了逃离土地对农人的捆缚。

他能做得了乡亲们的工作，一则是情感上的，他会把他们当自己的生身父母，和他们站在一起；再则，他上大学五年，加节假日回神池孙家湾，差不多有一半时间生活、学习、工作在乡下。晋中祁县搞“四清”是一个整年，昔阳巴洲“接受贫下中农再教育”那又是一个整年，期间他已积累了一些和农民打交道的经验，当然，教训也有。总之，又是和社员们同吃同住同劳动；垒堰筑坝，深翻土地，挖渠开河，备战备荒；深挖洞，广积粮，不称霸；达纲要，过黄河，跨长江等等。这些，赶在农业学大寨的热潮中，一项都不少。

农业生产苦得很。他带领着全村人在土地里滚，就希望多拱出一些土豆、胡麻、莜麦来。

他脑筋活络，时有好点子结合进生产劳动。大家伙跟着他，首先能多挣一些工分——工分在这两年内翻了几倍，原先一个工一毛五、二毛，到第二年秋上算账，已经到了七毛五、八毛（工分核算在每一个小队内进行）。

照他的意思，放射青春光华，应该是在县医院治病救人的。孰料两年下来，恰是这种努力，在农业战线上做出了贡献。

县里看他表现好，竟连提他两级：先是任命他为商业局副局长，不到半年，又任命他为神池县财贸部部长。

这官，在有些人眼中，是升得有点儿快了。

2

王秉岐被提拔为财贸部部长后，还兼着商业局副局长，又被县里任命为义井公社书记，一时间居三官于一身，不免让人想起战国时策动合纵抗秦、执有六国相印的苏秦。

当时神池县的县委书记是静乐人王聚清。为弄清这段历史，我向郭新民特别进行了落实。郭新民当时正在老家神池插队，对县里的情况可说十分熟悉。新民对王聚清印象深刻，评其“有功德、有政绩、有实干精神，重视对年轻干部的培养，在神池大搞植树造林和农业生产，是全国的绿化模范。他还培养出一个全国的‘造林英雄’高富，这人是八角乡的。”看来，确有“政声人去后”之意。

有关王聚清对青年干部的提拔、培养，新民专门拉了一张表：

王秉岐（时任县财贸部部长、义井公社书记、工交部长）

王秉钧（时任虎北公社书记，后任常务副县长、忻州市工商副局长）

姚志强（时任二轻局长，后任忻州运输公司经理）

闫　芳（时任太平庄公社书记，后任保德县县委书记）

冀有文（时任八角镇公社书记，后任五台县县委书记）

白应生（时任义井村支书，后任岢岚县县委书记）

郑振业（时任县委办干事，后任宁武县县长）

刘玉秀（时任团县委书记，后任忻州司法局长）

陈桂兰（时任八角镇镇长，后任忻州残联主席）

李高山（时任县委办干事，后任省委宣传部常务副部长）

张效荣（时任农委干部，后任神池县长）

李贵元（时任县委办副主任，后任忻州行署机关事务管理局局长）

贾树华（时任县办主任，后任定襄县委书记）

新民心细，列到神池县县长“张效荣”时，注了“与我同期”，在“姚志强”后面，又注有“姚逊父亲”。与他同期，这是说他当时在宁武，和张是一期提的县长。“姚逊”就陌生了，跟着查阅，方知是此前为咱省里的人社厅副厅长，如今又调到了长治市任市常委、组织部长（续接上新民原来的职务了），神池又一人才，算我孤陋寡闻。

而当我得到他写来的这一“官职表”后，据此一个清晰的印象，是王秉岐为之奉献青春和生命的神池县，远非我们所想象的“山高皇帝远”“江东无人”“一派荒凉”，全然不是这么回事儿。地方上从来是“萝卜坑”太少，竞争异常激烈。王秉岐两期未能被任命副县长，也说明问题。没什么是想当然的。像陵川呀、神池呀这些苦地方，人之生存越艰，大家的奋斗意愿越强。

新民这张“官职名录”亦讲明：王秉岐并非什么“独孤求败”或“一枝独秀”式人物，至少他居官成长（包括某些不顺意），也缘由置身于家乡这样一个比较优秀向上的群体。你还真就不是单摆浮搁的。一群山汉蠢蛋当中蹦不来个天才。

王秉岐这三步，均为县委书记王聚清一手提携。但据张志礼说，这中间还有一个很重要的人物，即当时的县委办公室主任李贵元。“李贵元对王秉岐走这几步的帮助是非常大的。李贵元主任思想开放，工作能力强，还多有远见，最善于发现人才。”对，王秉岐正是在工作中被李贵元发现，将其推荐到县委书记王聚清那里的。“自这之后，李贵元主任和王秉岐结下工作情，且日益交厚，成了一生中的好朋友、忘年交。”

和郭新民对王聚清的评价有所出入，是在王秉岐口中，县委书记王聚清更像一个老工农干部，特别爱听笑话、讲笑话，并不像一位十分能干的县委书记。这一点上，张志礼亦有所校正：“王聚清那是焦裕禄式的好干部，为神池绿化做出了很大的贡献。”

但通过王秉岐讲到的他们间的事，你也会想王聚清头脑里是不是亦有相对简单的地方呢？他是不是也比较容易被人家挑拨利用呢？当然，这个王秉岐本人体会得最深。我们这位居三官于一身的年轻的苏秦式人物，几近没什么值得得意的，烦恼、窝火倒跟着来了。

王秉岐叹口气，说：“经过了许多曲折以后，我从政的兴趣一点也没了。”

后来，便是他去义井公社了。他去的头天晚上，县里一个常委和他谈话：“秉岐呀，我们给你调整一下工作，职务不动，但你先下去接了义井公社的党委书记，组织上希望你把义井公社的工作做好。”他这一身居三官就是这样来的：商业局副局长未撤，县财贸部部长还当着，人却被贬在了义井公社当书记。现在看，这似乎差之不多。实情那财贸部部长在当年应属县里最有权力的职位之一，与一个普通公社书记相比，差得还是比较远的。说来，王聚清书记恼也恼了，被人从中利用了也罢，但主要一条，他佩服王秉岐这样的能人确是真的。还是在他的授意下，王秉岐在义井公社两年，另一肩上一直担着县财贸部长。为此，如一些重要会议什么，他还必须以部长的身份出席。

3

他赶的是第一班车，到了义井后时间尚早，住在公社院里的人还没有吃早饭，他背个包径直往办公室走。有干事和通信员问他：“你是谁呀？”他说：“我是来报到的。要我当你们的书记。”干事和通信员显得特别高兴，院里的其他干部也围过来，老些的说：“你这么年轻、能干，你来的事我们昨天就知道了，县里通知我们你要来义井。”这他也就走马上任了。

在义井公社，他整待了两年。用他的话也是：“我搞得很好，特别好。”

他在乡里有很多故事。现在，义井乡里的很多乡亲，还记着他当年所走的亲民路线。其中，诚如他“爱民如子，视其为父母”，而在主抓粮食生产、改善百姓的生活之外，村中每逢百姓有病，他所遇见必躬行医道医术，挽民瘼于良药，救生灵之疾患。

他对分给农民的口粮要求得十分严格：集体绝不可以在分配时以次充好，缺斤短两。

这里挺有代表性的一事是：一次他见某个生产队分土豆，上秤的土豆多带着泥，是刚从土里挖出来的。他把他们拦下，说：“这可不行。”他便让他们把土豆上面的泥弄掉重分。他指住那带泥土豆说，“这就是你们给农民分的呀，为什么你们干部不领回去呢？我要告诉你们，带泥的土豆，一颗也不能分给农民。农民的口粮一两也不能克扣。”接着，他又向跟着他的村支书、村主任说，“你们谁克扣农民，我就克扣你们谁。这个我不客气的，必须保证农民的口粮。”

这样的事自是很多，也为他在群众中赢得了极好的口碑。

说农民的工作最难做。但王秉岐用行动来代替做群众的思想工作。他进入百姓家中，是看他们有没有粮吃，劳力怎样，老人小孩是否有疾，所以，大家更相信他，爱戴他，说“他的心和大家是一起的”。

但真正要想把各村的生产搞上去，还是让他用了很大的力气。

他不只是一村一村地进行调查研究，甚至是一个生产队一个生产队地扎进去，具体农情农事，亲力亲为，逐一进行排查处理。“从开始规划今年的种植，计划哪块地种什么，一直到品种资金的安排，地段、地块的划分，肥料的筹备、发放，投入使用情况，都是我具体来抓，一个环节都不轻易放过。”

两年里，他几乎很少在公社院里坐下来办公。公社亦更似他一个吃住的小客栈，每天总是一吃过早饭，他倒领着自己的小通信员杨文生，骑辆自行车下村里去了。

义井公社有十多个村子。他们就骑着自行车十几个村子里跑。两人一辆车，不是他带着小通信员杨文生，就是小通信员杨文生带着他。早先他带文生多，随后文生带他多。北山上那个村子他俩骑自行车上不去，就只有推车往上走。有时候事情相对容易处理，一天到黑了的时候便能跑下来；有时候事情难缠，则需要用两天而能过一遍。

对，就这样跑。冬夏春秋，风雨无阻。一直跑，天天跑。

正值农业学大寨运动的高潮期，他有许多事要做，非常劳累，非常辛苦。

“我待了两年，第一年，产量翻了一番；第二年，在第一年基础上又翻了一番——两年翻了两番。所以，我心里很踏实。我这实现粮食翻两番没有半点水分，我是实实在在干出来的。那时候农村人多数吃不饱，口粮不但分得少，品质也差，吃饭成了最大的政治。我能把农民的口粮打点好，也还算自豪。

“这样，农民也高兴，收入也增加了。我去的时候，一个人一天一个工仅能分到四五分钱，到我走的时候，一个人一天一个工能分到八九毛。就是这么大的一个变化。”

他当然还有很多相应的措施。总之，1974 年、1975 年，在晋西北山区，生产队里一个工能分到八九毛，已属很了不得的事。前面提到我的岳父朱祯祥，那时在原平的平川地区阎庄公社当书记，照他的回忆，原平的好乡好村里一个工能拿到八九毛都非常不容易。如他所在的阎庄公社，本也是好乡好村好地好水，由于之前积累下来的种种矛盾得不到化解，当时几个大村里一个工只能分到八九分钱，你问农民们一个工多少钱，他们会不无自嘲地回答：“快一毛了。”

一个工平均有八九毛，这是王秉岐的政绩，也是全义井公社的民生。

但他在乡里所处现实又不只是这些。有个刁蛮流氓把同乡一个老实巴交的农民害得妻离子散，人也疯了，王秉岐见到后气愤不过，遂令公社的治安干部叫来这个人，要他交代残害乡邻、欺男霸女的丑恶行径。哎呀，谁知这下可坏了，先别说公社是不是有执法权（那当然有，公社是一级政府），在这流氓，那告王秉岐的却都睡在了县委县政府大院，甚或直接躺在县委书记门上。也是神鬼怕恶人，县里治不了他，倒要王秉岐来收拾。王秉岐见县里不做主，失望之余，撂下话："我不干了，让我回去抓药好了。"嗐，县领导正无计可施，为了那流氓能走开，不再告状个没完（也躺个没完），竟然同意了。

张志礼说："人家告得他不能，县上没办法了，就和他说：'那你想回药材公司就先回去吧。'他呢，也还觉得没有什么，反正自己也喜欢这些，接着继续抓药、辨药、闻中药的四气五味，也尝中药，同期又继续背他的汤头、药性、濒湖脉诀。"

2015年年初在厦门采访王秉岐，除了他的长子王俊新之外，跟随他多年的杨文生也是我接触得较多的一个。杨文生现在已经是做了爷爷的人了，他的老大和老大媳妇就在太原这边工作。他开车送我们去机场，看他戴上那大墨镜，西服革履，像一个深明世理的大兄弟一般，一边和我们聊着厦门这面的事情，而你由不住会遥想，他跟着王秉岐当年在义井公社时，也就十四五岁的样子：一个土疙瘩小孩子，在那黄土塬的梁梁峁峁上，和公社书记王秉岐合骑一辆自行车，有时他坐在自行车后架上，王秉岐骑车带着他；有时王秉岐坐在自行车后架上，他小子骑车带着王秉岐，沟沟岭岭，一个村子，又一个村子，入户调查，察看实情。他就那样陪在王秉岐身边——一直到2015年6月13日，竟是陪着他走过了这么多年的人生风雨，而在他生命的尽头，为他合上眼睛。对，文生后来是他的司机，他的家庭制药小工厂的制剂工人、制剂师，小厂长，小工程师；后来在厦门，又是他的办公室主任兼司机，兼大管家——都能说是他跟前多能派上用场的一个家人。文生对他守职尽责，忠心耿耿，从一个小孩子到有了孙辈，始终如一，不离不弃。

4

后来，王秉岐任神池县工交部长。这在前面已有一个交代。但在采访中，他本人因病痛则有几分混乱，亦将此说成"工业局长"或"工业部长"。

而这又是李贵元主任领着王聚清找到了他。

说王聚清好人、好干部，真正爱才、对青年干部多有提拔，在这里，又因为王秉岐在义井的工作成绩感动了他。通过王秉岐的两年努力，在全县农业战线上，义井公社成了一面红旗。他得重用王秉岐来干事业，至于之前种种也就不说了。

那是王秉岐从义井回来的第二年夏天，王聚清说："秉岐啊，这两年你搞得非常好，我和常委们非常满意。义井公社的事就此结束吧（又是，他回药材公司后义井公社书记一职并没有撤），你也不要再回去了，我给你另外安排，县里很需要你这种能干的人才。"

王秉岐问："书记，你要我干什么呀？"

"你给咱当工业局长（工交部长）吧。"

"哎呀，你又给我弄个生番的，我对工业可是一窍不通。"

"那你还喜欢做什么呀？"

"要不你把我放到文教口上好了。"文教卫生管有医院。

"那个没权。工业口是大口，对咱县来说是最重要的。"

"可是当工交部长，我得重新开始重新学。"

"学吧。"这样，王聚清书记算给他拍了板。

王秉岐当了工交部长。"我工业也搞得不错。我把事情梳理得比原来要好很多。那些厂长特别喜欢我。我给他们开会，他们说，人家王局长讲得条条在理。他们说原来的老县长管工业（和商业局老局长相类似）没水平，讲着讲着他们就睡着了。为什么？因为听不懂老县长说什么。他照本宣科也不会。如成本管理、技术指标、利润多少、市场前景、经济效益、工人福利等，都得经过深入的调研和详细的测算，不是口头上说一说就完了的事。农业是生产，工业也是生产，却又是根本不同的生产。就整个县上的工业，我很快就进入了角色，之后，如他们各厂矿的利润，最终都是我给他们下的。我说：'我也不多下，也不少下，但是这个任务，你只要努力，肯定能完成。'你看，这不是挺好吗？每年下来，他们完成了利润还略有盈余，他们自己还可做一些提留和分配。县里的整个工业由此又向前发展了一步。"

这一时期，王秉岐除了胃病常复发，还气喘，胸闷，心律不齐，但他停不下来，照常忙着跑煤矿上马资金，调查铝矾土储量，查询山药外销等情况；之后，县办煤矿上马硫化厂，地毯厂、粉丝厂投产见效益，经委一个连年亏损的车队，经他整顿，一年也盈利了十一万元。

然而，他还是病倒了。在五寨医院，检查是严重心肌炎。五寨治不好，又转到地区医院。

谁料就在他住院期间，有人倒想着借知识分子归口，把王秉岐安排到县中学当书记。

这次调整，实因地委出面，才挡下来。

第五章　责任与方向

1

他当了卫生局长。到了如鱼得水的卫生系统，也还兼任了县人民医院的副院长，每个工作日留一上午或一下午到医院坐诊。

也就从这时开始，王秉岐即着手做了几件十分有利于日后他创业桂龙的事。

首先在他配备好班子和财会人员之外，特别在全系统里精挑细选，为自己招了一个干事。这个当初只有二十一二岁的小青年，正是从山西职工医学院毕业刚分回县医院一年多的李耀华。不同于张志礼和另一位县医院的大夫宫福存，李耀华从此跟着他直到不惑之年想出来自己闯一闯，才离开桂龙，是他在业务上用得最久的一个，是他真正意义上的左膀右臂；李耀华为王秉岐创业桂龙，完全可以说立下了汗马功劳。

这在1984年，李耀华从县医院来到县卫生局，到2002年离开桂龙，整十八个年头。

我这一期采访，总体比较顺利。这中间肯定是有郭新民很大功劳，他多了解桂龙的情况，上上下下，方方面面，历史与今天，甚至演进进程中各环节上的人物，都能一一指出来，堪称桂龙“场外”的一张活地图。但我们第二次飞厦门，参加王秉岐先生的吊唁活动，见到了负责整个活动的大总管宫福存，新民特地向我提出，“一定要采访一下宫福存本人”，此后，由于宫福存先我们一天离开厦门，他在北京的工作等情况，不便——

大致也不怎么愿意接受采访，而他却要我找到李耀华，讲他同是桂龙整个创业的亲历者和参与者，尤在跟随王秉岐本人，比他和张志礼时间更长——当年义井公社的小通信员杨文生，跟王秉岐在一起的时间最久，直至他生命的终了，问题在于，文生却非医药界专业人士，缺乏专业上的建树，毕竟桂龙是一家集开发、研制、生产、销售于一身的现代化医药企业。在此李耀华则完全不同了，讲他科班出身，仅是一个开头，在未见到他本人之前，我通过图书馆查阅，倒读了他与王秉岐共同完成的数篇医学论文：《刘渡舟教授治疗肝病的经验》（见《山西中医》1987 年第 05 期）、《常春茶冲剂临床观察总结》（《中华中医药杂志》1993 年第 04 期）、《坤泰安的主要药效学研究》（《中药新药与临床药理》1993 年第 03 期），这篇文章的署名还有李连达等人，专业性亦强，读来不容易。同样，在未见到他本人之先，我知道他后来到了武汉，任职湖北清华药业科技有限公司副总经理、常务副总经理；再后来，因女儿在北京上大学而到北京，同在这家公司，负责北京方面的事务。也属我自己消息闭塞，从厦门回来后，准备好了到京中去寻访他，此时宫福存给我发来他的手机号码，一看，咳，竟然是太原地区的，他人在太原？跟着打过去，正是，他现在太原，任职山西仁源堂药业有限公司总经理。约好了几个日子后到柳巷铜锣湾一带见面，我“百度”了一下他们公司的情况：

> 山西仁源堂药业有限公司是一家集科研、生产、营销于一体的制药企业。多年来致力于研究开发新型中医学理论与现代药物科技完美结合的品牌药物。产品主要剂型为片剂、胶囊、颗粒剂等。山西仁源堂药业有限公司被山西省认定为园林企业及高新技术企业，“仁源堂”商标被评为“山西省著名商标”……
>
> “养浩然之气开创伟业，集百草精华播惠万民。”制药，制行，制德。山西仁源堂药业时刻不忘医药的精髓“医万物，以德为器”，厚德制药是公司的中砥精神，尽力为社会公共服务和慈善事业做出奉献和表率。公司把福泽大众、回报社会作为义不容辞的责任和事业！

仁爱无限，健康有源。山西仁源堂药业有限公司愿为大众泽辟一片健康的蓝天！

必须说，此企业文化中，渗透有桂龙的精神、桂龙的理念。这一点，在随后对他进行的采访中，亦得了证实。

“桂龙实际有着对全行业的一个正面的影响。”

这也是他的原话。李耀华是1962年生人，我俩同岁，在他那间打扫得纤尘不染的办公室，刚寒暄两句，两人即论出生在几月几月看谁大。这后来我拿到他一份履历，其中如：“1982年—1987年，在神池当地医院、卫生局工作。”“1987年7月—2002年5月，在山西桂龙医药有限公司工作，先后任副总经理、常务副总经理、集团公司副总裁、执行副总裁等职。”“任山西桂龙副总经理期间，先后分管新产品开发及生产：A. 负责桂龙咳喘宁胶囊、桂龙咳喘宁颗粒、常春源冲剂、美尔神冲剂、清喉利咽颗粒、坤泰安胶囊等产品研制、报批工作，并获得批准；B. 负责桂龙咳喘宁胶囊、清喉利咽颗粒的中药保护品种的成功申报。”“（1）掌握了中成药胶囊、颗粒、片剂等剂型的生产工艺流程，设备操作规范及生产厂的GMP管理。（2）任常务副总期间，主持山西桂龙公司的工作。（3）任桂龙集团副总裁期间，分管营销工作。完善和恢复了覆盖全国的营销网络。（4）任集团公司执行副总裁期间，主持集团公司工作。全面负责集团公司科研、生产、销售、财务、供应、行政各方面的工作。”使得你大体都能看到桂龙公司这几十年发展的一个整体轮廓。

从二十二岁到四十岁，人生最壮丽的年华，都交给了王秉岐，奉献给了桂龙。

2

第二件事情就是在神池县办卫校了。他新选来的小干事李耀华，毕业于忻州卫校首届招收的中医班，为卫校办中医班招收中医学员提供了思路。（李耀华是到了县卫生局以后带职上的山西职工医学院。）王秉岐天生心大，开始学中医即多钻研经典，所以，一想即想出来办一个四大经典培训班。

当然，他也想把自己前面所学的东西温习一遍——温故而知新。通过与外面行内朋友们的交流、接触，包括每日半天到县医院坐诊，虽时日不长，但还是感到医学知识不够用，特别是系统性差距较大，需要有一个“大剂量的补进”。

这也是他后来到北京中医学院进修的主要原因。

他和张志礼说：“我这个道行还不深，要搞医的话，必须好好地到外面进修一下。”

他人到北京中医学院读高研班，是赶在神池办卫校之后的1985年。张志礼说：“秉岐去后就跟了全国最有名望的刘渡舟教授，有一年多、将近两年，主要是闹《伤寒论》；中间有穿插，是他又跟着王绵之教授闹了《方剂学》，学了舌苔；之后他还又跟着董建华、赵绍琴两位大教授，进行了一段时间的临床实践。北京中医学院五六个全国著名教授，都成了他的正式导师。仅这一点，少有人能办到。秉岐是人尖子，没人能否定。我在这上面，就很崇拜他。没有大本事，人家这些教授们会当你是个什么东西？咱小小神池县，能在人家眼里吗？”

而言神池办卫校，张志礼正派上用场。他援藏工作结束后（实际已经回来一两年），“需要干些大事”。志礼可助他一臂之力。没含糊，他请志礼来当这个校长。

张志礼说：“那时王秉岐就开始研究桂龙咳喘宁了。他也为了这个目标，把我找去说：‘这两年给我办一个神池卫校，你当校长。’我说：‘办就办，我也爱好教学。’开始是这样。”校长一职，志礼欣然接受。

于神池卫生系统，他们办这样一个卫校，这么一个中医班，那还就是开天辟地。

但是办校必得报批，包括经费怎么落实等一系列问题，都需要王秉岐着手来解决。志礼虽被任命为校长，但在这些地方，只能多听从他安排、调遣。如上地区卫生局批项目、要经费，那人家最后也不会隔过王秉岐直接给到张志礼名下，这里一级是一级。志礼和李耀华可以写报告，强调在神池办卫校、办中医班的重要性，但上地区活动，王秉岐就得亲自出马，跑了一次又一次。尽管说他有一定的游说能力，也擅长与上面打交道。

当然，地区卫生局认为这是很好的事情，最后批复了，全区招生，实际以西八县在职优秀中医医师为主，第一期名额五十人。

跟着他又把教学场所、学员住地，包括食堂这些全解决了。接着招生，进行考试，哪一项，都不简单。

他这人原想好的事情，只会向着更好的方向努力，而不会顺坡下驴。为此，他带张志礼和李耀华专程进京找资料，其中最大的斩获，是他们搞到了一套四大经典教学录音磁带。这个可太有用了。

关于中医四大经典，长期以来具体组成存争议。目前学术界一般将《黄帝内经》《难经》《伤寒杂病论》《神农本草经》看作中医四大经典。也有部分中医教材把《黄帝内经》《伤寒论》《金匮要略》《温病条辨》当作四大经典。目前采用前者说法的较多。

但他们当年采用的是后者。王秉岐和张志礼的传统医学功力，也在这一边。多年来王秉岐嘴上常挂的便是《金匮要略》《温病条辨》。

接下来，他和志礼琢磨请哪些名医来讲课。

这个规格更高，实际上到后来，他们就把当代《伤寒论》的第一大家刘渡舟教授请了来。省里的、地区里的，包括大同那边的，自不待言，在专业上，全是一等一的。

他们经费很多吗？绝没有的事儿，而是经费很少。

王秉岐和他的卫校校长张志礼人气很旺吗？有这个因素，但这并不是最主要的。

说到底，这样办学校还是顺应了时代的发展潮流，他们走在了时代的前列。如刘渡舟教授，能在百忙之中前来一个山地小县城授课，实然在于他感受到了那来自土地深层的渴盼与热望。

中国要富强，人民要健康。这是他们共同的事业。

忻州的情况，主要就有王雅轩、王沛藻的后人，如王沛藻的三子王悦信和四子王悦德，多次回来神池讲课。前面通过雷迅（杨峻峰）的文章我们已知道，王悦信为忻州市人民医院中医科主任、主任医师，王悦德为忻州市人民医院呼吸科、风湿免疫科主任，他们继承了祖上的医道医德，俱为一代忻州名医。

大同方面，则为一对父子，门纯德与长子门理章，当年大同医专（现山西医科大学大同学院）的教授、讲师。

张志礼说："门纯德是山西医学大家，专门治脉管炎，就是静脉曲张以后的脉管炎，他用中药治疗，有非常明显的效果。他的三个儿子都了不得，大儿子门理章，理论与实践都有一套；三儿子当过省中医学院的院长，他们也是中医世家。

"我去大同请他们时说：'你们来神池卫校给我们讲讲课吧，我们王局长很想交你们这样的朋友，认识认识你们。'这样，前后请来他们三四次，每次请，我们车接过来，然后给上人家路费，人家自己就回大同医专了。也算讲了半年多的课，对我们帮助很大。"

通过这件事，张志礼又将话题引申下去，讲了王秉岐对人才、对知识的渴望与尊重。

"秉岐把全国最有权威的教授都弄到了桂龙公司的智囊团——专家组。这里就有刘渡舟、董建华、赵绍琴等大家。他有什么事情就向人家几个人请示，也更多尊重人家的意见。这个知识平台（.智囊团、知识库）本身就非常高，可不是什么简单的土法上马。我第二次到了厦门以后，这已是九十年代中期的事了，桂龙公司还一直给专家组这几位大教授发工资，他每个月给寄，准时寄，不延误一天，谁也不能给他误了事。没有这智囊团，'天下'拿不下来。这也是他对我们的忠告，一说是桂龙建设的最大资产和最大财富——人的财富。王秉岐有头脑，有心，有超前的人才观，凡他认为我们涉及面不行，就称我们可以请专家，跟着就把专家请来，进行论证等一系列工作。他最重视人才建设，对人才相当敏感。"

神池卫校中医培训班办了整一年。学员培训期满，地区卫生局领导来神池为他们颁发了结业证书。

而经过正规培训的中医班学生，后来大都成了名医，临床的一把手。由王绵之教授主讲的《方剂学》、由刘渡舟教授主讲的《伤寒论》，原声录音带成为绝版，对当时的教学起到了至关重要的作用。

3

时下，正逢原平和偏关的“搭台唱戏”进行得轰轰烈烈，地区通过大力动员，其他各县亦起来纷纷效仿之，这股全民经商热潮，在神池同样形成了气候。

王秉岐领导下的县卫生局，却苦于没有什么可经营的项目。“这我们也不能落在人后吧?”王秉岐召集他的干部们开会研究对策，“看能找个什么合适营生”。会上，王秉岐说，“人家让政府‘搭台’，咱们得搞一个项目，不然一点动静没有，不好交代。可咱卫生局搞一点什么东西呢?”讲实话，这类带有那么点“不务正业”的事，多因一种特别的错位感而令人兴奋，今也不例外，大家发言踊跃，全言堂献计献策。小干事李耀华则在工作笔记上沙沙沙记下好多条。

王秉岐最后采纳了副局长朱光华的建议，定下来一个走内蒙古往回贩旧汽车项目。

朱光华副局长当兵出身，有一个战友当年在内蒙古，后调回神池开车，徒弟在内蒙古地方上干交警队长，据说可以搞到这样的车辆。

贩车得用钱，还得用不少钱，单位里没钱，只好从个人手里借——集资。但这可不是他的发明，全忻州“搭台唱戏”，起先原平和偏关多个项目上马，就是个人集资。就单位里的职工吧，你来二百，他集五百，从个人头上借了一万块，算有了本金。

利用一个星期天，王秉岐带了朱光华和他的司机战友，去内蒙古进行考察。他们所去的是呼市下面的托克托县，地方在大青山南麓、黄河上中游分界处北岸的土默川平原上。他们看了看那种大车，见没太大问题，价格一搞，一辆两千来块钱，至少人家说一点儿不贵。

他们回来以后，因为神池这面也只有两三个下家，决定派人再去先买个两台。买卖不能一下砸在自己手里。

再去内蒙古购车，他派去的是朱光华和李耀华，都是他身边人，他们随身带上那些钱，也没什么不可靠的。

李耀华说：“找好门路能卖出去旧车辆，就算一笔生意了，我们也算搞了‘搭台唱戏’。”

当时买车的都是农村的能人。当个体户、运输户，干好了能变成万元户，县上还会为他们庆功表彰，骑马唱戏，披红挂彩。

李耀华说：“后来我和老朱两个人就去内蒙古买二手车了。我们坐火车到呼和浩特，不说卧铺，连座位也没有，俩人就在车厢连接处的过道里躺了一黑夜，第二天早上，我们再倒汽车去托克托县。”

托克托。老朱和小李在这大青山下住了两天。之后，他们看好了两辆大车。遂见过中间的交警队长，讲好了他们就要那两辆车，车况可以。交警队长也是爽快之人，大家已经交成了朋友，酒也喝了几次，他说：“既然车定下来了，你们交钱后先回吧，两辆车我负责派司机给你们开回去。”

前脚后脚，他们回神池，两辆二手大车，交警队长倒派司机送来了。

这样，他们又把车卖给了个人，毛利有个一两千元。谁料一打几人的两趟差旅，包括在那边请人家喝酒，一两千元全没有了。“不对呀，还该有集资人的利息吧?”喝酒全喝完了。这王秉岐决定，不说利息了，马上把本金还了集资人。他最后总结：“这个生意不值得做，不做了。”

事后，还有人编了个顺口溜嘲讽他们：

朱光华，李耀华，真是一对大傻瓜。
内蒙购回一破车，还没跑路就哗啦啦。

这也是王秉岐第一次做买卖，搭了一次台，忙碌了个空。

第六章 桂龙第一期

1

1985年春节前后，王秉岐拿着自己写得不够专业的一些论文素材，也就是后来《桂枝加龙骨牡蛎汤治疗小儿支气管哮喘》一文的理论与实践汇总，要身边的小干事李耀华帮着从专业的角度进行修订。

前些日子，李耀华在接受我的采访时说："印象中是在当年一二月份，王局长说：'我前几年搞了一个东西，查了一些古书——《伤寒论》《金匮要略》。十多年前，我家老二得了小儿哮喘，哪儿也治不好，我自己用了这个方子，效果挺好，后来我给其他孩子也用过，也有好的疗效。我们来看看，我这堆东西能不能变成一篇论文。'因为他是自学中医的，所学不够系统，'比较支离破碎的'，但是这个东西他实验过，非常有效，给了他一定的信心。他要我来帮他做这件事，是看好我在卫校中医班一直名列前茅，我的中医理论水平也不错，而这个却得从理论上看能不能解释通。因为是一个现成的东西，没费多少天，实际还是在他的指导下，论文拿出来了，作者肯定是他本人——王秉岐。

"说王局长人有大象，是他判断事物总能找到那个高点。这下来寄论文，他就没有考虑省里的医药报刊，而是投在了《新中医》，是国家当年最有名的医学杂志，影响很大。"

关于这前后，王秉岐交代得也比较详尽。

"从那个时候开始，我的桂龙药业就起步了。但我做这个事情，也不是想着从医药上赚钱。从我上大学时开始接触中医，我对中华医道医术就有信念：它主要是匡扶生命、积德行善的，而不是用来赚钱的。所以，那时我即下决心走这条路。反反复复，还是一步一步走来了。

“论文出来后，我认为它很有分量，把桂龙咳喘宁这个药的机理是什么，包括临床怎么用，都讲了个通晓明了。理论上的东西完全成形了，但稿子寄往哪里，我还是权衡地做了些思考。因为我认为这样的东西之前是不曾有过的，所以，我就斗胆把它寄给了《新中医》。这可是一本最有权威的杂志，由广州中医药大学和中华中医药学会主办。

“好像不到一周时间，《新中医》有了回信：此稿必用，切勿再投他刊。下面的签字是：邓铁涛——《新中医》杂志的主编。我又惊又喜，还有点不敢相信。

“三月份，对，当年三月份发出来了。只字未改。”

邓铁涛的眼力当然不会有错了。这位南中国最著名的中医学家，业界推评为“七十多年来，精心研究中医理论，极力主张‘伤寒’‘温病’统一辨证论治”。广州中医药大学终身教授，博士生导师，中华全国中医学会常务理事，全国名老中医，内科专家；2009 年，九十三岁的邓教授被国家人力资源和社会保障部、卫生部、中医药管理局三部委联合评定为“国医大师”，也是广东省唯一获此殊荣者。

论文一发，王秉岐更坚信自己选择的路不错，前途光明。

李耀华说：“这实际就是桂龙咳喘宁的前身。”

2

春节过后，神池卫校中医班日益向好。张志礼校长忙得请名医名师来亲授，四五十号学员的学习热情被点燃，大家提高很快。

但卫校请刘渡舟教授来，是在中医班临近结业。此前，王秉岐几次进京，都没能和教授取得联系。直到后一次带着李耀华参加一个为时半个月的中医短期培训，他们才接上头。王秉岐在短训班上得到一个消息，北京中医学院要办一个为期一年的《伤寒论》高级研修班，主讲人即刘渡舟教授。王秉岐想进这个班，认为这可能是自己的一个机遇。

《伤寒论》高级研修班全国一共招收四十人，刘渡舟教授却不能给他报这个名，刘渡舟说："我们这个是有条件的，要研究生以上学历，你一个国家干部、普通中医怎么可以？"王秉岐不失时机地拿出他登载在《新中医》上的论文，说："刘教授，我有一篇论文，你先看看。"刘渡舟从他手中把杂志拿过去，一看论文题目，"桂枝加龙骨……"猛吃一惊，"这是你写的吗？"王秉岐说："是，我写的。"王秉岐还要说什么，却让教授拦下来："有这一篇足够了。"

教授把文章看完，就剩夸王秉岐。"老头，做学术的人，看到好东西就高兴。他和我说：'老师临床搞了一辈子，这个方子我几乎天天用，但我偏偏没有想到你这一招。你知道这个方子原来是治疗什么的吗？它根本和哮喘挂不上钩的。它原来是治疗女子带下、男子失精，就是这个病。我一看你这个方子，它的组合很合理。但是，在你这个基础上，我还要给你加几味药进去，那样，止咳、止痰、平喘的效果，会更加明显。'"王秉岐说。

老教授激动。王秉岐越发激动坏了。

自《新中医》发论文后，他每天都会接到病患或家属的来信来函求医求药，现在，又得到刘渡舟教授这么大的一个肯定，他都感到事业上的一轮新日从地平线上升起——还是，他要实现周恩来总理的嘱托，战胜"老慢支"这个带走他父亲的残暴狂魔。他这目标，很崇高，很纯洁，终生不改，矢志不渝。

这一层意思，凡见着写他的文章里，都有表述。

他说："这个论文一发表，不得了。到处来信，要买桂龙咳喘宁，治疗哮喘。这和导师刘渡舟结合，桂龙咳喘宁整个出来了。原来本是对小孩，现在成人和孩子都没问题了。这不只是一个专利产品，这是一番事业。对我来说，就是一个原子弹，爆炸性的。我探索到一个新课题，解决了一个大问题，中国的哮喘，或许有了治疗捷径。"

特别要提出刘渡舟教授对他的指点。李耀华说："他原来这个叫桂枝加龙骨牡蛎汤，就是桂龙咳喘宁实际上当时前身处方就七味药，后来刘渡舟跟他说：‘光这个还不够，你的咳喘治疗还是以治热治痰为主，’所以，刘渡舟又给他加了一个方子，七味药变成了十一味药，所以叫小青龙汤，这四味药有半夏、瓜蒌，还有一个黄连，最后说你止咳效果最好的是杏仁，又加了一味杏仁。它原来主要针对小儿支气管哮喘，后来发展为针对所有呼吸道炎症，如支气管炎、支气管哮喘、肺气肿、肺心病等一整个系列。这是十分重要的。”

刘渡舟教授正是在有如此机缘的情况下，让王秉岐请来神池的。神池这么个小地方，出了王秉岐这样的人，卫校内四五十号学员积极上进，大家都在悉心钻研中华医学宝库中四大经典，反过来也感动着他。“神池之行，给老教授留下很深印象。”

刘渡舟，原名刘荣先，1917 年出生于辽宁省营口市。幼年时，因体弱多病，常年请中医大夫治疗，亲身感受到了中医药的疗效，逐渐对中医药产生了兴趣。由于他体质虚弱的原因，他的父亲在择业时给他选择了中医这条道路。十六岁时在营口正式拜当地名医王志远先生为师，矢志学习中医，从而迈出了此后漫长中医生涯的第一步。

刘渡舟教授注重对中医经典著作的研究，特别是对《伤寒论》六经辨证理论体系的研究。刘渡舟认为，研习《伤寒论》，一定要结合《内经》《神农本草经》和《金匮要略》诸书，这不但有利于全面地正确理解六经辨证理论体系，而且，在学习后世医家论著时，也就有源可寻，有本可依。他潜心研究数十年，撷古采今，旁涉诸家，结合自己的心得体会，著有《伤寒论通俗讲话》《伤寒论十四讲》《伤寒论诠解》《伤寒契要》《新编伤寒论类方》等书，有理论、有临床，深入浅出地介绍了《伤寒论》的六经辨证理论体系。尤其是《伤寒论通俗讲话》与《伤寒论十四讲》二书，在国内多次重印，并被日本东洋学术出版社译成日文在日本出版发行。同时，他还任主编，组织编写了自研究《伤寒论》以来的第一部专门工具书——《伤寒论辞典》。

王秉岐对导师的主研方向亦有发言，后还写过系列文章。

《伤寒论》的核心是六经辨证。但长期以来，对于“六经”实质的理解，见仁见智，莫衷一是。针对各种不同的学术观点，特别是针对有人提出的“六经非经络”的观点，他从辩证唯物主义的立场出发，强调了六经的实质是经络。教授认为，《伤寒论》的六经辨证思想是在《内经·热论》六经分证方法的基础上发展起来的。六经辨证是以三阴三阳的六经经络及其相互络属的脏腑的生理、病理变化作为物质基础的。离开六经经络及其相互络属的脏腑组织，则六经辨证就成了空中楼阁。六经辨证首先要解决的问题就是辨阴与阳，以三阴三阳的阴阳两纲统摄六经，然后进一步探求病位之表里、病情之寒热、病势之虚实。但是，如果辨证只辨到阴阳表里、寒热、虚实，那还是很不够的。因为它还没有具体地与人体脏腑经络的病理变化联系起来，仍然不能明确而深刻地阐明各种复杂的病理变化，以指导临床治疗。所以，六经辨证必须以经络为基础，通过经络而落实到具体的脏腑组织，使辨证言而有物，从而达到辨证以论治的目的。他认为能否正确地理解六经实质，关系到能否正确地运用六经辨证理论以指导临床治疗，这是学习、研究《伤寒论》的一个至关重要的问题。

这下来，王秉岐向县里请了假，安排自己到北京中医学院进修。走之前另一事，是他为李耀华上省城太原学习做了安排。小李这一走可是两年，那也得积极鼓励他去。他很欣赏小李这后生，日后他学好了，可以更好为自己所用——事实也这样，李耀华前后跟了他二十六七年。李耀华报考的是山西省职工医学院，他当然没辜负王局长的一番好意，考试顺利通过，在校两年学习刻苦，学历由中专升为大专，各门功课在班上又是名列前茅。

9 月 1 日，王秉岐赶去北京到中医学院报道。在这一年的进修学习当中，王秉岐对自己的要求非常严格。这位来自晋西北高原的“官员进修生”，最后竟在多门功课上拔得头筹。想想，这可是由“卫生部举办的《伤寒论》师资进修班”，他这个半道出家的县卫生局长，能获得如此成绩。有报道说：“一年下来，居然这位‘戴乌纱帽学员’十四门功课门门优秀，刘教授对他刮目相看。”

刘渡舟教授的确非常欣赏他这个“小官员弟子”。老教授阅人无数，能感觉到王秉岐日后会有大的发展，他也希望自己能助他成功。这他们都做到了。

张志礼说："北京学习使得王秉岐整体上有了一个大的进步。"

3

有报道称，王秉岐在结束了北京的进修后，根据他十几年来对二百多例患者的随诊追踪，尤在进修学习中得到了理论上的突破，他在自己家中，开始了桂龙咳喘宁大蜜丸的研制。

"他又学习（查阅）了大量制剂方面的书籍和资料，进入另一个陌生的（中成药制作）工艺领域。经过一年的艰苦奋战，到1987年春，正是杨柳吐翠桃花绽红的时候，桂龙咳喘宁（大蜜丸）在他的斗室试验成功。"

这报道有出入，研制桂龙大蜜丸家庭作坊，要早于这一年多时间，也就是刘渡舟教授来神池之前，家中这些坛坛罐罐就摆满了。1985年3月，《新中医》杂志发了他的论文以后，他在家中倒忙碌上研制（小儿）桂龙咳喘宁了。这也大干了一段，把他两口子都累坏了。

（张志礼：桂龙咳喘宁在省地做了大量临床研究。名医王悦信、王悦德做临床做了大样本研究，从上万例患者中，得出有效率和显效率。动物实验是他委托山西医科大和研究所做的。临床实践做过三期，这才为以后的新药鉴定夯实了基础。）

"白天，他去医院上班或到卫生局处理事务，晚上在家除给人看病外，就土打土闹地搞起桂龙咳喘宁丸药的研制。他读了大量制剂方面的书，妻子、儿子都是他制药的助手。家里、院里到处是制药的工具，粉碎机、熬药锅，两个大铜锅轮换着熬滗药汁，家里的盆盆罐罐都派了用场。屋外面是雪花纷飞的世界，气温在零下二十七八摄氏度，屋里的试制却进入了白炽化阶段。王秉岐的身体日渐消瘦，宽宽的前额上爬满了皱纹，人一下子苍老了许多。

"一服良药的诞生好比打一场持久战，一招不慎会带来意想不到的恶果。每一个数据他都要过细再过细深研，为之他几个月睡觉都不脱衣服，有时冷水浸浸头，赶赶困乏，又抓紧整理资料。

"家里人都心疼他，想替他分担点工作，可精细活儿、关键活儿，别人帮不了忙。”

摄连珍说：“一开始，做药丸，封口寄发，全是我。因为我是学医的，在医学方面懂一点点。做这个药我可以拿起来上手，如杀菌消毒卫生等问题，我开始时就注意到了，和纯粹不懂行的不一样。在这上面也是，他一句话，我一直跟上做，一做多少年，直到我们忻州建厂，有了规模。大家都知道，最早我们就在自家的小院里做药，还真是把家里的锅碗瓢勺都用上了。家也就两间房，常常是我在一边做药，他坐在另一边给人看病、写东西、钻研书本。”

王秉岐从北京回来以后，“家庭咳喘宁试制作坊”也随之搬出来，倒在了县医院隔壁原来妇幼保健站（防疫站）空下的院子。他在此专门搞了一个有了点样子的制剂室，成立了一个支气管门诊部。

在这个过程中，正好原县医院的宫福存大夫从太原进修回来等分配，王秉岐便请他加盟进来。由此宫福存大夫亦跟了他多年。

李耀华说：“当初宫福存除在这边参加制剂以外，还负责设备、仪器的购买、落实。他得一直往外面跑吧。”

另有报道：“1986 年冬天，从北京学习回来的王秉岐在县卫生局的药剂实验室里，开始了他对一年前入学论文的药物研究、攻关。”这个有点儿谱。

中成药制作，具体有多种：膏、散、片剂、丸剂，不一而足。

开始两口子在神池家中制作蜜丸。照他们的说法，这个在当时也有一定的优势。因蜂蜜具有润肺止咳、润肠通便、补中缓急、润燥解毒等作用，可与主药相辅相成，增进疗效，故尤其适宜于制作补益类中成药。同时因蜜丸味甜，能矫正药味，且质软可塑，可任意改成小粒服用，也可用水化开饮服，所以亦适宜于制成小儿中成药。

桂龙咳喘宁的前身，正是小儿咳喘宁蜜丸。

蜜丸的制作工艺流程，一样是精细复杂的。仅举炼蜜一项，即有嫩蜜、中蜜、老蜜之分。

炼蜜即熬炼蜂蜜，其目的是去除杂质，破坏酵素，杀灭细菌，蒸发水分，增强黏性。炼蜜时，先用武火将蜂蜜熬沸，然后改为文火慢熬，同时在旁边放一碗凉水，并注意观察蜂蜜的颜色。当发现蜂蜜泛黄沫时，用一根竹筷在蜂蜜中蘸上一滴，然后把竹筷挪到凉水碗上方，让蜂蜜滴入水中。如果蜂蜜在水中不散开而沉底，即“滴水成珠”，就算炼好了。

开始他们可弄不了这个。王秉岐说：“对，我请来了我们县医院中药房的一个中医，叫马淑贞，她家也是祖传中医，父亲马兆雄在我们神池很有名，擅长看杂病，妇科方剂上有一套。我和马淑贞说：‘我们这蜜也炼不了，你过来帮我们吧。’这她就过来跟我们一块儿搞。最开始是做丸药，和药粉怎么和在一起这些。起先全是她一个人干，弄了一两次，我和连珍也就会了。后来，药丸子做出来了。”

在有关他的另一篇报道中有：“王秉岐把配成的药丸给身边的病人服用后，效果良好。他十分高兴，二十多年的心血，连续几个昼夜的劳累，一下子便被成功的喜悦驱散了。”这有点儿谱，但不完全正确，简单了。

这上面郭新民看得最清楚：“临床应用是什么呢？我二爹他先在我们县里面这样一个范围进行试验，包括他们自己，吃上这个药感觉怎么样。远古神农氏尝百草，他发扬的也是这精神。连我二妈，那都试着多吃了药。如果没有临床，就掌握不了药的性能。因为药是有配方的，这一味药那一味药的比例不一样，效果就大不一样。他在研制过程中，需要经过方方面面的尝试，才能把这个东西做出来。王秉岐跟他爱人那是非常艰辛的——经历了千辛万苦。可不是想象的那么简单，一下子就冒出来个药来。哪有那么简单？太不容易了。”

摄连珍说：“初期的药都是我负责的，只有采购这一块儿我不管，我也不懂。采购原料要靠他和以前手下的两个人，有时是他们拿回原料来，他再看看原料的质量、质地好不好。老王把关很严，绝不让一点点差次品填充在里面。我们和别人做药不一样，严谨、科学是第一标准，到最后结果有大的不同，这就是很重要的。几十年来，我可以说没有见过任何人在这上面比王秉岐认真，不管对谁，绝对不留情面。从当时我们那样一个小摊子，用不了多少原料，到后来发展得那么大，原料成本成了我们最大一项投入——原料还一直涨价吧。王秉岐首先对自己要求严格；谁做不到，也不行。老王说了，‘哪怕有几个亿的利润让我稳赚不赔，我也不干。我的药，就是我的良心。’在神池，那个时候我还主管出货、送货、发货。还有我们的人先期加工出来的原药合不合格，这个是检验。我还得做监工、监制。比如熬药的时间，我得准准地把握。我有标准，你干活的人就得照我的标准来。这味药我让你煮十个小时，那必须是十个小时，差一分钟也不行。烘干也一样，我说多少温度，你必须是多少温度。这些我会全部检查到。有时我整晚上不睡觉监督、查验，究竟温度多少，煮得怎么样，是不是符合我的标准。我就在这个上面厉害，全是跟王秉岐学的。我和他们说的话，也都是王秉岐的话：‘咱这是在做药呢，人吃的，吃下去要治病，救人命的。’”

这里就熔铸有王秉岐的事业观和价值观。

他说：“我对收入的高低，从不强求。我觉得，自己努力干事业，不在于那个上。我做药，追求的是质量要好，尽量做到精益求精。这个事情，包括从一开始的原药材采购，都制定有严格的标准和管理办法。凡是不合格的药材，你采购回来后我都得退，一根、一条、一两，我也不要。这不是和你讲情面的事，这直接毁坏的是我的生产和信誉，患者吃下药去功效达不到，伤害的是用户的健康。所以这样，后来他们采购药材，都是选最好的、顶级的、没有一点点问题的。我这种理念也灌输在他们的思想之中，他们在采购原药材时也会说：‘因为你这个药材直接影响药的质量和疗效，吃药是要治病的，所以药材一定要地道。采购特别重要。’这一块我是一直盯着。连珍后来也盯得很紧，但她在这个上还不够专业，免不了有人蒙混过关，那我则会再把他揪出来，踢出我的采购队伍，天王老子，包括小舅子，都不行。

“再一块就是药材的加工过程，那是一丝不苟。我们桂龙，这样说吧，全国没有一家药厂，像我们这样，百分的力气，一定要做到一百二十分以上。卫生部的人下来看过我们生产，国家药监局的人下来也看过我们生产，省市县药监局更不用说了，他们就和我讲，实际上除我们之外，没有一家药厂是真正使用龙骨的，多则，也就一个象征性。你知道，那个土龙骨呀，它是从土里面刨出来的，他们都是把龙骨打成小块，拿毛刷一粒一粒地把它刷下来，刷得一点土也没有。龙骨本身在土里，而且有一些没分化的东西，那是骨头，是不能用的，你必须把它分化好才可以的。这个东西，包括所有药材的质量，都是非常讲究的。

“所以我说，这个就是一个价值取向，有你的世界观在里面呢。不管你的为人也罢，处世也罢，做药企，产品质量和患者的安全是你的本质、你的生命线和你的价值观。你本身就是抱着一种最负责任的态度，对社会、对药品、对患者、对消费者，你最诚实地体现出来这些才最好呢。我一直告诫我的人：只有你忠实于患者，患者、消费者才会认可，人家再回来买你的产品，这就是对你最高的褒奖。而且我们还不能把药品卖得太贵，跟着市面上其他的药价一起涨。你的药品价格，一定要适合老百姓的消费水平。”

接着，听张志礼说：“秉岐从北京回来正式做药，在防疫站（妇幼保健站）要了一排子正房，有个六七间，原先是一间隔一间的，他打通以后闹了两个铜锅开始熬药。先提炼的是蜜丸子，但吃了功效不如水丸子，不如胶囊，他就将它改成了胶囊。对，从 1987 年开始按照新药走，他就做成胶囊了。就不是那个锅了，不是锅里熬了，是新的一套设备，一做几年，直到搞起来神池县制药厂，这才停了。”

王秉岐说：“蜜丸子大人吃了治疗效果也不好，不如胶囊，所以我考虑把它做成胶囊。这我就查胶囊怎么做。那时候提取，我这里面如桂枝等一些药材，还是不能用高温的。我就想出办法来，解决这些技术难点，该分离的分离，该提取的提取；温度掌握和提取、分离、干燥，一直到最后封装，将其变成中药制药的工艺过程，质量标准过程。那之后，我把剩下的大部分丸药送了人。因为都是附近的老百姓，我也不好意思收人家这个钱。再说了，胶囊出来我就卖上钱了。我定的价格也不高，一百粒胶囊四块多。现在四十粒，卖二三十块钱，翻了好多番。”

张志礼说：“卫校第一期学员结业后不久，我调下忻州，到了地区职工卫校。这时我或回神池，或秉岐上去，他和我探讨的都是一些理论问题。有时我也在理论方面帮他做一些工作。他这前一期制剂，我基本上没有参加。这个时候，叫我最佩服他的，还是他身上那股子进取精神，干什么像什么，逼着大家一起跟他走。

"制剂室从一开始就是高标准，严要求。单过卫生消毒这一关，就六七道工序，谁也得照规矩来，不能掉以轻心。我进人家前头的工作间，还必须穿人家的鞋，换人家的鞋；里面那无菌工作区，你想进去，那更复杂了，像现在看到的电影那样，专用衣服、口罩、手套这些，无一不备。这后面有两三层属于清洁区，无菌感染的概念放在了工作第一位。你说，秉岐人家当时就有这种意识，放给咱肯定说反正你熬药了，熬的中药不都是高温消毒吗？人家不。凡进去，换的都是新的专用衣服、专用鞋，再加上一层鞋套，是这个样子。

"关键是秉岐人家做出来的药疗效很好，找他来买药的人络绎不绝。他也有经商的头脑，包括临近县的病人，每周上他这儿来进行两次门诊。当时他就治好了相当一部分人的老慢支、哮喘。

"这个药为什么叫成桂龙咳喘宁呢？它主要是小青龙汤做的。中药里头有一个大青龙汤，有一个小青龙汤，专门宣肺气的，降寒气的，也就是增强免疫力的，以桂枝、龙骨、牡蛎这些为主，药效相当好。小青龙汤和桂枝汤加减，桂枝汤能分裂几百种的配汤，治疗心肺上的病桂枝汤是最好的主方。秉岐他开始是抓药的，知道桂枝、龙骨、牡蛎、生姜、大枣汤的药用功效。"

接下来是李耀华。1987 年，他从省职工医学院一毕业回去，即加入王秉岐这个制药团队。

李耀华说："有论文，有他和刘渡舟教授的指导相结合，后来还有了北京科技鉴定会上国家一流医学专家们的高度肯定，这些，只能说是一个成果，怎么能把它转化为药品生产出来，当时大家都不知道应该怎么来搞。"

搞药的技术与政策难点很多。国家是 1985 年颁布的第一部《药品法》，这王秉岐赶上了。他得照着这《药品法》来。过去，几个老药工凑一起，把这个药弄出来，看差不多就行了，就可以生产了。这有了《药品法》以后，搞药必须有国家的批准，也即你必须有批准文的"准"号才可以生产。

当时的情况，包括他本人在内，全两眼迷茫，琢磨着这以后该怎么弄。

后来，他跟李耀华说："小李，咱两个走太原学习吧。"

李耀华说："行。"这他俩就到了太原。

当时，省里还没有药检局，管这些事的是省卫生厅药政处以及省里的药品审批中心。

他两个住下后，悉心听人家讲授，学习了一个多星期。

省里请来的是国家药品审批中心的专家，由人家来为大家讲解：药品应该怎么研发，怎样做临床三期，怎样做动物试验，做大样本对照和双盲对照试验，怎么报批，最后怎么转化为成药生产出来。

这以后，王秉岐便往李耀华肩上压任务："小李，你是科班出身，咱整个药品生产包括所有材料的撰写，包括药理、毒理的实验，还有整个质量标准的制定，各项国家报批，全权由你来负责。"

李耀华欣然接受。他也把这当作王局长对他的考验，他不能让他失望。王秉岐还有很多重要工作要做，他能替他担的，就尽量多担一些。

所以，从1987年后半年开始，李耀华就忙碌起药品的审批、报批，包括北京几大医院做临床这一块儿。可以说，他做了很多具体而细微的重要工作。

当然，一些大事、要紧事不仅王秉岐得亲自出马，夫人摄连珍也免不了多受几趟辛苦。

作为王秉岐事实上的助手，摄连珍为此也投入很多。助手不是白当的，在这药品的报批通过上，摄连珍就说："你人总得跑吧。"前前后后，她有时跟着王秉岐，有时就她自己，上忻州，上太原，跑北京，一次不行两次，两次不行三次，"常是三番五次，才能办一件事。老王一句话，我可能得做半个月、二十天。开始和他在北京，需要我回去了，他就在北京等着，我返回山西。文件、资料多的是，少一份也不行。一次我回山西拿临床资料，整整一大摞子，哪一份也得前后跑着把章盖好，这才能往北京送。另一次，我头一天晚上回山西，第二天晚上再返北京，坐火车硬座，两晚上不睡觉，我也心急着呢，要不然，我不跑，他就得跑。这样用不着两个人跑的事，我尽量做。我和他说了，'这又不是写呀、算呀，我这个没文化的，可以跑腿。我跑腿，你坐镇指挥。’再说，他还得做其他事情。对，一直就是往北京跑。”

而李耀华那就是在北京死盯着住了半年。“一种新药，由开始报批到最后鉴定、批复，所涉及的方方面面，简直太多太多了。”

李耀华在京多住两个地方：一个是山西办事处前门大栅栏招待所，这边有一个管事的詹子玉，是咱神池人。李耀华在这儿仅要一个床位，长期驻扎，每天只需要出六元钱。当初不讲什么打折，就是一个特殊照顾价。住在这城中心，方便李耀华跑卫生部药品审评中心、卫生部药政局，全是国家的药政管理部门。“因为当时药品审批就在天坛附近，所以住在那里。”这里如中医理论的认定、包装和药品生产出来以后的标准控制怎么做，对药品的标准定制，等等，全部得达标、通过科学检测，无一遗漏。这边多跑这些。

另一个，他就住北京大学对面的海燕宾馆，也是要一张床，长期驻扎，每天床位费不超过十块钱。

这边他多是跑三家做临床的医院：北京中医医院、北京中医药大学东直门医院、西苑医院。还有药理、毒理实验这些专项。“都是我委托中国人民解放军药理毒理研究所搞的。”

王秉岐则隔一段时间上来，看看进展情况。

卫生部药监所的于亚明老先生，是桂龙咳喘宁的主审专家，专管着他们这块儿的审批。他常一人找过去问进度，于老先生总是和他说：“王大夫，你就别管这个事情了，这儿有我给你盯着呢。”对他特别关照。他想感谢于老先生一下，一次去就带了一点家乡的月饼和胡麻油这些，这于老先生非但不收，还非常严正地说：“我们怎么可以这样的?”一身清廉。王秉岐说：“他是我平生尊敬的人之一。十分难得能有于老先生这样关心我们事业的朋友。他叫于亚明。”他们的事，最后还就托于老先生的公正、公心与社会良知。“就是拿号，从他那里拿号。他那里批不出来，在卫生部你就拿不到批文。那是基础资料，最重要的一关。”他两位也真的是投缘，多少年里感情都处得非常好。

“那时候社会风气好，都是帮忙的，以友谊、责任心为基础的。人心都还是好的。”

这王秉岐又讲了他到国家工商局进行商标注册，这是一个局长和商标处一个女同志，也给他留下极好的印象。王秉岐说：“商标处这个女同志，还有那个局长，就和药监所王亚明先生一样，他（她）这公职人员，却能站在你的利益上，替你着想。局长，能像个小同志，给你指路、带路；处里那女同志，和颜悦色，像个老朋友一样和你说话。她说：‘你这个商标很好啊。’我说：‘我这个能注册成吗？’她说：‘肯定能成。这个你不用管了，我给你弄得好好的就好。我给你一发授理证书，你就能用了。但是批准还得一个过程，你不要着急啊。’太顺利了。那时，我就担心我这个桂龙好名字注册不成功，或是被人家抢注了。”

他讲这个时，新民也在场，插言道：“桂龙的注册商标，就是我亲自设计的。”

回来接着说临床。李耀华说：“桂龙咳喘宁做临床的四家医院，当时分两步走，第一步是要批临床，就是你拿出的东西不能直接上，必须有国家卫生部的同意批复，认定你这个东西首先是安全，然后是有效，你才能做临床。1988 年春节以后，这个批件才下来。四家医院，其中咱忻州有一家。第二步才是上临床，进行药品的系列试验，直到国家最后认定你的药是安全有效的，出了结果，这个用了一年半。”

郭新民说：“一个药由研发到定型，需要有个临床的过程。两年时间，难得很，也复杂万分。就是到了临床试验阶段，怎么协调，怎么能得到各大医院专家的认可，有好多医生是排斥的，他不会轻易接受你这个东西。这里就有刘渡舟、董建华、赵绍琴、王绵之等国家顶级专家的支持，他们都在帮王秉岐协调关系。

“到临床具体用药，这又得根据不同病症的病人，有的重，有的轻，吃了药多长时间管用，分一周怎么样，分十天怎么样，分半个月怎么样，分一个月怎么样，对不同类型的病人的治疗效果，都有具体数字。同时，还要对药的病理、毒理进行研究，要对小白鼠做实验，就是吃上这个药，对动物怎么样，对人怎么样，都要有比较，包括对血清的化验，长期跟进，进行各项研究。对，四家医院，进行双盲对照试验，总有效率高达

92.7%。最后，经过对药的评审，完成它的定位：究竟是什么药，起什么作用，在中医药界是个什么地位。”做临床的病例书写要求十分严苛，统计学分析要精确到0.01。

当然，这他还是赶上了中药发展的一个好时代，如果放在现在，其他不说，仅新药的临床试验，就得做五年。

李耀华说：“1989年8月1号，我们正式拿到卫生部颁发的桂龙咳喘宁的批准文号，就是药品的批件。准确讲为：国家三类新药准产证。我记得十分清楚。”

4

从理论上讲，召开药品的科技鉴定会和新药的报批，没有任何直接关系。这一点，李耀华解释得最清。

原来我在这上面就有错误的认识，认为鉴定会一开，国家这头的一切，万事大吉。其实，错得不知道哪儿去了。我这样，和新民的对话也不无关系。在他谈到，鉴定会有国家卫生部科技部分管新药审核、报批、生产、研制等处室派员来参加，我即有了这么一个误以为。眼前一片知识盲点，书生气重，阅世甚浅。的确，像文学圈中朋友所言，纪实写作的挑战无处不在，需匆匆补课数年。

鉴定会于1987年7月份召开，完了以后王秉岐就着手按照新药的审批程序进行报批。

“按照程序要求，有药品的理论包装，药品的质量包装，还有药理、毒理的研究报告，还有临床实验结果，这四套都完成了，开全国药品审批会议，专家们经认真、严肃的认证，当一致认定了你这个东西达到了标准，就会批给你。”这是李耀华的原话。这我就说：“现在我这里有一个转变，是我原以为这一套进行完毕以后才开鉴定会，实际上是鉴定会开过以后你们才着手这一套；并且这一套和鉴定会原则上没关系，两者也无所谓先后。”

对，新药获国家批文不需要有科研鉴定会这个前提，你不开科研鉴定会照样可以报批新药，而报批本身就是一项一项走程序。郭新民语：程序性的，严谨的科学态度，其过程是极复杂的。

桂龙咳喘宁在社会上之所以能形成影响，却首先得益于前面有这么一个高端的科研鉴定会。这它又通过媒体等方式，全部宣传出去了。

> 他向头发花白的老教授详细汇报了自己研制桂龙的过程，呈上了各种资料，刘老全神贯注地听毕，又详细核实了有关资料。老教授认定：桂龙咳喘宁的临床研究符合中医组方规律和辨证论治的原则，对继承、发扬祖国医药学有一定创造性，对急、慢性支气管炎具有广泛的适应性和应用价值。老教授和他谈好了尽快组织鉴定，并且列出参加本次鉴定的有关专家教授名单，提出有关组织鉴定的各项筹备工作。考虑到王秉岐的工作量太大，老教授主动提出有关申报联络工作由他自己出面，介绍北京同仁堂医院药剂师武树声教授协同核实数据，整理资料。
>
> 他记不清自己是在一种什么心情之下告别老教授、告别首都返回神池的。只记得：当他回到家里，见到妻子时，话没说出口，眼睛湿润了。

鉴定会的日期已经没有几天了，眼前大量繁重的工作还在等着他，必须很快赶赴地区和省里，向有关部门及有关领导汇报这一情况，筹划有关鉴定会的各项工作。忻州地区，山西省有关部门的领导和专家对他的这一项研究成果表现出极大的兴趣和关心，表示全力支持他，希望获得成功。（就此，郭新民特别向我提到当时任职忻州行署的副专员任效宣和地委科委主任徐生荣，说他二人对王秉岐的帮助那就是“一路绿灯”，帮助巨大。“任效宣专员分管全区的文教卫生，尤其注重人才的培养和科研项目的开拓。”）

火车、汽车、三轮车、自行车，王秉岐马不停蹄地跑，似乎也不觉得累，有时误了吃饭也不觉得饿。对于他，似乎就没有克服不了的困难。

然而，预备支付会议期间有关费用的一万八千元现金，把他难住了。

他活这么大还真没见过这么多钱呢。他和妻子的工资都很低，而且，大部分节余已用在了这项成果的研制上，同时还要供两个孩子念书。多少年来，他们夫妻一直在清贫节俭中度日，从嘴里边省、在穿衣上抠，分分厘厘地存。眼下，存折上连利息算上也只有两千多元。妻子将它取回来，说："这下子咱家可是盆干碗净了。"他理解她此刻的心情。

经过东拼西凑攒起来的一万五千元，与约定数额还差三千元，自己是再也拿不出一分钱了。可以借的钱都借了，能求的人也都求了。1987 年，一个穷困的北方小县城人要拿出近两万元钱，可真不是一个小数目。穷了半生的他哪里会有这么多钱？临末，还是妻子的一个朋友听到这一消息后慷慨解囊，才总算凑够了这一万八千元。

1987 年 7 月 12 日下午，北京饭店七楼会议厅，庄重，严肃。专家席正中挂一红色横幅：桂龙咳喘宁治疗急性支气管炎临床研究鉴定会。国内著名中医大家董建华、赵绍琴、董得懋、程式德等九位鉴定委员会成员按时步入会场。与此同时，新华社、人民日报社、健康报社等首都各大新闻单位的记者、编辑还有许多有关专家教授，共计五十余人全部准时出现在会场。

坐在汇报席上的王秉岐心里颇为激动，但并不慌乱。他沉着、冷静、自信。根据会议规定，他将在这里向各位专家汇报自己的科研成果并回答他们的各种提问，他明白今天下午对他来说是多么重要，他必须调节好情绪，培养好心境，使自己的才华在这里发挥到最佳程度。坐在他旁边的刘渡舟教授今天特意理了发，刮了脸，换上一件质地考究的半袖衫，显得格外精神。他今天是以指导者的身份参加会议的。发言之前，他暗暗提醒王秉岐："一定要沉着，冷静。"并且再三给他打气，"会成功的，会成功的。"

王秉岐自己也没想到他会发挥得如此满意。他生在晋西北山区，却讲着一口流利的普通话，有些地方还用英语强调和说明。会议气氛异常热烈。

会议举行中间，有一对台湾夫妇忽然来在会场，现身说法，盛赞桂龙咳喘宁的显著疗效。

> 香港一巨商患积年慢性支气管炎，一到冬天，就拉开了“风箱”，咳喘不止，本人遭罪，家人担心。有朋友给他介绍桂龙咳喘宁，他抱着试试看的态度服了几天，结果折磨了他几十年的老病竟然痊愈，家人亦为他欣喜。之后，他就联系到王秉岐本人，一再邀请他到香港办厂。

这则报道中的人物，和上面那对到会场来的台湾同胞的情况相当，通过服用桂龙咳喘宁而得治愈的时间也前前后后。

他们同时也为王秉岐和他的桂龙咳喘宁做了一个很好的媒体软广告，发挥了积极的作用。

有道：酒香不怕巷子深；一片冰心在玉壶。

接着，进行专家评议，这是关键。鉴定委员会将根据申报者提供的资料、数据进行全面审核，最后以无记名投票的方式进行表决，通过。

根据规定，这时候，王秉岐跟刘渡舟教授退出会场，在一间客厅等候结果。

他们刚刚落座，一群记者拥了过来，镁光灯从各个角度不停地闪烁。

各种各样的问题提出来等着王秉岐回答。此刻王秉岐的心还一直悬着，他在焦急不安地等待着鉴定结果。机灵的记者马上看出了他的心事，一位《人民日报》记者说：“您成功了，王先生，您成功了。类似这样的会议我们经常参加，但像今天这样气氛热烈、赞叹声不绝的会议还真不多见。”

果然，喜讯传来，鉴定顺利通过，专家们一致认为：

（一）桂龙咳喘宁对急、慢性支气管炎疗效显著，具有广泛的适用性和应用价值。

（二）本方符合中医的组方规律和辨证论治原则，调和营卫，表里同治，标本兼顾，辛开苦降，利肺化痰定喘，对中医治疗急、慢性支气管炎的理论有所深化，对继承和发扬祖国医药学有一定的创造性。

（三）社会效益和经济效益显著，应加快新药研究步伐，投入生产，以满足患者需求。

王秉岐一颗悬着的心，踏实了。

王秉岐则对此有综述，他首先提及的是他的导师刘渡舟。

他说："刘渡舟教授是我们国家《伤寒论》的当代研究鼻祖、泰斗式人物。我第一次报他的《伤寒论》进修班，他看了我的那篇论文后说：'这可不是你进修的问题了，这是个科研讲案，值钱得不得了，你怎么能想到呢？'后来我提出来搞一个科研鉴定，他说：'你不要管了，老师一手给你操办。'正因为有刘渡舟教授的深层介入，鉴定会来了那么多一流名家，他们都是我们国家顶级的教授、医学大家，董建华、赵绍琴等，在我论文宣读完以后，一片喝彩。鉴定完了以后，跟着是应对首都各大媒体，那是整整一周，每天接受记者们的轮流采访，可以说把我整得筋疲力尽。是我推脱'我家里实在忙得不行'，才抽身出来。那时候北京饭店一般进不去。有个小插曲，是鉴定完出来以后，我拿的一瓶茅台酒，谁料出门时候给打了，香味喷得到处都是。好多老外闻见后嗷嗷叫，指着鼻子说：'好香，好香，香得很。'然后，回到神池，我整收到半麻袋的来信，就是全国各地购药的，你看看，这在当时来说既是好事，压力也好大。人家这么大的热情有求于你，你要是给人家弄不出这个药来，那可不行。"

5

如前所示，王秉岐载誉回来后，桂龙咳喘宁在京通过鉴定的消息已经家喻户晓。特别是一些咳喘病患者，他们采取各种不同的方式从遥远、闭塞的山村赶到县城向他祝贺，求购药品。与此同时，海内外患者也纷纷来信、来电求购桂龙咳喘宁。国内不少中药生产厂家获得这一消息后，立即行动，千里迢迢赶来与王秉岐洽谈有关桂龙咳喘宁的技术转让事宜。

李耀华说："专家鉴定出成果，说明你这个东西已经具备了国内先进水平，也说明实际上你可以把它当作药品生产出来了。"

> 一位名叫寺西清一的日本友人，从新闻传媒中获知这一消息后，给王秉岐写来一封信，信中说，他夫人寺西盈女士于十六年前患感冒，因治疗不及时发展成哮喘，多方医治无效，生活中一直借助于吸入器呼吸。他说他将带夫人来华专程接受王秉岐的治疗。
>
> 秋天，王秉岐与寺西清一夫妇在北京西苑饭店见面。仅仅三天治疗，寺西盈女士的病情大为好转，可以扔掉吸入器，登八达岭长城游览了。
>
> 寺西清一先生对此极为佩服，回国后不久，又给王秉岐来信，愿意介绍他去日本办厂，保证他三年之内成为百万富翁。

他当然没有考虑去日本，他的事业在中国，日本不适合他。

有关与寺西清一交往这一段，王秉岐特别为我做了详解。这是一段愉快的交往。这个叫寺西清一的日本老人，在日本有一个很大的电缆企业。王秉岐在京给他夫人看好病以后，他每月还从日本来信，继续为夫人购买桂龙咳喘宁。整整一年，每来信他都会跟寄两千元人民币兑汇券。当时兑汇券在黑市上倒卖一般为一比二，这也就是说，寺西清十二个月共寄人民币兑汇券两万四千元，差不多是五万元人民币。

王秉岐说："日本友人这一年的邮寄，对桂龙的起步帮助也很大。神池建厂，当然是后面跑的资金了。可是此前，我们北京办事，太原办事，包括跑国家卫生部拿批文，跑国家工商局注册商标，七七八八的，加我整笔借贷的六十万元，够了。"

他们在北京见面的一些细节，也是蛮有趣的。

开始日本朋友准备来神池找他，但神池当年未开放，并不能随便让外国人来，于是改到省会太原见面。之后，清一老先生又提出，想在北京晤面，他可借机看一下八达岭长城。王秉岐同意了。

王秉岐给寺西盈老太太看病，备了七天药，老太太服了三天即明显好转。王秉岐说："你们现在就可以回日本去了。"

他们所用翻译，个子很高，本就是老先生公司搞中文翻译的职员，中文口语水平也挺不赖的。

随员里还有一个非常漂亮的女秘书，她也懂中文，清一先生的所有来信，都出自她的手中。她代言不仅文笔优美、雅洁，硬笔书法也非常了得。

之后，就是王秉岐写信，多次提出所寄药品根本用不了这么多钱。但寺西清一老先生坚持这么寄，说是以表达他对王秉岐的深深谢意。"这些钱也许能给你带去一点微不足道的帮助。"

不是微不足道，是雪中送炭。

王秉岐返回神池，一进家门，一位陌生的姑娘便从家里迎了出来。也许是激动异常，也许是天冷风大，没等开口说话，便咳得直不起腰。陪她来的一位汉子说，他们是看到报上的消息后从内蒙古赶来的。并介绍说，这姑娘已经患咳喘病多年，到处求治终不见效，年轻轻的夏天不敢穿裙子，一年四季前心后背贴一厚厚的虎皮垫子依然不顶用，一咳起来就没完没了两眼冒火。王秉岐这时才发现，姑娘里三层外三层穿得厚厚实实形似棉花包。他将姑娘扶进屋里，安慰说："请你放心，我会让你能够同别的姑娘们一样穿裙子的。"

王秉岐精心为她治疗施药。一个疗程后，姑娘的咳喘便止住了。回家时，王秉岐给她带了药物并送她上车。第二年夏天来信了："王大夫：您可真是神医，我一点也不咳不喘了，我已经可以穿裙子了。现在我就是穿着裙子给您写信的……"

患者纷纷来信要求购买新药。王秉岐有时一天能收到一百多封来信。他动员了身边很多的亲戚朋友帮忙，有的帮写回信，有的帮助邮寄药，却远不能满足患者们的需求。

随着时间的流逝，桂龙咳喘宁的声誉和它神奇的疗效越传越广，越飞越远。来自海内外，特别是日本、新加坡、马来西亚等国咳喘病患者求购药品的信成叠成叠地飞向王秉岐的小屋。

国内中药生产厂家洽谈技术转让的锣鼓越敲越响，越敲越急，转让费日趋上升。寺西清一再三来信，愿意介绍他去日本办厂，保他三年之内成为百万富翁。

香港、台湾方面也纷纷来信，希望能与他合作。

这是当时另一篇通信中的。王秉岐极是重视医患之间的通信交流，在他实在忙得抽不出空来写回信，他就要李耀华和张志礼帮着他写信。张志礼说："这回信多得都无法统计。"

王秉岐对此深感荣幸。但他发自内心地感激神池这块神奇的土地，是她养育了他、造就了他，给他提供了施展本领的广阔天地。现在该他全力答谢这方土地了。

他给日本寺西清一复信："先生关照之心令我激动。可我不会离开我的家乡的，我只有终生全力回报这方土地才不算愧对她……"

他给香港、台湾方面复信："承蒙先生关照，金钱对我来说非常重要，可作为一个医生，为患者解除病痛，为人类造福更是我的天职……"

他回答前来洽谈技术转让的中药生产厂家："就目前来说，这项技术我不会转让。我们神池县，我们忻州地区经济发展速度很慢，我有责任为它的发展和振兴献上自己微薄之力……"

王秉岐说："那时候我这药尚属于研发阶段，是经国家认定之后才办的药厂。开始在县医院防疫站，我那时候当卫生局长也有这个特权，我说这两间房暂时不用，弄上个质检室，好应付这东西，四间房子套起来，有消毒间，有提取间，直接做成胶囊了。我一盒药装一百粒，才卖五块二毛钱，纯粹平民老百姓价格。我当时就考虑，不能把价格定高了。除过我的药材成本和加工费，七七八八，卖了那么一年，还赚了五十万块钱。这是做生意赚的第一笔钱，淘的第一桶金，也坚定了我后来辞官下海的信心。”

这一年，王秉岐到忻州，上大同，跑北京，走太原，不知跑了多少路，仅到北京办理新药的事就是几十趟。搞工艺设计，他从北京的同仁堂到太原、大同、临汾的七个制药厂进行品牌设计考察，先后跑了十五次。

李耀华说：“两年后药已经批准了，下来就看怎么生产、研发了。这个一般来讲，专利的拥有人拿到国家批文后，会挣一笔钱卖给生产厂家，由他们来生产、销售。”郭新民亦讲了当时的情况。“批文下来以后，就有不少人和我二爹说：‘卖给生产厂家多好，一大笔钱揣在手中，至少五十万，你还不用弄厂子受什么倒腾，一举两得。’这我二爹当然不干了。抛开他的崇高理想，从最基本上来说，我二爹还是明晓自己这个东西的社会价值和科学技术含金量之所在的。即使你给他一百万，他也不卖。”

> 有北京的药厂报价六十万元买“咳喘宁”的专利，与他相熟的地委书记劝他“见好就收，卖掉吧”，但王秉岐觉得，“如果让人家买走，科研转化不成产业，我的心血就白费了”，他想自己“把这个东西弄成”。
>
> 就这样，一个半路出家的中医，又要半路出家，去做一个企业家。

王秉岐说：“不，咱们自己放大生产这个东西，同时看咱们能不能搞一个药厂。”这都是很重要的一些决定。

后来他搞神池县制药厂，都是他绞尽脑汁想办法跑来的钱，县里只象征性拿出来一万元。药厂虽然姓公，但他有真正的自主权。这不但和卖出药品的生产批文完全不同，实则和县里投资一个药厂而生产，亦有不同。很简单，因为那不是你的。说到底，你没有企业，企业不掌控在你手中，药品的销售更无从谈起。张志礼讲“王秉岐有商业头脑”，这里就是一个分野。同期走出来的王秉岐，首先因为有了这第一步，当然后期还有几大步的跨越式发展，则成为全国著名的企业家、中医药界的一面旗帜，特别是在民营经济这块儿，影响甚大。

“桂龙的资产是十分优良的。”不由得想起利洁时公司代表杨得志先生这句话。

第七章　举债办药厂

1

斗室里研制出来的桂龙咳喘宁，其产品质量和产品数量，已经远远不能适应患者的需求。

王秉岐请求县里拨钱，创办诊所，一方面生产药物，一方面接待患者。县里非常支持他的想法，同意创办诊所。然而一提到钱，便犯愁了："不行啊，秉岐，我们现在好多单位连工资已发不了了。"靠政府出钱办诊所是不可能的、办不成的。

王秉岐只好自己凑钱将原来斗室里的设备略加更新，把小锅换成大锅以满足患者的需求。

也许是出身贫寒，深知其苦，也许是职业的缘故，他的心始终放在患者上。只要患者来信求药或登门医治，他是从来不把金钱放在心上的。即使在债务缠身的情况下，也经常为一些贫困患者免费寄药，免费医治。

是的，神池就目前来说经济还非常贫困，严峻而紧迫的任务是尽快筹建药厂，尽快投入批量生产。据有关部门测算，不说大型，就是中型厂也得上千万元的投资，小型厂也不能低于三百万元。神池县显然还没有这力量。

王秉岐只好把这一希望寄托在忻州地区。忻州地区自然求之不得。有关部门当即拍板定案，在地区所在地忻州建厂，尽快投产。为了加快工程进展速度，保证工艺和技术上的权威性，同时调王秉岐到忻州，并为他的助手们提供了便利。想不到，这一消息传回神池后掀起了轩然大波。

“这是个好项目，在这个问题上如果我们还犹豫不决，神池人民会骂我们一辈子的。”县领导找到王秉岐，“秉岐，这药厂一定要我们神池筹建，你是喝神池水长大的，看到神池经济如此窘困，难道你不觉得有责任献上一份力量?”

王秉岐当然愿意在神池建厂。可是，这件事地区已经做出决定，并且图纸也出来了，目前已进入紧张的筹建阶段。他将这些情况向领导说明。

神池县一无矿产，二无资源，急需全力扶植以摆脱贫困。它隶属于忻州地区，经济发展了，也就自然而然地减轻了地区财政的负担，从这个意义上讲，地区方面表示同意神池县的请求。“可最后决定，还要征求王秉岐同志的意见。”

神池县领导目不转睛地盯住王秉岐的眼睛，那眼神分明是说，秉岐，你可得支持我们呀。

在这件事上，王秉岐思想上曾进行过一番激烈的斗争和利弊权衡。但他最后的回答是：“本人同意在神池建厂。”

厂址很快定下来了，然而，一涉及资金，问题又出现了，神池制药厂的设计规模为小型生产厂家，前期投资为一百二十万元。当时神池财政每年都是赤字，对于这项很有发展前途的投资项目，虽然前景看好，但杯水车薪，爱莫能助，财政捉襟见肘，怎么办?

困顿中，王秉岐想到了贷款。当时，国家正紧缩贷款，一般性投资项目均在压缩之列，贷款也十分困难。

当时搞这个药厂，包括那边制剂室，有好多项工作要做，大方面有：一个是土建，这找了个人，和王秉岐的工作思路不合拍，后来他也不想干了，可说待的时间较短，很快离开了；另外需要引进一套新的生产设备，这则由宫福存负责；接下来是研发、生产、报批、临床这一块儿，当然由李耀华负责；还有一个是搞生产工艺，这个由王玺林管，王玺林当然也是医生，卫校毕业，后来整个工厂的生产都归他管，也跟王秉岐干了十多年；另有制剂室业务运转，则由杨文生管，文生管这一摊儿，本还是王秉岐的一个“造血机器”，尽管说规模有限，药品尚处在试制阶段，但王秉岐好一段时间扩建、改造、原药材购进等用钱，也还是依赖过它的。

王秉岐的人马的配备，可以说是比较精良和理想。尤在神池这么个小地方，人才本身就是稀缺资源。即便采购设备、采购原药，也得具备一定的专业知识，不是扔给你个半砖，你即能当成个萝卜，填在坑里，是这么个道理。

至于上述工作，实际常是同时进行。有时有冲突，有时两三回事反能变成一回事，一人当几人来用。

地方，这时正赶上县机械厂一直都停着，县里便决定拿机械厂改造为制药厂，地方挺不错。县里问他需要多大，他说也用不了多少，有原来机械厂一半差不多了。这样，县上将机械厂原来两个车间的地盘划拨给了他。

下面是出设计方案：盖一个二层小楼，上面公办、做业务用；下面安装设备搞生产用。大致这么个样子。

整个进行投资测算，节约着点儿弄，还是一百二十万。这把王秉岐难住了。没有钱，他去和县上说，几个领导碰头也找不出钱来。县长和他说：“咱财政上一分钱也没有呀。”不过后来满打满算还是给他弄了一万块钱，当然总比没有的好。他又上地区去找，跑了几个地方，白瞎了。正常渠道没有钱，朋友们那里也没希望。王秉岐说：“白跑了，白张嘴了。朋友们都是：‘秉岐，钱很紧的。一点办法也没有。今年不好。’”

这他能理解。眼下整个国家的经济形势出现了反复，他们忻州地区一度热火朝天的“搭台唱戏”不仅遭受政策打压，归于沉寂，取而代之的，反是“批判资产阶级自由化”的声音不绝于耳。

对，倒要说很多事物总是有反复。当初原平有个老师傅搞锅炉，两人凑了一个民营小企业，前后就赶上这种情况。

这位姓岳的老师傅后来和我说："那是在我们生产得最好的时候，看上去有情由没情由的，税务局的人来了。这一来了，就跟着来，差不多天天来，今天看这账，明天看那账。紧跟着，环保局的人也来了。他们一样是指手画脚，这里不对，那里也不对，到处有问题。一时间，弄得我们都挺紧张的。对呀，税务局呐喊的，就是杀鸡取蛋。实际上是不让你干了，政策风向变了。就私营企业，一倒一大批，沉寂了好几年。直到邓小平南巡以后，才又发展起来。我们这个看似微不足道的小厂子的变故，实际也和这些"政治气候"有关系，你脱不开的。我和我的合伙人自然是最紧张的了，他和我说：'咱们不能干了。这不适宜咱们私人干。'光税务局一家，我们都应对不了，再别说还有环保局的人来查。要是国家的政策再退回到从前，人家把你抓起来，定你个什么罪，你又奈何得了呢？我们盘算着，合计着，'税务局这样查下来，咱是把全部家当一并给了人家都不够。''咱尽早收手吧，快快分了这摊东西算了。'这就停产，关厂。我分下这一摊，又是机器，又是钢材，又是账；合伙人也不外乎这些，一大摊摊，愁得卖不出去，几次和我说：'还得租上地方放呢。'曲终人散，剩下一堆乱钢筋。"

神池机械厂关门大吉，也差不多类属于这样。前两年，"搭台唱戏"正火的时候，就有一批私人和这些不大的国营厂子合伙，或者直接将厂子包下来另干别的。这政策一变，各作鸟兽散，厂子完了，工人们也没活儿干了。

"咱还从这上头得益了吧？"病榻上的王秉岐有了一点儿笑样，当属一种自嘲？

正因如此，他才能占了机械厂一半的地方。另外，他们在外跑设备，临汾有一果酱厂，也因县乡经济不景气，将厂中一个八成新的不锈钢大罐卖给了他们。这一下倒便宜了好多钱，并且和他们所需要的一模一样，大小也合适。为把这个不锈钢大罐从人家手中弄出来，宫福存前前后后往临汾跑了十几趟。一个晋南，一个晋西北，就当年那种交通状况，可不是闹着玩儿的，折腾得厉害。好在，王秉岐的人跟着他，都能受罪、吃苦。

就在这么样一个大的经济背景下，忻州做生意的朋友，自也是没钱借给他："生意不好啊，一点也不好。"记着最吃紧时，又差不多是要"割资本主义的尾巴"了，咱这边有好些地方，甚至严格限制农民进城做买卖，卖果蔬、卖鸡蛋还逮呢。

王秉岐说："这可怎么办？我工都开了。"

2

这一百二十万，先后是四笔钱，原先大家知道的，只有三笔，其中有一个二十万，实际是各十万两笔，是当时说在一块了，其中有难言之隐，不便说，也不能说。

先说大头，一个八十万，建药厂的主体资金。

当时，钱这事确实把王秉岐愁坏了。王秉岐有好几个故事，都是背着桂龙咳喘宁找上门去的，如他到北京东城区一家药店里搞销售，这个我们后面会写。这次是在太原，手头却没带药，是放在了迎泽宾馆。有报道写他，当时就在"太原最繁华的迎泽大街上"踯躅，随之"看见一家建设银行"，他走了进去。这不是建设银行，而是一家农业银行，就在迎泽大街和青年路交叉路口，是青年路东面起头的第一家。

我这迎泽宾馆的职工，一度就拿个小红塑料皮皮活期存折，每月头上到这家农行营业部领工资。时间坚持了好像有几年，那个存折皮皮上，印有玉米谷穗什么的农行标志，这些有关我们的生计，大家都记得很清楚。

农行营业部旁边，是太原城当年有名的湖滨美容厅，理发、吹头、烫发、烫头一流，很现代化的。往往一个灰头土脸的二货子进去，出来时旋儿头油亮、满脸光鲜，不觉已是今天的一个型男、当初的一个时髦青年了，就这么大的变化。照说，迎泽宾馆的理发师理发水平都是很高的，但你这小青年想吹旋儿头或爆炸时尚一下，就不能进单位理发室。有不成文的规定，理发师傅不会给你弄这乱七八糟的。这也是各条战线上"反对资产阶级自由化”的成果之一。自然，我们多选择湖滨美容厅了。人家这儿是纯营业场所，承包给了个人，有经济指标卡着，你单位则不能限制太多。

农行青年路分理处的主任，是一位慈眉善目、五十岁左右的女同志，原有很多报道都随王秉岐的口吻，把这位叫成“老太太”。正是人家这位女同志接待了想贷一笔款子的王秉岐。“是，我这个药后来就变成我公关的一个工具了。我给你说，这不是建药厂没钱嘛，七七八八的，借的钱都花了，建药厂需要一百二十万，我没钱，县里没钱，地区也没钱。我就说，去省里吧。省里找哪呀？其实心里头一点谱也没有。有一天，我从迎泽宾馆出来，就在迎泽大街上闲逛、发愁，走到青年路口，看见了这家农业银行营业部，地方也不大，我就进去，和接待我的这位老同志说：‘我想贷点款。’这下一问一答说起来。她说：‘这是个好事啊，我们可以支持你。’正好我随身带着神池制药厂的营业执照，我赶快拿给她看。谁知这一看，人家说：‘你这事可弄不成，我们是服务太原市的企业的，你这个跨了地区，我没有办法给你弄呀。’一句话说得我浑身冰凉。接下来说闲话，她问我：‘你生产的是个什么药啊？’我说：‘桂龙咳喘宁，专门治疗哮喘的。’我这一说哮喘，她精神来了，眼也瞪大了，她说：‘你这药有效没效啊？’我说：‘有效，而且效果很好。’她说：‘我就是哮喘，你能不能给我弄一些，让我试试看怎么样？’这我和她说：‘你等一下，药放在宾馆呢，我回去给你拿。’事后我回了神池，大概第三四天上，也正发愁钱的时候，她给我打来电话，要我赶快去一趟。我放下电话，叫上车，倒又上了太原。再见我时，这老同志那个高兴呀，她说她的哮喘全好了，‘肺气续上了，人很舒服，多有精神。’当然，我的事情，她也给我想了一个好办法，是通过太原市农行跨地区戴帽子（专款专用）将款拨到忻州农行，然后忻州农行再给我打到神池去。这样下来，她问我需要多少。我说：‘一共需要一百二十万。’她说：‘一百二十万多了点儿，我给你贷八十万好不好？’当然好了，办过手续，八十万戴帽子资金，很快就下到了神池。

一点也没耽搁，顺利极了。”

3

王秉岐身披羊皮袄，腰系草绳，一天十七八个小时奔波在工地上。忙，他没问题，坚劲的小身板子还能扛得住。大问题还是钱不够，整差一个四十万，怎么办？这你非得解决。对，剩下的钱还得找，要不然，车间改造不完，用他自个儿的话是：“数九寒天呀，咱设备进不来。”

没法一口再吃个大胖子了，这钱看来得逐笔解决。他在用心、也在用脑子。这样，他想出个办法来，或能暂且解决个二十万。

“我这是不是有点儿冒失呢？”他去找老大商量。

就他俩兄弟，新民有这样的话：“我岳父是非常稳重的，甚至稳重有余，吃不准的事，他不会去做，正好把我二爹那个急燎火冒的脾性给抵消了，起到了一个很好的平衡作用。”

在王秉岐当不成副县长之后，他私下也和老大交换过意见：“哥哥，咱俩这个太显眼了。你说咱还是同县，要调到其他县还好点。”而在他到了卫生局，续接做医做药的梦想之后，干脆和老大说：“走仕途这条路，你更适合，我不适合，迟早我也得下来。”

兄长王秉钧的态度自是偏保守：因为现实的原因形成这情况，实属没办法。但你不能挡住人家要讲话：神池县再没人了，就他弟兄两个？“咱县一共也就这么几个领导。”正是基于有这样谦逊的思想，他不论在工作中，还是为人处世上，多施予宽怀与公心，尽可能低调。

我就感到他身上有老子“挫其锐，解共纷，和其光，同其尘”的精神。

事实上王秉岐这个兄弟离不开他哥哥。如新民所说，老大正可制约他那强人性格。兄弟相加，恰为锋芒毕露与韬光养晦的综合融会。

王秉钧在神池副县长任上待了好几年，离开神池上地区工商局的时候还是县里的常务副县长。在厦门，老人和我说：“在县上，我管那么多事，个别人对我有误解，我当然能理解。对于秉岐，该避嫌的避嫌，我还特别照顾他，这也是实情。在这上面，我和我女婿新民是一致的，我们认为他的这个事业很好，首先是在精神上支持他。再是他那脾性，不惧人家的感受，勇往直前的多，用神池土话是“直圪攒”，这你就得给他善后，帮他多与人有一些沟通，实际他媳妇连珍也做了大半辈子这事儿。我这样，绝大多数人对我没有意见，又主要在我对自己的要求十分严格，做人和工作都一样。我一直和大家说，我这个工作要做，那就是做得很认真、很认真的。这可不是当老好人，我从来也不是个老好人。但是他们后来都很理解。因为你当领导，天天这对那不对的，首先要做出个样子来，当领导就是一杆秤。人家要的是你的公正，至于那有能力的，那有很多，比你能干的，一样有很多。但是上面下面的人，尤其是下面的人，要求的是你的正义，并不见得要求你水平有多高，你太高了他还跟不上你呢。秉岐常是这种情况。其实在实际生活中，你只要公平，拥戴你的人就多。我在县里人际关系处理得相当好，这和我从来没伤害过任何人也有关系。前头，人家告秉岐告得那么厉害，也一直捎带我，可我主动拉着秉岐往后退，最终那人也觉得自己没意思。”

这样，王秉岐和老大说：“我招百十个工人，每人集资两千块钱，我给他们出银行两倍的利息，你看怎样？”

王秉钧沉吟半天，说：“也就是个权宜之策，反正没钱，你药厂起不来。”

老大等于说同意了？这一招当然奏效，一下又解决了一个二十万。

王秉岐说：“哎哟，娃娃们这踊跃参加工作的积极性高啊。每人两千块钱，不用说加双倍利息，不加利息也高兴着呢。要么说中国的就业压力大得很，这在1988年，就这种情况。但我招工，不只是光为解燃眉之急，他们的素质、文化、能力，都得考虑。我挑得比较严格，不允许任何人走后门。”

这又是一笔，二十万，一共一百万了，可还短着二十万。

你不开工，不投资建厂、买设备，你就不知道这钱花得有多快。

4

有了这八十万元，王秉岐又通过地区行署申请到了二十万元贷款。

最后二十万元，是王秉岐集资来的。他招了一百个工人，请每个工人给厂里集资两千元，利息是银行利息的两倍。就这样，王秉岐的创业启动资金凑够了。

原来的报道中都是这样写的。这里“地区行署申请到了二十万元贷款”，最终落实到这一百二十万投资中，则是两个十万，一个来自神池县人民银行，一个则为摄连珍等通过向个人一小笔一小笔借款凑起来的，县人民银行这笔，则由县财政局出面担保，“地区行署申请到了二十万元贷款”还真就没有。

一百二十万。王秉岐测算得准准的。短了就是不能让工程顺利地完工。县上还有个一万，共一百二十一万。

后来，县里问王秉岐钱怎么解决的，王秉岐还向他们卖关子：“你看，我都把工厂改造好了吧？钱你不用问了，我有人支持。”他这自豪感、英雄气，倒正好和他老大作比较。

县里管财政的副县长王秉钧，想法帮衬兄弟起事业，最难处不在上述的县人民银行的十万，而是前面提起过的王秉岐最早的一笔贷款，包括北京开会等等的花销都打在里面的那个六十万，兄弟没钱要发展桂龙事业，王秉钧硬着头皮上忻州，找见了地区财政局局长白祯祥。两个人虽不能说关系很铁，但因神池县穷，他常上来要钱，白祯祥总是“你来了不要白跑，我也困难，反正给你个十万八万”；反而通过工作，对他的人品很认可。他把兄弟的事情讲透，白局长认为，有必要援手，于是帮他出主意，让他去找下属的投资公司。白局长说：“他们手上有些钱，你过去吧，我打电话再和他们叮对一下。”去后，投资公司经理满口答应，跟着便定下在他这儿贷六十万元，但是，必须担保。

王秉钧说：“好吧，我回去想想办法。”最后还是以神池县财政局的名义做的担保。当时县财政局局长姓杨，也是个非常稳重的老同志，工作关系之外，和王秉钧个人的感情也极好。前面这个六十万，加后来县人民银行的十万，两次贷款，其主要在于和他的人生态度有悖。这本不该是他王秉钧的行为方式。他本知其在自己手上有“地方财政可支持民营经济发展（包括贴息贷款）等政策”，自己做的本也是中规中矩、堂堂正正的，但由于这是在亲兄弟之间，他还总觉得这里更应该回避。说举贤不避亲，对他王秉均就有一定的难度。他说：“本来弟兄俩一块儿在县里工作就扎眼，往往极力回避，还不能挡住别人在背后说闲话，我这倾力来替他分担，就和我本人平常做人做事的行为准则多少有差异。”

兄弟王秉岐呢？他无非那样说话，看似有几分轻松罢了。他的压力山大，不能回头。

李耀华向我讲过一段话，让我感受到了当时王秉岐内心的那种沉重：“有一年我们从北京回来以后，到了朔州，结果回神池走错了路，当时外面的雨下得很大，一直下，车就在那泥泞里缓慢地跋涉。大致到了晚上十点多，王局长和我说，他今天心情很不好。他沉默了好一会儿，又和我说：‘你说咱们这个事情能不能办成？’他当时主要并不担心药厂能不能建起来，这个反而没有太大问题，你只要花上钱，基本上应该是能够建起来的。设备也一样，十五万不行，那十八万总行。关键在于药的批文，这是最大一个问号。因为你临床过不过关，做出来的效果怎么样，能不能最后通过卫生部的专家评审，全吊在那儿，没个答案。后来，我说：‘现在，做到这一步了，只能往下走。’他最后说：‘只能往下走，现在回不了头。’为什么呢？这时借的那六十万块钱，已经快没有了，这个东西办不下来，可怎么办？那时候六十万块钱是很大一笔。他说：‘硬着头皮只能往下走了，就是破釜沉舟，没钱借上钱开发市场，最后失败也得失败成个样子，不能说一开始咱就夭折了。’”

总共加起来一百八十一万。县财政担保了七十万。

张志礼说：“王秉岐是很尊重他哥哥王秉钧的。桂龙的起步是由他哥哥王秉钧扶起来的。那时候秉钧在县上是分管财贸的副县长，后来又是常务副县长，银行和地区财政局都认识一些人，有的关系很不错，他贷款什么的，也还是方便一些。”

郭新民说：“有道是一个好汉三个帮，像王秉岐这样成事，那就得有方方面面的配合、支持。”

1988 年 12 月 30 日，一座建筑面积两千五百平方米、年产值设计达千万元的中药厂竣工了。1989 年 8 月，神池药厂正式投产，短短三个月，桂龙咳喘宁声名远播，销量四十万瓶，从北京、山西、陕西、内蒙古到黑龙江、江西，占领了十几个省区市的医药市场。小小的神池制药厂由此名声大振。1990 年，这个厂一个产品，产值就达五百万元。

第八章　弃官从商

1

有多篇通讯和报告文学都写了他四十三岁开始创业，而于1988年5月辞去县卫生局长。这个时间是错误的。王秉岐于这时候去办药厂仍旧是县里的卫生局长、县人民医院副院长，在这个时间点上，除了北京鉴定会开过，有了一批来自八方的求药患者，县里刚和他谈好回来神池办厂，而不选择行署所在地忻州；其他，如拿到新药的批文，远在一年三个月之后的1989年8月，兄长王秉钧协助他从地区投资公司弄来的六十万元款贷，却已花销大半，尤当新药正在上临床，具体情况根本吃不准，而在这时说辞职就辞职，他真还没有可以辞职的资本或条件。无从保障。

对，这里一定是得有资本的。对赌，手中没牌哪行？王秉岐有性格，敢于把身家性命押上去赌一把，但他不会去乱赌；甚至，有些事你看他是冒险，有赌博性质，其实际上反而是他早已做了准备、计划好的。

他辞去县卫生局长也是这样。他看得很清楚，如果他还继续干这个县卫生局长，他桂龙创业好一点儿说，可能弄个差不多，但想有更大的起色和发展，体制所决定了的，那是万万办不到的。半道即弄个塌锅倒灶，这样的事例可说是屡见不鲜。偏关“搭台唱戏”时出过一种老陈醋极好，可是后来跟着倒没了；曾经在忻州多次喝过一种五台山泉啤酒，品质和口感，也是极好的，同样跟着后来也没了。这方面的经验教训，不仅是对他这个创业者深有触动，即使对我们这些普通人也不胜枚举。他可不会走他们那些失败的老路。这上面，还就得有深谋远虑，并且早早要打出提前量来。正因此，当你告诉他们你辞职呀，他们才从自身的角度出发，认为你是在胡搞瞎搞、不成熟、赌气、要二球胆子等等等等，你对前来劝说的亲朋好友解释：长期以来人们把“官”作为衡量一个人社会地位和实际作用的唯一标准，如今我们却处在一个多元价值观并存的时代，“官”已不再是衡量一个人价值的唯一标准。一个人对事业的选择不要老盯在仕途升落这架独木桥上，应该到适合自己的领域去实现自身的价值。大家知道，他讲得不赖，但主要还是把它们当疯话。

关于辞职一事的具体时间，我和他本人，包括张志礼、李耀华都曾核实，这实际上已到第二年年底，甚至是 1990 年年初的事。这时他已经有了一定的资本，桂龙的前期事业由于药厂的投产等实已看到了曙光，“我觉得我失败的可能性不大，一是我的药药效好，二是我相信我只要认认真真经营，就可以生存下去。我的药一年卖个几百万，工人可以挣到钱，财政上还可以收到税，这不是皆大欢喜嘛！”

这和 1988 年 5 月，尤在桂龙咳喘宁新药生产批号没有下来，建厂的主要经费贷款没有着落，仅仅确定了在神池建厂，断不可同日而语。虽然说县里无钱，不能更好地为他创造一些资金条件，但总体而言，至少在头起这几个月，他和县里的关系，还是处在一个说不上什么甜美、幸福的蜜月期，并非他后来所说县上完全是没头脑、不理智、缺乏工作能力。

当时的书记是他哥王秉钧的同学，也是他的一个同学，相互彼此了解，说话可能是注意不够。

在此事上，兄长王秉钧则客观得多：“这个事情，我也说了，个人都有优缺点，表现方面不同。但他们后来都承认，在对待他辞职这一点上有错误的估量，也处理得不够谨慎，也都向他说过内疚的话。可是，有一个前提，县里知错改错，他能留下？根本不可能。他已经看到外面那么大的一个世界，咱神池这小天地哪能留住他哪？反过来，却又得说，咱这小地方，就是给他起步搭了一个台。”

他在这方面虽不可说偏执，但是他也不原谅人，这和他疾恶如仇的性格是一回事，又是两回事，至少，可以说你心胸不够宽广吧。包括前头的那位书记，确是伤害过他，后来于他亦有过致歉，可是他从心下不睬人家，提起来便是："他水平太次，我都不待搭理他。"

想想，这对他后来的发展，是不是也有一些阻碍？

人气咻咻的，不说其他，还伤自己身体吧。

郭新民说："那县里至少还有我岳父、他兄长吧，还是长兄如父，一个对他精神上的支持，一个关系上的协调，默默无闻，任劳任怨。当然，我岳父是班子成员、常务副县长，能做好多主，但他毕竟不是一把手，人家上边有书记、有县长，最后书记、县长能形成共识支持你才行。如果书记、县长不支持你，你就建不起来这个药厂。你以为是建个啥？那是个药厂。你得做工作让那些人来支持他，人家才有可能支持。这就有一个事物的发展过程，最后争取到人家的支持，你才有这个结果。"转回来新民和我说："他给你讲的那些，是一面之词。那里面有他受到冷落的一面，受挫折的一面，但最终是人家帮助了他的。他一直跟你说县里面领导不支持他，这也是不对的，他这个说法也是一面之词，如果没有县上支持他，就建不起神池药厂。神池药厂的建立，就是神池县委、县政府主要领导支持他的结果。由不理解到理解，由不认识到认识，由不太支持到全力支持。这他才把药厂弄起来，而且形成了一定的生产规模，效益也非常不错。

"当然，困难最多的是县里边，给他形成的压力，还有矛盾，甚至于设置一些障碍，是有这些问题。

"我在桂龙创业初期，也就是他到了县医院开始研制这个东西的时候，还没有给过他更大的帮助。但是当他彻底放弃行政岗位，完全转到医药领域，我就变得非常关心他、支持他。你看他踌躇满志，实际上困难很多，方方面面需要配合和支持。"

新民和他岳父则为他平衡了好些县上的关系。用现在的话说，是在"保驾护航"，令其顺利地进入"改革的深水区"。

可王秉岐还不完全这样认为。他有唐吉诃德马上刺风车的一面，个人英雄主义第一，世界由他而改变，不大愿意承认，好多事情反是大家同心勠力的结果。当然，战旗是他举着的，宝剑他也高高地挥舞在头顶，是他冲锋在前，是他鼎力而为之，这些都不错。

现在，他在病中常乱发脾气，特别痛苦，大家也为他难过，可也替不了他。回想往事，如讲到那金碗、银碗、铁碗什么，又有不愉快，以至于突然抱怨：“当了十六年干部，都白费了，浪费了时间。”在生命的最后时刻，想起那么美好的青春年华匆遽而过，不免感慨人生悲哀，包括一个创造者，亦有两手空空之感。

而自他病痛在身，夫人摄连珍和兄长王秉钧老人，便得忍受他这一腔怨怼。“什么难听话都让他说吧，说说他或许还能稍稍好受一些。他现在是个病人，心情恶劣，我们就得忍受他。”这是亲人们端弄他这个病人时最真实的心理。新民和我自然理解。

而我随后和摄连珍讲：“那是一个什么样的十六年，对他来讲，是多么大的锻炼！他农村管了，工业工交管了，商业财贸管了，最后医疗卫生也管了，几乎可以说懂得了社会的方方面面，事实是给他日后闯市场、办企业打下一个最好的基础。一个人能有这么充分的准备，于自我事业的开拓，那就是事半而功倍。倘使他不了解这个社会，一上来就搞药，成与不成，还真不好说。”

新民也说：“他不通过方方面面的锻炼，回不到卫生局当局长，他当了这个局长以后才坐实了他的事业。若不然，到北京也上不了那个《伤寒论》高级研修班。接下来的一系列事情，都可能打问号。”

> 听说丈夫辞职了，妻子摄连珍哭泣着说：“咱两个儿子都快大学毕业了，你这一辞职，将来谁管分配呀？”
>
> 大儿子想到行政机关去工作，王秉岐坚决不同意。他劝儿子：“你是学医的，应该到医学领域去发挥你的专业特长，为啥两眼非要盯着行政机关呢？”

后来，摄连珍和我交流：“他当时就觉得官场上不适合他，就跟我说：‘下海，我下海呀。’开始，我不同意，和他讲：‘咱孩子们小，人家都抢着当公务员，你要下海，他们更没指望了，安排不了了。’他们兄妹三个的工作，将来安排，也是我的一块心病。但是他不听。他不听，我思想得转变，最后，我跟他说：‘秉岐，你做什么，我都支持你。’”

在厦门长庚医院，病床上的王秉岐，给我讲他这一出。

“所以，这个药出来以后呢，打下底子了。

“我有一个根本，不是赚钱不赚钱的问题，解决哮喘顽疾，是人类的健康事业，对全民有益，我赚钱只是水到渠成而已。

“这样，我就辞职了。

“有一次，我们县委书记大会点名，说有些人一年之内见不到一次，他说的就是我。我们一个副局长还气呼呼地跑到我家里说：‘书记好像点了你的名。’我说怎么点的，他就重复书记会上的话：‘有的局长，一年不见一次面，不知道他干什么，还想干不想干？’局里为此还开了半天会。

“因为我准备下海了，你再说我啥，我也不怕。

‘第二天上班以后，我到了书记办公室，就跟他说：‘书记，听说你开会点我名了，你是不是说我？’

“他很不客气，坐在沙发上一动不动，仄起眼来瞅我：‘这不用我说，你自己定。’

“我说：‘我知道你是说我了，我辞职呀，我不干了。’

“他说：‘那你拿辞职报告来。’

“我说：‘两分钟我就给你拿进来。’我掉头就走，两分钟后，我真的给他拿出来了，辞职报告我早写好了。我说：‘给你，从今天我递交辞职报告开始，一分钱的工资我也不领了。卫生局的工作，我全部移交给现任副局长，我这就拜拜了。’

“一下子搞得他下不了台，他说：‘秉岐，你不能这样做，你得让人下台。你让我一个县委书记怎么办？你一次会议也不参加，我点你一下名，我觉得也没有错吧。’

“我说：‘你没有半点错，我也没错。在你当书记以前，我就向他们交代清楚了，我不喜欢这个工作。我不是气你，我是到了该辞职的时候。’

“他说：‘这个问题我会和你哥说。’因为他和我哥是同学，和我也是同学。

“我说：‘你说也没用。这已经给你交代完了，对不起，走了，拜

拜了。'

"就这样，我就把这个职务辞掉了。"

他后来经常向员工们灌输"恋家思维是有害的"，希望大家首先从这一囿于自我的泥淖中走出，走得更远些。

他一样有乡土情义和家乡观念。但这显然是跳出官本位而在一个更高意义上的。如他多年里一直关心神池的兴学育人，设立六百万元的"桂龙教育基金"，尊师重教，令人起敬。"财富是应当具有品质的，用于慈善和教育都会提升财富的品质。"王秉岐感言，"家乡人民诚实、勤恳。但是相对来说思想比较守旧，走不出去，多数人老在想那些坛坛罐罐。我当年如果不是下决心走出辞职下海这一步，今天是否能回来（设立'桂龙教育基金'），就是一个大大的问号。"

1991 年，无官一身轻的王秉岐，带着爱人摄连珍飞到了厦门。也就在他们过去后的一两年内，忻州地区组织部派员专门找过他两次，其中一次出面的，还是地委一位姓刘的副书记，他们两个后来交成了好朋友。王秉岐说："刘文君，很好一个人，后来到朔州当过市长什么的。"之后，神池县里也派人找过他一次。"三次都是找我回去工作的。地区，最低许诺也是县处级，说我可以自己选，一个地区卫生局，一个忻州卫校，一个专医院，都是一把手。神池，还是要我回去当副县长。我说：'你给我多大的官我都不回去，仕途我永远不踏入了。我出来就没有想过再回去，我也不可能再回去了。"

前面说县里两次为他活动副县长，这实为后一次，无果。

2

神池制药厂投产没多少天，竟已生产出来五百箱桂龙咳喘宁，整整堆满了一个大房间。这使他发现，研发与营销完全不是一回事。他决定自己去摸摸销售门道。于是，有了他背上咳喘宁上北京搞推销的故事。

那是在北京东城区一家比较大的药品批发部，他直接找见了批发部主任。

主任问他："你这药治什么病啊？"

王秉岐说："慢性支气管炎、哮喘。"

"我这儿就有这样俩病号，你留两瓶，先让他们试吃一下，看看好吧？"

他把咳喘宁留下几瓶，说："我这药疗效很好。"

主任的人吃后果然见效，这样两人交上了朋友。东城区这家批发部全国各地跑业务，王秉岐派人跟着他们去搞销售，不多时便见到了较好的经济回报。

不过，这一开始多少还属于"摸着石头过河"，大家也没有搞过市场营销这个东西，像样子的营销团队和市场销售网络也没建起来。

李耀华说："我们从神池当地招了一些销售人员，多是机械厂的下岗职工，也未对他们进行过什么专业上的培训，招来了就让他们全国各地跑。反正咱产品也单一，就一种桂龙咳喘宁，你卖了就好。再就是行里话所说的'赶会'，全国每年都有一些大大小小的药品交易会，我们在会上和人家签合同，回来给人家发货。基本上是一种粗放式销售。"

有报道说，在神池药厂投产后的三年里，王秉岐与他手下的一帮人，过黄河，跨长江，睡通铺，吃方便面，北抵哈尔滨，南下海南省，把桂龙咳喘宁铺向了全国。

大家实际上是吃了很多的苦，包括王秉岐这个当老总的在内。

这里打交道的人多了，故事也多，出在王秉岐身上，还常常就是在外请人家吃过饭回来自己泡方便面吃。他的胃口早先就不好，贺职下乡锻炼以及当义井公社书记期间，常嚼个干馍馍片祛痛养护，这多吃方便面免不得有石灰粉残留在体内，对本就脆弱的胃部那简直是雪上加霜进一步造成伤害。

李耀华记得最清楚的一次，那是给北京的几家大医院上药，有关人员请了两三桌饭，王秉岐把他的导师刘渡舟教授也请来了。这样忙着招呼大家，人倒是高高兴兴的，可晚上回到住地准备睡觉，他们几个全都饿了。照他的意思，本不想吃方便面，看到外面能不能找点面包，结果面包没有，他们几个最后还是泡了方便面充饥。王秉岐还和他们开玩笑："咱今天花了这么多钱，可咱几个没一个吃好。"

说起方便面，那在九十年代初始，张志礼就曾建议王秉岐做这个"最好的生意"。自然王秉岐要搞他的桂龙健康事业，从脑中过了一下志礼的建议，未予采纳。那在当年，如若真搞起来，本土如此之大的需求量与市场，钱一定能赚得盆满钵满。因为其时，具有较好品质的康师傅等方便面，远没有被打造出来，也还未进入中国大陆市场。对，康师傅公司1992年成立于宝岛台湾。

张志礼为什么会给王秉岐提这样一个建议呢？这正是他当时第一个看到了台湾统一方便面，那么漂亮，那么好吃，那么棒的包装，面那么一下子就熟了，味道又特别好，让他有些惊住了。

对，如前所讲，这年里王秉岐到广交会上，认识了当年还在香港搞旅游服务的钟志孟，紧跟着，钟志孟便带来台商沈少良先生的太太来山西考察桂龙制药。张志礼随后带着他们上五台山，沈太太自个儿怕吃不惯北方的饭菜，就从台湾带来两三个整箱的统一方便面，这让张志礼大夫大开眼界，认为引进来这种方便面技术，准保是"再不能好的买卖"。事实志礼分析得没错，之后一两年，康师傅、统一等方便面便风行祖国城乡，从生意角度讲，大可说是"席卷""绑架"了全国人民，一直到二十多年后的今天，它们仍堪称"买卖中的好买卖"，挣了同胞们太多太多的钱。尽管说这其中也曝出来不少问题，一定程度上，有损于国人、特别是我们几代青少年人的身心健康。

当时，王秉岐也觉得，沈太太带来的这统一方便面挺好，比当年上海益民的肉蓉方便面不知道能好上有多少倍，但他还是没有考虑老友张志礼"干统一方便面"的建议。

张志礼说："这个全国要卖，销量可大了。秉岐，你做这吧。"

王秉岐说："我爱药不爱食品。这方便面再挣钱，与咱何干？"

对，他抱着的是为人类健康而奋斗的理想。即便这多有书生意气，那也不能轻易丢弃。

3

返回来再说宫福存、李耀华、杨文生几个年轻人，他们经常跟着王秉岐出差在外，通过和外部的接触，学到了东西是一方面，另一方面，是他们在王秉岐身上，也学到了很多重要东西。如讲求时间观念这一点，甚至影响到他们一生，改变了他们后来的生活。

能融入外面这个全新的商业社会，遵守时间，就是他们的一个起点。

王秉岐大致和他们强调过这么几点：守时实际就是诚信经营的起步，也是做人的一个原则，说明你这个人言而有信，同时守时还是一个现代概念，有一种现代契约精神在里面。一个人能真正做到守时，也包括对自己守时（像孔子的“克己复礼”一样），你还真就是长了大本事。这是理论上的。行动中，那王秉岐更是将其变为自己良好的生活习惯：说八点就八点，说五点到，四点五十分便会等在那里。

这里最显著的例子，是王秉岐一次从厦门赶往武汉出席一个订货会，第一天夜里的飞机因故停飞了，他在凌晨找来两个司机轮流为他开车，当日下午三时，人准时到达了订货会现场。那是一千几百公里的里程，当年的路况是很差的，现在全程高速，路也减短了百把十公里，那一般开车前往，也要用十二三个小时。

今年春节前我在厦门，得空去了一趟鼓浪屿，城中出租车往返，竟碰的是同一个司机。这位本埠大兄弟，闲聊中却把武汉当成了北方，由不得我这黄土高原上的北方佬吃惊。不过也说明，厦门这边离武汉确有一段距离。站于武汉长江大桥上遥望宝岛台湾，显见千里眼也不行。

李耀华说：“那时候桂龙刚开始搞市场开拓，正处在一个比较艰难的时期，正好湖北办事处的经理找到一条进入医院的途径，接下来邀请各大医院来开订货会，讲好了王总出席，谁料头一天夜里厦门飞武汉的航班因故临时取消了，这下可把他急坏了。但是讲定了的事，他绝不会敷衍塞责，他是一定要赶到武汉订货会上的。他不能误了下午三时走上台第一个发言。他就那样准时来了，两个司机倒替着开车，飞也似的赶来了武汉。

因为他航班取消的情况我们都知道，他这一出现，把我们的人都激动坏了。”

这个跟咱们神池人有本质上的区别。他的时间观念很强，也影响到他们这几个常跟着他的人。别说现在，那是在当年，他们几人就已习惯了这样说什么就是什么，说几点就是几点，这样良好的工作、生活品质，也是搞商业的一大资本。

再一个是早起、不睡懒觉。不过，受他影响，也有不良代价，这便是早起一睁开眼睛随之叼起烟来。

他还讲得振振有词呢！他自己在地上叼着烟转，还把烟塞给拱在被窝里的年轻人，他们挡住说早晨不吃过饭不能抽烟，他就来了：“你们这个还是不到位，烟龄不行。多起早，养成早晨五点起床的习惯，慢慢来，今天抽一支，明天再抽一支，渐渐地，你们这抽烟的功力也就跟上了，不觉中，那也到了一早起来就得抽烟这烟龄，关键一点，这全天的事情，你们也想好了。”

有道是，一天之计在于晨，一晨之谋在于烟？

张志礼也讲王秉岐是大烟民。“玉溪烟、进口烟，他这烟就断不了，抽得厉害。有几次我说：‘王总，把烟戒了吧，你当它是提神了，实际毁身体。’他不行，戒不了，走到哪也是一根接一根抽。过去是555烟抽了好些年。后来他喝一种人参补剂，平衡抽烟的烟毒，每天喝一小瓶，也还没管大用。”

李耀华说：“现在，咱也五十多岁的人了，我这一早晨起来第一件事情就是抽烟。确实有好多东西受他影响，如一早晨起来思考全天的事情就是最主要的。当然，我们和人家比，有一个境界和水平上的高下。但是那样的工作方式是一样的。你看啊，几乎是任何事情，你都不太能看出他做过什么准备，但实际上，他头脑里已经形成一个思路，拉出来一个线条，这样到了他要讲的时候，当然没稿子一样可以出口成章。

“我从桂龙出来以后，先在湖北给人家当了三年总经理，后来又在北京干总经理，再后来在这儿干，我都这样。不管大事小事，凡公司给大家做安排，没有我没有想好的，我肯定是准备充分，进行过认真的思考。”

在外，受苦受累受折腾，还属正常，尤当你小心着，却来一闪失，就会摊上事情。如在当年，杨文生给他开车，转至义井，给一个路人撞断一条腿，后来处理那个事故，花钱不说，安顿住人家不闹腾，费了他们好大的气力。

“这一回，是桂龙接受国家荣誉（国家科技进步二等奖）来在北京，其时街上流行红眼病，咱开车的郭师傅被传染。那天咱车从西便门那面出来以后，整个天又在下雨，郭师傅本来视线就模糊，车窗上的雨雾，更是弄得他看不大清楚，结果遇转弯，人行道上有一个老头儿骑着自行车横穿，车撞自行车，老头儿的一条腿断了。接下当然是那一套，报交警，报120，送人家去就近的宣武医院，检查、打石膏等等，忙中，咱郭师傅的红眼病似也要好了。

“这一次，至少是遇到这位老头儿好吧，首先人家没有讹咱，你给人家看断腿能怎么接住好了。再有，花一些本应该花的费用，医药费、误工费、陪侍费、精神安慰费，总算下来，王秉岐出了一个三千几百块钱，‘可是烧了高香啦’。”

想啊，这北京老头儿的腿，你也敢撞？多怕人的事情。

李耀华说：“王总起步的时候实际上很艰苦，很艰难。他当时没有钱，就从太原二手车市场买了一辆菲亚达汽车，就是出租车淘汰下来的，后来那又是在太原一个军队汽修厂，花了三万块钱，买了两部旧上海。这车有时候发动不着，你人就得下来推。每次我们跑长路，都要遇上这号事。齐心协力地往上推吧。

“从1987年、1988年一直到1992年，我跟他还有司机三人，常常往北京跑。那我们每次也是早上五点钟准时从神池出发，早晨大同停一下，在路边吃点饭，然后中午到了河北宣化，再吃一点饭，顺利的话，晚上六七点能到，不顺利的时候差不多会跑到晚上十一点多。那时候没有高速，都是二级路，路上有异常，反倒正常。甚至滞留在半路上，也有那样几次。一次在八达岭下去的五道口，大半夜了，只好住店，谁料找了一家过去，人家一个房间要七十块钱，这我们赶紧就走，专找能凑合半晚上的地方，我们都是住十来块钱的房间，你七十块钱，我们能在车上冻一夜也不住。可料这里还好，有地下室，一张床六块钱，那我们三个人就要了一个房间。这是让堵车堵在了城外。当年是路上塞车，现在是城里塞车。

“说后来我起夜方便，一看王局长人就没在床上。我推醒司机问他情况，他也不知，一找车钥匙，不在，两人出来寻人，结果整个地下室铁门、铁锁、铁链子锁了，你叫门没人应，只好回去睡觉。第二天一看，他是在车上睡的，嫌我们两个年轻人躺下就睡，鼾声吵得他不行。他就那样在车上将就了半晚上。

“这时开车的司机是他的一个本家弟弟，叫王秉新，是咱地道的神池山汉，他一开车进了北京城，总说不来会闹出什么笑话。

“有一次我们从大栅栏出来，开车去北京中医学院，正好是顺着军事博物馆，然后顺着长安街走上三百多米，然后再拐着向北就过去了。谁知道咱王秉新，就在这长安街上横斜着相当于抢过好几个车道猛着往左转，惊得王局长大声吆喝：‘你不能这样，不能这样，看灯，看红绿灯。’他叫着，可他本家兄弟倒把车横斜地开到了北边，弄得前后车辆一片惊惶的急刹车，车喇叭齐鸣。说他呆木吧，可咱车倒逃离开天安门广场。

“王局长和他说：‘你得走一段，看着红绿灯，再打转向进入。像你这样，是严重违法。’你听咱秉新说啥？‘整个神池街上也没有见过一个红绿灯，往哪里走？’

“王局长喜欢吃加州牛肉面，可因为贵，一般吃不起。这不跟着有本家兄弟，得让他打个牙祭吧，决定了，在京吃一顿，西单那边叫五四大街上就有一家。这我们便去了，去吃加州牛肉面。说面上来以后，王局长喜欢吃醋，他桌子上没有，要旁边桌前坐着的秉新递给他。最后王秉新在那里坐的，看了半天没有醋，正好他隔桌还有一个女人带着一个娃娃，拿着一听饮料，王秉新就去拿人家那个，那个娃娃一见，哇一声哭了，那个妈妈就折回头来说：‘怎么了？’他说：‘我拿醋。’‘你拿的是我孩子的饮料。’他才赶快给人家放下。可他看了桌子半天说：‘没有醋。’女人就指指那醋瓶：‘就那个。’原来人家北京放的是白醋。

“后来回来的路上，王秉新仍旧以为那个饮料桶里面放的是醋，并不清楚那孩子喝的是可乐。”

7月里的一天，他们是从太原走京原线向首都进发，车出灵丘，过涞源，到了易县，遇上发大水。

李耀华说："那时有好多过水路面，我们的菲亚达底盘低，一过水，排气管被淹，车就熄火。后来没办法，说怎么也得尽快撤离这地方。雨下得太大，地面上的水越升越高。见村里有人出来看我们的洋相，我们急中生智，当下便花了五十块钱，雇了他们两人和我们一起，将车推在了山坡顶上。中间因泥泞无路，又花了七块钱买了老百姓家一张旧铁锹，我们是拿着锹边往上开路，边往坡上推车。车推在那坡顶，当用乱石刚刚支稳车轮，前面有大坝决堤，汹涌大水，猛灌下来。若是慢半步，我们连人带车就有可能被这汹涌的洪水冲走。

"我们几个站在那坡顶上，一任雨水浇淋，看着下面谷川及道路上奔腾那洪水猛兽，拍着胸口，直呼自己命大。洪水没能把我们冲走，我们争取到了那很短暂的一点时间。

"王局长有文化，人家这时竟向我们说到这易县得名于易水，历史上著名的荆轲刺秦王那首《易水歌》，正出自这里。这他也是触景生情，就在这大雨中反复吟诵：

风萧萧兮易水寒，壮士一去兮不复还；
探虎穴兮入蛟宫，仰天呼气兮成白虹。

"大雨停住，已经到了晚上十一点多，待我们赶到易县县城住下，已是凌晨三点多钟。

"我们的衣服全湿了。招待所房间里有电扇，我们就把湿衣服搭在几个凳子椅背上吹，一直吹到早晨起来。不想这电扇照直吹，湿衣服是干了，我们三人的肩膀也疼开了。我和司机王秉新还疼得不行，吹电风扇吹坏了。王秉新这可开不了车了，王局长只好自己代劳，驾驶着残破老旧的菲亚达，一早赶着进京。那时我还没有学会开车。雨时断时续，一直下着。

"路仍不好走。王局长凭他的经验和我们说：'有时候上去办事，你开

头很顺利，到了中间和后面，也会很顺利。'

“我们那一次上去办事很不顺利，像是反转应了他这句话。那些天北京也是一直下雨，我们出门办事常穿着招待所里的拖鞋。雨稍停停恰恰又热得受不了。光膀子、拖鞋，差不多就是我们在招待所里的样子。临走，又是早上五点，车上了八达岭赶着天亮，三人停车下来在公路旁方便，一看，都穿的是拖鞋，竟忘了穿自己的鞋，鞋都落在了招待所。到了大同，每人才又买了鞋。

“对，就是因为下雨天天泡着，把自己的鞋忘了，走得太急了。”

跟着王秉岐，确实在很多事情上挺苦。

在如此忙碌奔波中，到了桂龙搬太原。

4

将总部（后来变成了办事处）搬来太原，实际也意味着桂龙事业的一次跨越式发展。

台湾商人沈少良先生的太太在钟志孟的陪同下，就是这年冬天（实际是在1992年春节期间）来山西考察的桂龙。

再向前述，如果他们当时仍偏守于神池一隅，凭此弹丸之地而觊觎中华，占领医药市场的半壁江山，谈何容易？爱国台商沈少良先生会不会与他们携手合作，成立山西省第一家中外合资企业——山西力可生医药有限公司？想来至少不会那样痛快做决断。

所以说，条件更多还是自己创造出来的。在王秉岐身上，有一种“一万年太久，只争朝夕”的劲头。

公司必须尽快在外安顿下来。看，这里有一个很好的契机，是他们到省工商银行贷款，其中人家有一个要求，便是你贷款在我这儿，那你的公款账号就得设在省城太原，而由我来实时监控。这条件不能算苛刻，因为首先是一笔大几百万元的贷款，前头就是否作抵押一直存争议，最后还是执行这笔业务的国际业务部作了让步，同意他们可以不抵押将款贷走。

当初这贷款环境真是宽松，放至现在，不做担保抵押，几乎是不可想象的。对，你门儿也没有。

在王秉岐，此一时他本就想多脱开神池，这财务要设在太原，就不如干脆将主力人马迁来，反正这也是迟迟早早的事，迟一天不如早一天。

神池这边有几个地方是完全跟不上的。第一个是通信，咱电话跟不上：你向全国做生意，可咱神池这时电话号码还是四位数的，药厂设有三个号，你要全国或者反过来全国要你，常常要不出来。所以，销售发货，都是靠电报。可是这电报到了咱县里吧，咱电信局的译员给你译过来变成文字，经常把人家的地址什么的译错，你照此发货发出去，净错的地方，弄得一天里厂子都在接收退货。这种状况，你根本没有办法改变，总不能因为这个，咱专门培养上两名优秀电报译员，放在县电信局，陪着人家的电报员一块儿当值吧？这是一个解决不了的问题，也是他们搬出神池的原因之一；第二个原因，要将咳喘宁铺向全国，广告与销售人员等投入，即需要大量的资金。神池县各个银行都拿不出钱来，贷款最多可以贷几十万，你要想多贷贷不出来，咱县银行里没钱；第三点，神池药厂仅通过半年的运转，王秉岐即感到吃力。咱药厂是国营的，上面有直管领导，你有好多东西得向他们汇报，根本不可能按照自己的想法和意图运作企业。（搬太原仅为缓冲。真正南飞厦门，才是最终摆脱。）

因此，他当机立断，办公、业务全放在太原，咱先找一处合适的地方，神池那面，索性只留下生产这一块儿。就这么定了。

前面郭新民说，他二爹在这一时期那常是踌躇满志。以我看，其中有一个根本，是桂龙咳喘宁给予他的那种自信心，更多时候，恰恰是一种社会合力投射在他身上的反映。他的药是一个好东西。当银行要定夺是否拿出真金白银来支持你的事业，这或者才是一种最严酷的考量。他们绝不会拿你描摹的美好愿景当前提。对，华美的辞藻没有参考意义，到底看的还是你的偿还能力，甚至相信你短时间便会赚大钱。这才是第一位的。

王秉岐在省工商银行的贷款正是这样。通过一个朋友和银行这边的管事人联系上了，接下来就向国际业务部提交贷款报告。之后双方讨论抵押问题，银行最终做出让步，同意不进行担保抵押便将这大几百万放贷给他们。更为特殊的是，最后他们要还款时，银行不让，十几年这笔款他们一直贷着。直到省工行换了行长以后，还是他们自己主动，才将这几百万贷款还上。

摄连珍说："王秉岐运气好，到太原建办事处，贷款六百万也没有担保人。"

（对，这还留了一个五十万元的尾巴，主要为他们再贷款能想起他们来。这个尾巴，最后反是托省里一个领导的关系，这人家才把最后尾贷收了。）

为什么这样？一则银行有利息可收；二来放贷在桂龙公司，资金安全，大有保障。

银行并非不放贷，银行很需要如桂龙这样有信誉有保障的客户，大额更好。

对，下面先听听李耀华讲当时在太原是怎么发药的。"太原能向全国直拨，全国各地的发货、订货，随时跟太原联系，太原这边登记造册，如有几家需要发货，发到哪里，多少件，收货人是谁，弄得一清二楚；然后当日晚上，专门负责人打长途通知厂里，如第一笔广西，第二笔广东，第三笔云南，等等等等，很少有出错的地方。"

他们选择的地方，在太原市尖草坪区赛马场一带。这里离火车站不远，发货也更方便些。当年王秉岐在大学时私下学中医，就常到这边一家小诊所跟师学技。山西大学与此一南一北，尤在城市交通不发达时期，完全可以说隔着有很大的一段距离。那是山西省百货纺织品公司大楼，亦称针织大楼，他们将六楼全租了下来，地方至少在前两年还算宽敞、够用。

搬来太原实际和王秉岐南下厦门前脚后脚。他的主要业务力量，头起一直在这边，直至三四年以后，南北业务的重心才有所偏移。

这里从总部而变为分部，正常运作整六年时间。第一年，由宫福存在此负全责；到第二年年底，李耀华开始负责，之后一直干到 1996 年，也就是太原这边的公司被撤除，忻州中恒现代化大型药企正式投产，他才回了厦门总部。在这五年内，李耀华始终任职公司的常务副总分管山西业务，应该说他干得是极为出色的。尤到 1994 年，他们为公司赢得了一个大发展，从 1992 年、1993 年的两千万营业额，一下翻了一番，径直做到了四千万元。

这么大的业务量，神池药厂当然做不出来了。它满负荷生产，一年就八百万到一千万的产值。这一下销售上到了四千万，那必须有其他生产厂家配合。王秉岐给李耀华下了死命令："无论如何，你也得想办法给我把药生产出来。保证品质，再多我们也要做最好的药。"为此王秉岐本人也特地跑回来两趟。

此时，在山西境内，实有四家药厂在同时生产加工王秉岐的桂龙咳喘宁。李耀华说："1994 年最忙的时候，四个地方我基本上每个月都要跑到。另外，是从我们厂里派出的技术骨干，每一家放两到三人，他们也起了很好的作用。"

对，药品本身质量好是一方面，另外广告的不断投放和全国销售网络的建立，亦为王秉岐如虎添翼的重要原因。

桂龙成了全国驰名的品牌。

5

然则，张志礼偶或对王秉岐也有质疑："你说秉岐他爱药吧，可是 1991 年他到了厦门以后，又炒股，又搞房地产。"必得说，志礼这所谓的质疑，还是笑眯眯的，充满善意的。

在与张志礼接触之前，我仅知道王秉岐、摄连珍夫妇南下后赶上了好的炒房机会，前期在此之上赚了大几百万，却不知悉他们当年还投身股市（他们的长子王俊新，只是后来到了上海开拓华东市场时，才涉足股海）。

我一惊："他也炒股?"张志礼说："连珍炒股。"

我问："情况如何?"他说："肯定没有赔。对了，连珍挣了钱以后，撤出来了。"

我发现，张志礼院长不但佩服王秉岐，对摄连珍亦多有表扬。咱这神池女人，藏在王秉岐的背后，不显山，不露水，实则却有很泼辣、很能干的一面。不言她在房地产上挣钱，光说她在股市能挣到钱撤出来，对于一般散户股民，就不大能办到。多则，还是会将挣了的钱再套在里面。说股市挣钱不易，往往毁就毁在有这样一种割舍不开的恋栈心理。

当然，张志礼十分理解，王秉岐还就是赶上了一个好时代，是当代中国改革开放的受益者。他那勇闯风浪的性格，正和我们这个大时代合拍。

我和张志礼、李耀华进行交流，说王秉岐这个人的一生到底有多辉煌、究竟是成功还是失败，其实都不怎么好评判，但有一点，将其作为一个研究对象，放置于我们今天这个社会，他的人生价值一下就凸显了出来。其一，他顺应了我们这个时代的发展潮流；其二，他又抵御住这个时代的种种诱惑。他忠于自身理想，最终亦保持了名节。他说他是儒商，崇敬晋商代表乔致庸，不屑徽商代表、红顶商人胡学岩，一生最痛恨官商勾结那一套，都说明些问题。

你绝不能讲他最后转让或卖掉了桂龙集团公司，并且是卖给了一个世界五百强的跨国公司，就说他的人生在落幕时是一个大的失败。至少我不这么认为。

李耀华说了，在王秉岐身上，至少有三点——思想、魄力、眼界，是一般人所不及的。

“他有超前的思想，另外有时候确实有魄力，眼界也很宽。尤其是在桂龙起步的时候，我们原来一个经理（指的可能是赵相如）就常和人说：‘其他的老板会赚钱，我们老板不会赚钱，但是胆大，会借钱。’”实际上李耀华开初也有这样的认识：王秉岐胆大，敢借钱，会借钱。当然，他没有大量的资金投入，就不可能在神池建成药厂，而后又把桂龙总部设在太原（这也是他的一个大动作），与全国各省市更好联结起来，有便于桂龙营销网络的布局。

一直到了2000年以后，王秉岐才和他说：“感觉近几年好多事情左顾右盼不行了，可能和年龄大了也有关系，另外一个，企业现在赚钱了，每年业绩还可以，所以，达不到以前那样非得破釜沉舟赌一把的境地。”

你别说，他还真不是那类守业型的企业家。话，他是这样和李耀华说的，具体落实在行动当中，他反倒比以前“赌”得更大，即便到了收山之年，他还像摄连珍所讲的那样，“到处拿着钱去投资”，包括投资心悦网，实际赔了很多钱。不过话说回来，他挣得多，也赔得起。那是他自己的钱，只要对社会有益，如后来在北京搞桂龙堂，虽最终未能如愿，但尝试一把，散出部分钱财，却非什么坏事。

他在电话里和李耀华说："咱们在北京搞个桂龙堂吧，你看，这北京人家有同仁堂，咱为什么不能在这儿搞一个桂龙堂，这不是一件很好的事嘛！我准备在北京最繁华的地段弄一个，就叫桂龙堂，也像同仁堂一样，以卖药为主。"

当时李耀华在武汉，已离开他有好些年了。李耀华很体恤他，说："王总，你桂龙堂这个创意不赖，但是资本投入和你的精力耗费，都很大。北京站稳脚跟并不容易，将近七十来岁的人了，这个，你真的不用再闹了。"殊不知，他带着病体已在京中闹了一段。这下来接着闹，是他身体完全不允许他再折腾，他才停下来的。当然，又扔了一胡片钱。

最近的事。这是全家人为他看病从美回来后，摄连珍说："他再不能四处跑着搞这个项目那个投资了。"病痛限制了他的自由活动，但他天生不安分，身体稍有起色，当即便开了家庭工程。他们在厦门海沧高尔夫区买了三幢别墅，其中最大的一幢，由他们老两口子来住。工程先动庭院，那是将别墅转圈改造成一个环形花园，然后，他又在中间挖了一个较大的鱼池和一个小型的室外游泳池。感觉身体还吃得消，遂决定在别墅下开挖一层地下室，又要大兴土木了。地下室大小将近三百平方米，光掏掏土方，于他这时候的身体来说，就绝不算小。摄连珍说："他一天里都可可地在盯着呢。"设计、测量、绘图、找工人、用材料、指挥、监工，等等等等，都由他来管、来联系人，事无巨细，事必躬亲，前后整干了有大几个月。

我和郭新民去他这幢别墅时，由于他在长庚医院连着输了两三天营养液，身体得到一些补充，实际也刚能从床上下来，在家中简单地走两步，这他便要领我们下去参观。我俩原以为地下室本是买别墅就带着的，是他做了一些改建和装潢，不知这么大一个空间，竟是他坐镇指挥着，而由工人们一锹一锹掏出来的。别说，光高还两米多呢，除中间一个大大的空厅室之外，还有六七个房间，和上面一层的间架结构基本相当。地下室也因全部进行了装潢，并摆了多件套红木家具，包括枝型吊灯这些一应俱全，转一圈下来，能感到有豪阔之意。当我两个从下面上来，摄连珍告知我们这一情况后，我呢，是有点愕然；新民呢，那他就大不一样了，他心疼他，也反对他。回酒店的路上，新民一再向我哀叹："他挖个什么呀挖呀——"话里自是有多重意思，责备居多。

（王秉岐喜爱房屋装潢设计，早在神池机械厂里他有三间房子，他自己就装潢得十分考究，神池县数第一。他搬离神池后，这房子给了一直跟着他的杨文生。到了厦门，先开始他在湖里购了两处房，他全部进行了翻修装潢。他很注意门面，湖里南山路 13 号三层迎街房，他也整装得十分讲究、漂亮。）

王秉岐，就是闲不住，非得要折腾（这也是他的命运或者说使命）。总之，生命不息，做事不止吧。

6

对，这也难怪张志礼说："他太争强好胜了，干什么都争第一，事事处处，莫不如此。干事业这样，生活也这样。在义井当公社书记的时候，那是全县第一个硬公社书记，你和他下棋，他就是先把当头炮放上，然后两个炮连续打，你怎么赢他，他还是这路子，非弄得赢了你才善罢甘休，倔强得很。一般的人你劝不动他，他有他的主见。"

在他强烈的个性中，原也有相对偏执的甚至于比较疯狂任性的一面。

张志礼说："人家买鞋，试着合脚，感觉样式好，一次能买五双。有一次，看到一种老布鞋，那时候还没有北京老布鞋，也是同时买了四五双。我说：'秉岐，你买那么多老布鞋干什么？'他说：'看到了，就买下来。'他反正是'倚天抽宝剑，一杆子插到底'的性格，只要让他逮住，就认死理一条，大干，而且要干出名堂来。

"后来，流行买黄金了，别人花三千两千，弄个金戒指、金耳环，咱

'不，我就买一万块钱的'。一九九几年的时候，人家镶牙，满嘴烤瓷牙，一次性成型，一万五，专门从厦门跑回山西来做，这牙都锉成尖尖的，戴的瓷牙套套那种。我和人家一样样的，我都是烂牙了，人家都是好牙。

"人家和我说：'咱买一个好钻石戒指吧。'跟着到楼下一阵子买回来了，花了两万块钱。后来这个钻戒他一直戴着，戴了好多年。对，他要是看上的东西，就不怕花钱。你改变不了他这性格。

"还有一次，他在上海，在离虹轿机场不远的地方，一下买了两套公寓。现在看，这公寓当然是买得很便宜了，上海现在那房价，自不知道翻了有多少番。我在那里待过半个多月，是弄文字这些专门配合他们开发上海市场的。桂龙咳喘宁进入上海公立医院用药可费大劲，整花费了两年工夫，上海公立医院规定的'七十种公费医疗报销目录'里面才能列上桂龙咳喘宁。我还以公司的名义到上海电视台做了一次现场介绍桂龙咳喘宁的节目，影响不小。他的医药代表在这儿住下十来个人，就是往上海各个医院跑，最后跑下来了。看，短时期看，买这两套公寓也一举两得。

"有魄力，才能抓住大便宜。人家就有这个胆识。

"有一次我跟他到太原，说住下吧，他就拉我去了五一广场旁边的并州饭店，说后面小楼有一个总统套，咱试着住一夜。哎呀，过去我一看标价，9999，差一块钱一万块，秉岐想好了，9999，住上一晚上。那次连珍也不跟着，就我们两个。这总统套里房间可多了，光卫生间还三四间，还有咱老百姓使唤的蹲式便池，有各种颜色的。

"他为什么非要住这个总统套呢？一个是安静，一个是安全，一个是豪华，一个是尊贵。这些理由，实际上对他都不充分，那个时候他的钱还不多，住总统套房，一夜花9999，无论如何，还是太多太多了。是，对过去那种钻城墙掏下的破窑洞的贫穷生活的报复，穷奢极欲？或者就要9999，这个钱数很吉利，还是什么？不，他可又不是这种人。不是。我也不好意思问人家为啥非要这么住一夜，敢情出来后人家和我说了一半句，是看看躺在那里会想些什么。我问他：'想了些啥？'人家说：'啥没想，睡了。'"

辞官从商以来，实际对于他精神上有一种挣脱。

7

回归桂龙的营销与研发上，志礼突兀地讲，王秉岐最终被查出患膀胱癌，没敢定是和他们当年研制生产的一种伟哥的中国大陆替代品俏哥有某种关系。“因为当时他试吃过这个药，认为效果很不错，准备把它推向市场上大干一把。”志礼当时因为不在公司，而是回来忻州干他的职工卫校校长，后面又做妇幼保健院院长，所以，对这个药和王秉岐他们的具体开发研制以及商业操作了解不甚深，难免有语焉不详之处。如他讲俏哥用的就是伟哥的配方，桂龙公司在这个药上挣了大钱，话说得不只是过了，而是错了。

我专门向当时的当事人李耀华进行过求证，美国辉瑞的伟哥化学名为西地那非，而咱研发的俏哥的化学名为甲磺酸酚妥拉明，成分跟人家的大为不同。另外，为了弄俏哥，王秉岐投入的资金和精力都不少，但是最后做市场有相当大的难度，“包括他忽然意识到干这个药可能有损于他桂龙的名声，和他人类健康理想的初衷也不符，他便把俏哥的生产与销售停了。而在此前，因研发及开始做市场，公司已有过相当不菲的投入，在这个上面，是赔了钱出来的。他则有一点迷途知返之意。”不过，这只是一个表面上的话，我的一厢情愿，经不起质疑和推敲。

李耀华说：“1998 年、1999 年的时候，我们把这个新药批了下来。它的治疗作用确实像伟哥，但完全是不同的东西。王总当时为什么非要将这个俏哥弄出来呢？1996、1997 年，美国辉瑞公司的伟哥产品一上市，他们一下便超过德国拜耳等公司成为全球第一大药企，伟哥卖得相当好，从生意的角度来讲，这太有吸引力了。所以，在王总的积极倡导下，公司就搞出来这个产品，俏哥也有伟哥的医用效果，但是，成分跟美国人的东西不同，至少不存在知识产权上的争议，没有剽窃问题，至多你能批评我们的是一种搭顺车或者说跟风炒作行为。”

时在 1997 年，王秉岐就在山西这边研制出来六七种新药，但厦门那边没有人专门负责研制开发这一块，这本来对公司的后续发展就是很重要的，所以，他就和身边几个主要负责人商量：公司要不要成立一个药物研究所？李耀华、宫福存几个都说，这个确实应该，作为企业的后劲来讲，不断有新产品的推出，是十分关键的。李耀华当时还在这个小会上说："研发、销售都大，一定得重视。"

实际王秉岐和他们讲这些时，在他的心目中，早就物色到一个搞研发的合适人选，这是一个女同志，名叫张玉琴，山西省药审办的主任专家，专门负责省里的药品审计，她手中就抓有大把可资利用的新药资源；她本又是一位老同志，马上就到了退休的年纪，并且，王秉岐在山西时，私下也和她进行过交流，她原则上同意退休后南下厦门，投在王秉岐桂龙名下。因李耀华多跑药审和她打过交道，双方印象也很好，王秉岐便派他回山西来请她。王秉岐说："张玉琴已经到退休的年龄了，你去找她吧，想想办法，看怎么能把她请咱桂龙来。"

李耀华从厦门回来以后，过去找见人家，详说了公司的意思。

张玉琴郑重地考虑了一下，说："可以，我办完退休手续就过去。"

这样，待张玉琴一过厦门，桂龙就正式成立了一个药物研究所，而研究所引进的第一个重要项目，即俏哥的研发。

采访中，我故意又强调："俏哥没有对伟哥进行剽窃呀？"

李耀华说："没有，完全是两种药，不是一种成分。"

我说："志礼说，这个和伟哥差不多。"

李耀华说："功能、效果差不多，但人家是西地那非，咱是甲磺酸酚妥拉明，两种化学成分，不是一种东西。"

我说："这是不是也是企业当时生产的唯一的西药？"

李耀华说："桂龙还有几个西药产品，都是很普通的，这个当时是新东西，但是王总对这个东西看得很重。"

我说："为他挣了很多钱？"

李耀华说："实际上是赔了很多钱。"

我说："为什么说赔了很多钱?"

李耀华给我做了详尽的解释。俏哥报批下来以后，王秉岐感觉到新的机会来了，所以他欲组织最强的销售班子来搞这个市场启动。他原聘请过一个叫潘华的副总经理，是一位女士，人比较能干，但因故已离开了桂龙。这时要搞俏哥的市场推广了，王秉岐又想起她来，认为她是这上面的高手。他向自己的"哼哈二将"（张志礼语）李耀华、宫福存征求意见，两个也没有什么不同意的。"只要能请回来高手来，给咱把市场搞上去就行。"潘华女士是四川人，重返桂龙时，还带来了邱波，她的一个四川老乡，也是医药销售圈中比较有名气的一个职业经理人。潘华要邱波来做桂龙的销售经理，王秉岐一路绿灯，全同意了。

他们全力上手，要把俏哥打造成本土伟哥，目标非常明确。谁料这边起步的同时即遭遇一个更为强大的政策"瓶颈"。

说他们不了解我们这个国家吗，也还不是，可此时，包括他王秉岐在内，可全变成纸上谈兵的书生了。这俏哥所面对的市场，根本不像原来他们想象的那样。就政策来讲，首先它是不允许你做广告的，而且当时的处方药，本也不能打广告。其次，俏哥也好，伟哥也罢，国内药店全不能卖，医院也只能是有类似于生殖系统专科门诊才可以开这个药，想大干的路，基本都堵死了，正如李耀华所言："政策就给你设定了很多的高'门槛'。"换言之，本也就不让你干。

为什么赔了很多钱，李耀华交代得也很清楚。一个是研发需要花好多钱，将临床、药理、毒理做出来，也要花很多钱，而且俏哥是西药，做临床、药理、毒理鉴定更加复杂。第二大问题，正是药品上市进入营销领域但不能打广告。为此，你自会想出其他打破常规的宣传办法来，如他们一上来便在几个地方同时召开新闻发布会，打软广告，亦试图掀起一场俏哥上市的风暴席卷全国。王秉岐带着李耀华等人进军北京，他们是在西苑饭店组织召开了几个大型新闻发布会，请来了首都各大媒体，阵势浩大，资金消耗甚巨；同一天在广州，那是邱波在行动，这边召开的新闻发布会主打南方报系，《广州日报》《南方周末》领衔大干；同一天在上海，亦有得力人选组织药品的上市，新闻发布会主打的则是《新民晚报》《新华日报》这些影响全国的大报。这样的大型发布，广覆盖，铆足劲，前前后后搞了好多场，然则收效甚微，车薪而杯水。

李耀华说："我都没有统计，俏哥的营销宣传感觉大搞了半年多将近一年，到了都没有二百万元的回款。"

最后，在桂龙公司，谁也不提俏哥这东西了。后来王秉岐干脆将其挂到了各大网站上，说"转让它呀"。

第九章　南翔厦门

1

1990 年，广交会上，王秉岐认识了钟志孟。

用老大俊新的话说：“开始我爸和钟志孟这个人比较谈得来，再加上钟志孟是台商沈少良先生的代表，沈少良老先生一直有意与桂龙合作，我爸这时候就考虑：是和他们一道搞合资企业呢，还是和正谈着的广东丽珠集团进行合作？丽珠那时在深圳，我爸过去，和人家已经有了较深入的接触。丽珠开出的条件也不错。”

现在，一般说法是：钟志孟的出现，让王秉岐改变了初衷。这个至少有对的成分，当初王秉岐还真就是被钟志孟说动的。

但钟志孟不是这中间的牵线者。在广交会上，他所扮演的角色，主要还是一个游说者。因为，王秉岐在认识他之先，实已和台商沈少良先生有过几年的交往。

1987 年，沈少良先生正是通过《人民日报·海外版》得知桂龙咳喘宁研制成功的消息。他因自己及亲友患哮喘，当即便通过书信方式向王秉岐购药。因服用后效果良好，他和亲友均得治愈，忽一次，他竟要王秉岐给他往台湾邮寄一整箱桂龙咳喘宁。这着实把王秉岐惊了一跳。王秉岐说：“他是个病人吗？一次要买上一箱药？这可太多了。”这时桂龙咳喘宁还在试制阶段，离正式投产尚有时日。王秉岐给沈先生回信说：“你一两个病人，买一箱药，太多了吧？我这个药是很管用的。”后来沈先生又来信讲：

“我们周围有很多病人需要这个药，我要送给他们，让他们也试吃一下。”这样，王秉岐就将一箱药寄到了台湾。当时是一瓶一百粒装的，人民币售价5.2元。沈先生拿到药后，如数把钱寄给了王秉岐。

王秉岐说：“哈哈，这个沈老板，实际上买了一箱药就是发给人们去服用，他对这个药产生兴趣了。后来他和我说：‘一箱药散开一用，没有一个反映不好的。’这样他在信中亮明观点：‘我们应该有一个合作的机会。’遂决定亲自来大陆找我。原来是这么回事儿。”

沈先生拿这一箱药过去，实际是在台北市等地探了一下市场，比他预计的效果还要好。这样他绕道香港飞来大陆找王秉岐进行投资。

两位在北京见面后虽其乐融融，但很多事情如技术、品牌、建厂、生产、销售定不下来。

药正在报批、上临床是一方面，另一方面，山西的招商引资环境远还没有形成，政策上不明确提倡、鼓励，无从下手。我们和沿海地区的差距还是很大的。沈老先生暂且是把事想得简单了。

但沈老先生对双方能合作深记在心。他甚有耐心地等待着山西的投资条件成熟起来。

用王秉岐的话是：“沈先生原来是做贸易的，在台湾人家发达得早，我的桂龙咳喘宁，让他摆脱了多年受哮喘病折磨的痛苦。他和我搞合资，经济上的考虑在其次（——当然这也是水到渠成的事），我俩力主治病救人的思想，刻不容缓，则是完全一致的。”

留下这伏笔，也就有了钟志孟作为沈少良先生的代表，到广交会上见王秉岐。

王秉岐放弃与广东丽珠集团的合作，而选择与台商搞合资，是对沈少良先生的尊重，也包括和他的代表钟志孟更能谈得来是一方面，另一方面，这时候，在山西搞合资企业的条件已具备，省里不仅出台了多项鼓励政策，省委、省政府还牵头搞了“第一届国际招商引资洽谈会”，声势造得特别浩大。他能在山西打头一炮，面子上好、风光，还是表象上的，关键在于政策倾斜如五年免税等，企业自有活水养鱼，为下一步有更大的发展创造了契机。再则，沈少良先生在台（包括在港）那是做贸易、搞保健品的，虽说双方合作他们拿51%的股份，沈少良先生当董事长，咱这边占49%的股份，王秉岐当总经理，但咱这是中医药，相对来说，他台湾家不会插手很深，整个公司应该说还是在可控范围的。王秉岐本人便有明显优势：药上他是主导嘛。而丽珠集团呢，他们不只是在广东省一家独大，在全国也是具有影响力的现代化药企，似还代表着未来中国药业的发展方向。

想来，他当年若真并入这么个“大家伙”当中，却不知道他的桂龙随后会怎样摆脱，怎么抽身。就他那性格而言，他不可能长时间待在人家的屋檐下。他这人必须以自己为主，走自己的路。

2

走厦门这一步，是他人生中的一次大跨越。

你问他：“当时来福建，是台湾人的意思，还是你的自主考虑？”

他就和你说：“一个，是台湾人不喜欢待在山西；一个，是我自己也想离开山西。”

在定下来与沈少良先生搞合资企业后，王秉岐还到深圳、珠海等沿海城市进行过考察。最后落脚厦门因素颇多，例如，厦门与台湾岛隔海相望，沈少良先生亦希望他们到厦门来，这样大家挨得更近些，联系更方便一些；钟志孟是福建这边的人，本地人头多有熟识，他亦力争王秉岐来厦门把事业做起来、做大；王秉岐本人对厦门的整个环境还真有感觉，这些，都是促成山西力可生公司南迁厦门的具体原因。

一个偶然机会，王秉岐到厦门市委党校走过一趟。令他完全没有想到的，是那些干部学员们坐在教室里认真学习的劲头儿。王秉岐说：“这是我亲眼看到的，一边教室内听课的学员，坐得笔直，十分认真地做着笔记；一边教室内的学员，背书背得前仰后合，看不到一个人思想上开小差。我一直等到他们全天课程结束，跟着找着的人去了宿舍，那也干净整洁得很。坐下来聊起他们在党校的学习，那是一天都不敢耽误，一个小时、一堂课，甚至几分钟也不敢耽误；我随手翻了翻他们几个放在桌子上的笔记，没一人是记得不认真的。有这么一种态度，实已决定了这支干部队伍的素质。”

王秉岐回忆：“我们山西省有那么一批干部，上午是等得喝中午这顿酒，下午喝醉了，一直到晚上，人整天在烟酒中泡着，就到那种地步。人家这里，不会这样。”

他和很多人都说过：“我可不能天天陪他们喝酒。我天天喝酒，还做什么事业呀。”

这时他又补一句：“太累了，身体也受不了。”

如他所讲，他对这类乱糟糟的人和事向来都是不客气的。

早先，神池药厂起来之后，跟着这号事也就来了。吃、喝、报票、拉赞助等等；特别要提出来，还有很多人来厂子里要药——多要上药不也能卖个钱吗？咱桂龙咳喘宁，也还属“紧俏商品”呢，只要能不花钱搞到，出手真不难，发个小财还是可以的。“一个小县里，人差不多都认识，这一窝蜂似的家伙们围着你，没几天，你倒头大了。”为此，你定制度，以为能拦得住他们，孰料这帮人就单靠这脸熟，专门来破坏你定下的制度。七大姑八大姨，王八戏子吹鼓手，小叔子小舅子，全不好对付。

这类事从根子上永远不可能得到治理，你杜绝不了。在此事上，而就王秉岐的孑然抗击，有一个形象的比喻，是“牛犊抵橡树”，他不停地和这些现象作斗争，同时也时不时地、一级一级地向上面反映问题。当年神池制药厂是这样，后来在忻州的中恒制药厂也这样。

“你非这么来才有可能保全你的企业。”否则，神池的厂子，也包括忻州的厂子，哪个也出不了两三年，肯定玩儿完，“这帮人的胃口那只能是越来越大。”

春节期间我到忻州高新开发区去看中恒药厂，没想到路上出租车司机和我说：“这么大个高新开发区，就剩桂龙这一家药厂了。全都关门大吉了。”我一时语塞，甚感震惊。他的话是真的吗？这我倒没有向下探究。

这地方上的好企业，多么需要全社会来加以保护，而不是千家来吃，万家来蹭，众人来伤害，折腾到死。

桂龙向国家纳税，多时候一年一个多亿，可王秉岐、王俊新父子反把多的部分上到了安徽。后来山西这边一年只是区区几百万而已。没错，人家原来就给咱纳过几千万呀。他们也很想把大头上在咱这边，毕竟是本乡本土的。可是咱地方上挖肉补疮伤害了人家，人家只好把大头掉在了马鞍山。真是一言难尽。

回到厦门。“那里的干部队伍仍是以前那个样子，管理得十分严格，到现在也是这个样子，是非常负责任的。”

所以，王秉岐说：“当时两相比较，南方显然要比北方好，沿海地区较内地好，厦门是最理想的。我当时就想，桂龙也只有离开山西，才可能摆脱种种人为干扰因素，甚至是层层挤压、围困和盘剥。企业自主了，有了创业的环境，才能做大、做强。”

在山西，王秉岐并非没有人脉。

“我初到厦门，市里就有好几个领导找我当商会的常务副会长，反复说了好几次。我说：‘我真的不会干那个。我做我的企业，当上那个副会长整天开会，受不了。’另我也和他们说：‘这不适合我干。我是从政治舞台上退下来的人，本就不打算再沾它。大家交个朋友还可以。我的企业要发展，也腾不出精力来。’不过，在很多人眼里，这都是一份好差遣。因为商会会长本身就会在政企两界造成影响。和政府靠得近，有些好事，政府也会先安排你。本来这个会长也还是政府任命的。我说：‘我刚摘掉红帽子，现在又戴，不行，我不感兴趣。’

“我对自己有一个严格要求，就是我开始讲的，‘做人做大人，走路走大路，赚钱赚大钱（——光明正大的钱）’，这是我的人生格言，是我一生当中所遵循的，包括我企业的管理，也是沿着这个轨迹的。

“那样的好事我不做；进入灰色地带的危险事情，我也从来不去做；更别谈违法乱纪的事情，钱再多我也不会沾染。我对自己有严格要求。”

这样反而摩擦也不算多。

“因为你多沉潜在国学中，人会变得清静，身边的鬼也少了；你毛毛躁躁的，好多鬼围你，你就累得不行。你看，我来后一开口，就念的是这些经，人家一听，没戏，也就算了。”

3

他们来厦门，当时就揣了三万块钱，王秉岐、摄连珍、王俊新都曾谈及。

与俊新一起飞过去的，还有他大伯、大妈。显见，王秉岐要兄嫂过来看看、感受一下，也是要参考一下他们的意见。王秉岐在好些事上对兄长也还是依赖的，兄长至少对他情感上有一种支撑。他的强悍与兄长的柔韧敦厚，有刚柔并济之用。

王俊新说："初来厦门，我们住的是人家租的房子的客房，一住几天。大伯、我和钟志孟几次接触，感觉他人靠谱，似可在厦门一同打天下。父亲这就和我们相商，彻底定下来来厦门。接着，是叫我妈，叫一家人都来。当时，我弟我妹还小，这意味着，他们要在这边上学读书。说困难真困难，你房子没有，语言不通，拎个小包过来，四顾茫然，一个人也不认识。"

他母亲摄连珍说："我们来时带了三万块钱，那是生活费。那时候我都不知道把钱存进银行。我和老王说：'咱们买房吧。'他说：'三万块钱，买的什么房子啊。'后来老王到银行抵押贷款，很快，我们拿到钱，开始买房。"

那是一笔二百万元的贷款，竟是他们所贷款那家银行向外出贷的第一笔。摄连珍说："这里刚开始抵押贷款。"有关这笔贷款的故事，还真是王秉岐听了摄连珍的话，想到了是不是可以抵押贷款买房子。用他的话是："后来我就想弄点小生意什么的，生几个钱，要不然手头一分钱也没有，怎么办?"

当时他们选中在湖里南山路。离他们不远处，便有一家农行。王秉岐过去，找见他们一个科长，说："我想贷点款，有东西做抵押，你看行不行?"这正是桂龙咳喘宁新药证书。知识产权是王秉岐的。他可以把它押在银行里进行借贷。"我初过来，没有钱创业，你们可以支持我一下。我组建市场部也好，筹建办事处也好，还有我们住的地方，生活用度这些，都需要钱。”

人家说：“可以呀。”跟着要他回去拿他的新药证书。

他们之间离得很近。在科长这儿，还不知道他们所用的那个房子，开始是租的，后来才买下来。

银行很看重王秉岐的新药证书，“你要贷款多少？”

“给我二百万就行了。”

“五百万我们都给你贷。”

“我贷不了那么多，二百万就好。”

对，拿到这笔钱，他们夫妇俩开始买楼，随之变成了炒房子。

他们住的那前面正在盖住宿楼，已经盖了一大半，有几栋已经起来了。1991 年，厦门房子很便宜。

王秉岐说：“我和连珍就去找他们那个售楼小妹，以前她就总领我看楼。”

她说：“我给你弄，单层户那种。”

王秉岐说：“不用，我要买一个楼梯，从上到下买下来。”

也就是买了一个单元。一至六楼都买下来，十二套房，一套房仅要十几万。

后来，他们见另外一栋也不错，接着又买，把二百万花得剩下不多。剩下公司用个一二十万。

王秉岐说：“那时候那个房价一个月翻一番，一个月翻一番，真过瘾。翻一番出来我就又买，翻一番出来我就又买，反正我也不保留。到后来就翻不了一番了。后来我一想只要涨着我就买，就这么捣腾，捣腾出来六百万。”

摄连珍说：“看房子是老王看的，买房是两个人定的。最后操作全部是我一个人跑，包括到银行贷款、还贷，一切一切，边买边卖，房价一个劲儿往上涨，厉害的时候一个月翻一番，有时甚至一个月也用不了，挣下六百万。”

夫妻的口径是完全统一的。挣来的六百万拿去搞了销售。

王秉岐说：“搞市场开发，我垫底的钱就是这么来的。这我发展得快了。”

在此事上，有人和他对话，说：“其实你本身就是一个非常有商业头脑的人。”

王秉岐说：“怎么讲呢？还可以吧，有这个商业意识。不然那时候去哪找钱呀？”

摄连珍说到银行贷款和还贷，其实在这一个二百万上，那也和山西省工行那笔大额贷款一样，还贷反比贷款难。这边人家也希望他们一直贷着。你去还贷，人家不要。王秉岐说：“银行就想让我贷着，和我说：‘再贷可以，还不行。’哪有这道理，不让我还钱？我说：‘你不让我还贷，可你还押着我的新药产权证呢。’人家说：‘这个我又给你丢不了。’又是，还了好长时间，大家也成了很好的朋友。”

王秉岐有很多房产。在他们后来不炒房之后，他们夫妇便将买房子当作投资，分地区分城市陆续吃进。房子的价格虽然有波动，但总体上一直往上涨，到如今，他照一般市场价屈指算来，手里的房子，竟然也变到了五六个亿，是他们的很大一笔资产。

这样买房子，却也符合他山西人性格，特别喜欢房子，有了钱，先考虑买房子，一说:不动产嘛。

王秉岐说：“房子比较直观，价值也好判断，看到合适，我就买下了。有人问我：‘买房子也需要决断力吧？’我说：‘哦，这个不难，合适就行。’这么些年，我买房子从来稳赚不赔。可是，这次要赔在政策里面了，因为现在买房的话，我已不具备买第二套第三套第四套第五套的资格了。如果买，就要缴很多税。就轮到这了。不然，我现在没用的房子加起来还有五六个亿。现在我估计贬值了，不过贬值了也还有四五个亿，只是将来还得缴一大笔税。”

他们香港有一套房产，其他的房子主要集中在北京、上海、厦门三地。

这次去美国看病，他们在休斯敦又购置了一套。

王秉岐说：“这些房子都是为了孙子、外孙子准备的。为了他们今后读书、成长，以后去了那边能有个地方。我有一块心病，是我的三个孩子，他们兄妹三人书都读得不怎么样，远远偏离我的期望值。现在他们人在中年，补或者追，基本于事无补，所以，我只能期待我的孙子和外孙子多读书、读好书了。我把这个学习条件给他们创造好，把我的心尽了，也就再没什么遗憾。我现在看几个孙辈，他们都比我儿子、姑娘强，聪明。”

从某个角度讲，他那种商业意识，也可以说是被逼出来的。他和台湾人沈少良老先生合资，对方条件是注资二百万，这期间沈少良老先生突然病故，他所拥有的股份转在了沈太太名下，钟志孟在中间打理，竟把这笔钱的一多半分几次调在了香港。王秉岐最初以为，那是沈太太的意思，后来和她对证，他俩方知，钱被抽掉出去，反是钟志孟私下所为。

而这也就有了前面张志礼讲到的钟志孟陪沈太太来山西考察，大雪纷纷上五台山。

关于他们初到厦门，张志礼还讲过这么一段：“秉岐到厦门的时候没有钱，贷了四十八万（连珍带的那三万块是生活费），后来他和我说：‘我贷了四十八万，我要到厦门发展。’这也是他一路考察下来选定的。我知道他先到的是珠海，跟着又考察了深圳、汕头和广州，最后到了厦门。他一看，厦门环境又好又干净，人还少，与台湾岛隔海相望，离金门很近，这他和台湾人搞合资又有许多便利，往来也方便。那接下来，他就在湖滨南山路买了一套房，底下做门面房，推广产品，二层我们办公，三层是我们员工住宿，四层他们一家子住，四层楼，地方挺不错，台湾沈少良夫妇过来看，也认为挺可以。当时的政策，合资是减三免五，也就是八年内不用交税，光这个税率就节省下来很大一块成本。我说过，秉岐是很会算账的。”

4

有关钟志孟和王秉岐一起运作山西力可生的情况，几乎不见有文献记载。虽然说时间不长，却不是湮没史迹的理由。那毕竟对他们来说都是十分重要的。这个有一定规格、辐射全国的运作平台，本由他们来搭建，他们又都是通过这一平台（包括之后的拆除），而拓展了更广阔的生存空间。

可以说，他们做了相互的跳板。在王秉岐、摄连珍，大有可能不认同这说法。最后双方分开，实际他们在经济上蒙受的损失并不很大，但情感上所受到的伤害，则让他们有那么一些受不了。是呀，谁让咱是黄土高坡上的神池家来呢，实诚待人，多重情义。不见人家老钟，那可是这海世界的人。你是农耕文明，他是八闽文化，你是黄河养育，他受台风教习，是这么个概念。真如老钟后来在山西太原做的“溶栓胶囊”，他们之间似也需要有一个“溶栓”过程。不过是还未到这一阶段，倒“好合好散”，两掰了。事实上这对大家都好。

2001 年我在《山西青年》杂志社工作，和钟志孟先生有一面之缘。山西中远威药业因溶栓胶囊的成功运作，钟志孟已属身家上亿的大老板。他用来接送我们的豪车是排场的，公司的厨子做出的南式饭菜也颇不一般，但他人较低调（也是经过大场面的，沉静许多），从他身上，你看不到什么张扬、浮躁甚或有铺排的地方。在公司里接待客人，又显得很不一般。

有两件事我记得比较清楚：第一件，我们主编带着的小女儿手上有一块儿破损，钟志孟见着后，从口袋掏出一种类似搽脸油的膏剂，给小女孩涂抹了一下，像变魔术似的，那块儿伤看着就好了，让人感到很神奇，我们吃惊不小。他告诉我们，他想拿过来生产，但还未定下来。现在看，如搞临床，恐怕是药理、毒理都难过关。能如此之快令伤口愈合，毒性总是小不了的。膏剂后来怎样，我没再问他们。

第二件事，是他已筹划着公司在香港上市。这他也告诉给了我们。有报道讲，钟志孟正是凭借溶栓胶囊的成功，而于同年登陆香港创业板的。在钟志孟看来，当时的香港不仅有完善的法律制度和产权保护制度，更有与国际接轨的各种优势。在香港上市，不仅能完善公司内外销售网络，扩大公司的生产规模和研发能力，对于企业知名度和形象更是巨大的提升。

不过，事情的发展却不像钟志孟所想的那样顺利。在香港创业板上市后的头几年，中远威的盈利不升反降，2003 年甚至出现了亏损，2005 年更跌到了谷底，股价从 2001 年的 0. 59 港元跌到 0. 04 港元。这一重挫，使得不少业内人士认为，中远威的好时光已经逝去。

回首2005年那段令他的人生和事业都跌到谷底的时光，钟志孟却显得淡定从容。他说，当时之所以出现亏损，是“战线拉得太长”。当时，由于药品销售进行得相当顺利，中远威开始跟风似的进行了一系列盲目扩张，四处收购药厂。由于精力分散、管理不善，这些药厂最后却成为企业的负担。在扩张的同时，中远威还搞起了多元研发，投资了数百万研发新品种，结果却发现有缺陷，几个专案全部失败。

钟志孟不是药学专业人员，缺乏药学相关知识，在一定程度上限制了他的产品研发，这也是事实。

在我的印象中，老钟和凤凰卫视的梁文道长得像，这也是当时的直感。另是他西服袖肘下有那种专门的大块椭圆皮补丁，也让我多有记忆。穿高档外国品牌服装似也在说明，他是一位成功人士。尽管我对高档皮鞋和高档外国进口品牌服装向无研究，鉴别及鉴赏能力十分低下，但还是赞许成功人士穿得阔一些。因为我们那位执行主编对“成功”很着迷，刊物一个重要栏目即《成功人士分析报告》什么的。反过来，大干溶栓胶囊的钟志孟，还真成了他“追逐成功”的“猎物”。他给老钟写了一篇文章，大体超过了一万字，对老钟的人生与奋斗多有欣赏和褒扬，写得至少在他那个角度上理解还是很不错、很有激情的。我正是通过当初对这篇东西的仔细阅读，今年春节前夕在厦门，与王秉岐、摄连珍、王俊新分别对话钟志孟，竟特别容易。这个至少是不隔的。

钟志孟是福建三明人，非正牌港商。他是改革开放以后过到香港打拼生活的。所谓开始做旅游，那是从提行李开始，而后到导游、到领队，摸爬滚打，站稳了脚跟。正是这期间，钟志孟结识了来港旅游的台湾商人沈少良先生。他们夫妇的出现，改变了他的命运。他加入他们的香港公司，之后，也就有了广交会上与王秉岐的相洽愉快，跟着山西省第一家中外合资企业——山西力可生医药有限公司成立，王秉岐举家南迁，（桂龙）落地厦门。

与王秉岐对话钟志孟，却因王秉钧老人说：“咱们的企业带出来一大批人，特别是在新药的研发和市场营销上，这些人后来出去组成了多个团队，对整个国内的药品市场都有不小的贡献。”

由此，郭新民说：“现在人家好多都是大老板了。”

我则因道听途说，把现任四川科伦实业集团有限公司的董事长刘革新也当成了王秉岐的徒弟，认为刘革新同他们一样，也出自桂龙，是王秉岐一手带出来的。实情却是刘革新的胞妹刘亚蜀，现任四川科盟医药贸易有限公司董事长，是她在桂龙药业先后干了十多年，从湖南办事处经理到四川办事处经理，为桂龙创造了不菲财富的同时，也为自己在医药销售这一块儿积攒了丰富的人脉。

某报章中所写关于她的一段话，其中“下海后，她供职于厦门一家知名药企”，当然指的是桂龙，而另一句“2002 年，她衣锦还乡回到四川”，却也说明，她本身在桂龙已获得了一定的成功，有了较丰厚的积累。她和桂龙的关系自然也是亲密的（毕竟桂龙是她的“十年黄埔”），2012 年，桂龙公司在厦门搞二十周年大庆，她作为嘉宾盛装出席，并有一个很好的发言，受到全场的欢呼。

刘亚蜀还有一个身份，是中国医药物资协会副会长。

刘亚蜀能说是王秉岐的一个女弟子。但说搞市场运作，青出于蓝胜于蓝，总许已超过了王秉岐？不好评价。

赵宪斌，黑龙江贵龙医药的老板，与刘亚蜀一样，他在自己创业之前，也是王秉岐的一个办事处经理，就在本省黑龙江，干得也是很出色的。

另外，像王俊新、李耀华、宫福存、潘华、邱波、戴峰等这一级总裁、总经理、副总经理的，全国有好些，他们经常有会议会碰在一起，相言甚欢是一面，其主要还是他们都出自“桂龙‘黄埔’系”，亲人似的来自一个大家庭，“有缘千里来相会呀”。

他们是“一股坚强的、充满正能量的市场力量”（郭新民语）。

“以前，他们好多人都不知何为营销。”郭新民说。

他们能走到今天，对全国的市场都有所带动，自然，桂龙·王秉岐功不可没。

5

接着我问:“钟志孟也是你给带出来的徒弟吧?”

王秉岐有些不置可否。之后给我讲起来钟志孟的故事。

他所讲钟志孟早先的情况,和我所知道的大体吻合。特别之处,是在1983年大陆严打期间,他在钢铁公司任职的父亲,找人把他偷渡到了香港。显见,老钟也是在街上混大的孩子,不惧打打杀杀这一套。若他不走,公安民警便有可能抓他。

之后,他因扛行李邂逅台商沈少良,对方一看他走得挺快,拿东西挺利索,还看他挺会照顾人,且能讲能说,口才也不错,一下就决定要用他。

沈先生问了他的念书情况,他说是高中毕业,其实是在技校里没念了两天,总之,还有点文化。

“你这样吧,我经常来香港,你这边就帮我打理一些内部事务吧。”

所以,沈少良先生和王秉岐第二次会晤,两个约在深圳见面,钟志孟就陪在左右了。

那次,王秉岐讲他是“小微企业,现在刚刚开始,也不大,一共注册资金才三百四十万”。这时,在中国办合资企业已经有了政策上的支持。沈先生说:“这样子好不好,我参一股,占个大头,51%,你同意不?”王秉岐说同意。然后沈先生说,“我们推动市场,你当总经理,我当董事长,你同意不?”王秉岐说同意。当下就草签了一个投资意向,但并没有完全决定。

再下来,才是王秉岐和钟志孟在广交会上的见面,钟志孟一番游说,(也可以说是一拍即合吧),替沈先生拿下来王秉岐。

钟志孟当时在厦门有个地方,叫代表处,他拉王秉岐过去看了一下,王秉岐感觉环境这些挺不错。后来他也和李耀华他们说:“反正咱要发展就不能在神池,在神池你首先就发展不起来。”所以,1991年他去了厦门。

我问王秉岐:“他们当时投资了多少?”

王秉岐说："台湾人又给了一百七十万。"

（与此前讲的二百万，有三十万的出入。）

接下来，是到山西省经贸委申报。王秉岐说："咱们是山西第一家合资企业。当时有个验资程序，通过以后，后面的一套审批就可以正式预约了。"当时省经贸委分管这一块儿的干部人热情、廉洁，又十分希望将他们的合资事情办成，毕竟这是头一家，促成了他本人也光彩，说是他的工作，也可说是他的政绩。

审批当中，那位干部到上海去看过一次病。王秉岐得知后赶去看他，本想放一些钱帮其治病，最后，还是被他坚决地婉辞了。

因此，王秉岐说："我过去和一些好干部打交道，他们都是使劲儿帮你，没有要你半点好处。"

之后没多久，审批通过，山西第一家合资企业正式挂牌。

继续与王秉岐交流，一个有趣的现象，是他和钟志孟掰了之后，钟志孟来在山西发展，山西成就了他的事业。北人到了南方，南人到了北方。

有文章写钟志孟：这个靠开旅行社、做医药代理积累"第一桶金"的畲族商人（对，他是畲族人），要从1992年说起，经朋友介绍，钟志孟结识了山西医科大学教授单鸿仁。单鸿仁从蚯蚓的提取物中分离出纤溶酶、纤溶酶原激活物和胶原酶，用于治疗心脑血管疾病，成了溶血栓的香饽饽。就在单鸿仁的研究刚有眉目时，他却因超龄而离开教研岗位。峰回路转，钟志孟出现在他的面前。

这个"朋友"，事实上就是他跟王秉岐结缘，来山西并交下很多山西兄弟，最终单鸿仁教授出现，他事业的大转机出现，跟着，他把握住这一机会。

此前，他在山西，是以香港的公司在这边做房地产。

沈少良先生的去世，也使钟志孟的身份得以提升。所谓台湾在香港的两家分支机构（子公司），香港智途旅游公司和香港力可生保健品公司，都由他做总经理，负责打理。在厦门这边，王秉岐为董事长，他为副董事长（原本沈少良先生生前是要做这个董事长的），台湾（香港）方面在大陆这边的业务，沈太太则全权委托给钟志孟，而由他来处理、调停。所谓合资，一是咱的神池制药厂，一是香港力可生保健品有限公司，这时真正拿出真金白银来的沈太太，她不光要照料在台湾岛上的总公司，其商贸业务极为繁忙，她本人还是一个有公职的社会精英，任职桃园市税务局局长，每日里必得为桃园的税务忙碌、操劳，就恨分身无术。

这边呢，王秉岐对钟志孟这个朋友还是十分信赖的。

当还在他们合作的蜜月期，忽有珠海过来一个叫朱海滨的人和他俩打得火热，说他要在珠海搞一个力可生（桂龙）公司的经销点，并以此为中心，连销售带科研将西南这一片包圆儿了，大干一番。“这个叫朱海滨的，看上去也是蛮能干的。他好像就是南方这面的人。”这是张志礼后来对此人的记忆。

朱海滨回到珠海后没多久就邀王秉岐过去考察。王秉岐也还是正等着他的消息呢。对他来讲，全国市场必须推开，从南方沿海地区着手做起，似乎能更好地带动全国。这样他乘飞机到了珠海。

让他吃惊的是这南方人办事的速度和效率。所谓当年的深圳精神：时间就是金钱，效率就是生命，在他这儿简直可以说体现得完美无缺。

他所租赁下的三层楼房，牌子挂的就是（珠海）力可生（桂龙）之家，似比厦门总部在湖里区先租下的地方还要大一些，洋气一些。仅几天的时间，竟然已经全部进行了喷绘和装潢，到处都是公司的商业标志，桂龙药品和为它们专门做好的展柜，药品的广告则到处张贴，另还新设计了充满创意的宣传品（像电影海报），也包括可在展会上散发的单页传单，并且这些有一定的印量。除此而外，朱海滨还招聘来了几名素质看上去很不错的员工，统一的着装，西服革履，衬衣特干净（王秉岐最爱看见员工们穿得像本人一样整洁，尤其有着极为干净的衬衣领子）。可以说，这一切，都让王秉岐欣喜无比。

张志礼说：“秉岐一看，这个人是有‘一个共同的价值取向的’，两个在珠海谈得就更加融洽。朱海滨的市场开拓计划似也很有吸引力。这样两人开始进行测算，这个费用多少，那个费用多少，秉岐手紧巴，这上头一般也抠得很细，最后算下来第一下他得给这边（桂龙）之家打个三十八九万、将近四十万，这个王秉岐认，授权书签，说：‘我回去就给你打款。’”

他飞回厦门后赶得也好，调太原办事处打来款刚好到账，整四十万，他就吩咐摄连珍，当天便给朱海滨的（珠海）力可生（桂龙）之家打去三十九万。之后，接到款的朱海滨给了他回话："款已收，勿念。着手下一步工作。"

事情就是这样，王秉岐被这个叫朱海滨的人骗了。

接下来，那更像好莱坞电影里的情节了。

王秉岐在公司的地上转着说："你看这个朱海滨，电话也不来一个，人也联系不上。你人走到哪儿，和总部总应该打个招呼吧。"这样又过了两日，发现人的确联系不上。"不对，事情不对，连珍，你赶快找人给我买机票，我要马上到珠海找朱海滨。"

这回，珠海也没有朱海滨了。所谓（珠海）力可生（桂龙）之家，无非短期租来一个地方，全撤了，连原先张贴的桂龙广告也没了。赶紧找房东。那房东就是把这房子随便租给了一个人，半个月还要了人家一个月的钱，根本就不认识那几个人中谁是个朱海滨。那几个"员工"，竟也是朱海滨雇来专门为了骗他的。

王秉岐说："哎呀，我上当了，遭遇了骗子集团，将近四十万元，打了水漂。"他感到无限的愤怒，肺也要气炸了。

张志礼说："朱海滨骗走他这一大笔钱以后，秉岐一想，气就不打一处来，他每天转着说：'看怎么搞他，绝不能便宜了这个王八蛋。'随后他就和钟志孟几个商量。钟志孟当时倒是抱着息事宁人的态度：'这事算了，你人也找不见。'他说：'不行，我非要治治他。我最恨这种坏人了。恨得我咬牙切齿。'有一天，他把我叫到他跟前，很正经地和我说：'志礼，我想好了，我想找香港几个弟兄过来，蹲点在珠海找见他后，像黑社会绑人那样把他绑了，电影里一样，把他装在麻袋里，弄到一条小船上，坠一块石头，一直往香港那边去，接近深海时，直接扔他到海里头算了。'我说：'王总，咱可不能闹这个，咱们有钱没钱，就当缴了学费了，万万不敢惹出人命来。这种事你连想法也不能有，你要是真有这个想法赶紧打消，你就当四十万缴了学费了，好不好。'他吧，实际上就是气得不行，就得这样想想说说气才能消了。实际情况，是他再也没找人或派个什么人去找这个朱海滨。他是恨死这种坏人了。”

疾恶如仇，是他的本性。不过，讲他这种上当受骗，在当年就非孤立的个案。我身边就有好朋友当年去那边进电视机、还有倒录像机被那边的骗子所设圈套骗得血本无归。该谴责的是，这种粗粝的带血的原始积累，直到今天无非多换了些花样，始终在暗中伤害着我们这个社会，一提起来，一样让你气得不行。

实际上此前在珠海，还有插曲，那是他们刚来南方考察，打头阵的人中，就有王秉岐的哥哥、嫂子。说老两口来在珠海，头一趟上公交车，王秉钧的钱包便让扒手窃去，更糟的是里面有身份证，这下想离开珠海也难了。可怜的老两口，只好待在招待所里，直等得家里面将临时身份证寄过来，才悻悻然离开这“服不住水土”的珠海。

回来说钟志孟。那他是在沈太太（邱色女士）顾此失彼的情况下瞅住了空当，把人家按照合同分笔打来厦门的合作资金一大半反打在他香港公司的账上。那是近百万元人民币。“不知道他用在哪里去了?”王秉岐另有一说法是，“这小子胡折腾，全挥霍了。可他胡乱花销掉的是我们办企业的钱。”

接着王秉岐又说：“我账上一分钱也没有，我不能不和沈太太对证、沟通了。”

弄清楚了，是他私自把钱分笔打走了。对于台湾力可生总部来讲，这等于抽他们的资金，情况很严重。

王秉岐说：“沈太太每给我们打进来的钱，他就给我抽调出去一大半，弄回香港去了。他都把钱花光了。”

王秉岐脸上带着些苦笑。实际上，他到了也不知道该说老钟什么好。

这里有一个十分特别的现象，那是包括他本人在内，早先桂龙上下左右的人，就是在他们知道了那些钱是被钟志孟私自抽跑的情况下，他们也不认为老钟是个坏人，而是个好人。还有老钟的弟弟钟志刚，也是个好人。这个事情还真有点儿复杂。人性，什么是人性？这大概就是。

王秉岐被逼无奈，拿了新药证书作抵押贷款炒房子，亦和这有关系。

最气愤的，莫过于台湾岛社会精英、桃园市税务局局长沈太太（邱色女士）了。

如王秉岐说：“可把这沈太太气坏了。可是我不说又不行啊，因为这近百万的钱没了，我的账上没有钱，我人赤手空拳，也变不出这么些钱来呀。”

所以，那年大年初三，钟志孟陪着沈太太来了山西，跟着他们就要上到五台山，正逢天降大雪，沿路走，沿路下，飘飘扬扬，越下越大。

这也是去找五爷呀？看来沈太太（邱女士）还真的信佛，向着五台山进发去拜五爷、拜文殊菩萨，是不惧这天公不作美的迷漫风雪？事实亦如此。只是在她刚上到山上，惊魂未定，就赶着吃心脏病药。台湾人吃的还不是咱天津出的速效救心丸吧。复方丹参滴丸？基本是同一类东西，药味儿挺冲，亦似追风膏样气味，对他们这半车医生来说，却不算啥。

两部车，一辆丰田面包车，一辆尼桑皮卡，风雪中上山近十人，咱这边有王秉岐、张志礼、宫福存、李耀华等，台湾、香港方面有沈太太、沈太太的大胖儿子沈亦邱、钟志孟和台湾力可生公司的一位宋姓男子。

张志礼说：“久居闽南、台湾一带的青年人，还没见过北方的雪。绵绵的白雪中，那他们是扑上去，又叫又打滚，戏玩得无比开心。

“沈太太十分留意我对王俊新和王俊义的称呼。她说：‘你们怎么能直呼他们的名字呢？应该叫王大公子、王二公子，直呼其名，是不尊重的。’可见大陆和台湾的文化差异，连对人称呼也有所不同。”

6

现在，是咱志礼一行人，突然感受到钟志孟开车有那么股疯牛劲头，在从五台山下到神池以后，午饭之后返太原，他开着公司那辆尼桑皮卡，一个半小时之后，即抵达了迎泽宾馆。

张志礼说：“用飞车形容一点也不为过。我还问他：‘你在香港就这样飞车飙车吗？’”

他开这么快的快车，其主要或者是在排遣胸中的郁闷和愤怒？

对，说头一天晚上，这是吃过心脏病药、同也拜过五爷的沈太太，就在五台山上，“将钟志孟给收拾了个一塌糊涂。”王秉岐说，“那我们总算连爬带滚地滚上去了。滚上去之后，受了严重惊吓的沈太太就开始吃心脏病药。后来是在台怀镇的几个寺院里进行参拜。当夜住下，她就向钟志孟宣布：‘回去暂时停你的职。’也是越说越气，结果整整骂了钟志孟一晚上。”王秉岐喘口气又说：“这也是他做得太不对了，我以为他是征得沈太太的同意才把这钱拿回去了。谁知他谁也没通过，自己安排财务给他转香港去了。我说这个账面上的钱怎么不对了呢，后来一分钱也没了。”

也是这位桃园市税务局长，却非普通台港经商妇女，知道这事多由于自身疏于监管，亦不能将老钟怎样。再说，能怎样？又怎样？于她有多大的好处？因之她没有和老钟对簿公堂。怪也怪丈夫沈少良生前遇人不淑，将其托付下来的药医事业，弄得竹篮打水，付诸东流。

这样，时间不长，她又来了山西一趟，正式和王秉岐坐下来说：“我退出去吧，这样没意思了，弄得你这边也不好办。”

这一期合资，随之结束。

王秉岐想保住这块牌子，得想其他办法。

沈少良先生和太太作为台湾人为桂龙留下来什么？这需要思考、认知吗？那实际是一种现代商业文明的社会气息。这里第一个便是毁约，那你就要付出代价。沈太太（邱色女士）——台湾桃园市女税务局长，就那样不失风度地从桂龙这里退出去了。不是凄美，而是一种大美，也包含着那个不同的社会定位，桂龙上下则应铭记，这种退，于他们便不失于文明的、进步的阶梯。这年里人已在七旬的张志礼告诉我，山西力可生公司在厦刚一成立，沈少良先生即为他们送来制作得十分精良的真皮公文包，中层以上，每人一个，同时还送来一箱子上好的领带（领夹），发于他们。这样一些小小的改变，竟使他们这些跟来厦门的老神池家，都感觉焕然一新，公司面貌（得以在精神上）有一个大的改观。

（这次回台以后，沈少良先生突发心肌梗塞而去世。王秉岐失去了这么好的一个合作伙伴和朋友。那他对钟志孟就是知遇之恩，改变他命运的人。）

沈太太带回去的却也不全然是被劫与失望。山西和桂龙，也都给她留下深刻的印象。她对沿五台山道路两边的绿化甚感惊喜，她说在台湾就没有这样好的沿公路绿化带。另外，是生活中的一个细节，她每天会换一下耳环和耳坠子，第三日，她没戴，张志礼发现后特地关照说：“沈太，你不会是丢了耳环吧，昨天你是戴着那个大圆圈的来。”嗐，桂龙竟有如此细心之人啊，她能发展不下去嘛。这么一件琐碎事，她却和王秉岐讲了两三次。只要有细心办事的员工，他的公司会走长远。

回到前一个疑惑：在桂龙老人们的口中，这包括张志礼、李耀华、宫福存、王秉岐、王俊新、王俊义，一定程度上，认为钟志孟、还有跟着他在这儿干过一段的胞弟钟志刚是好人，除却他们对人的态度是有关怀的一面，我在采访摄连珍时，她突兀一语，更似道出来这里面的一个真谛，她说：“没有钟志孟也立不了这个业。”你看，他们这些人都还是记人恩德的。桂龙后来为什么会发展得那么好？事实上这已不止王秉岐一人，而是他们这个高层集体为其灌注有一种善意的人性化的东西。而这和我们神池的乡土亦有很深的关系。不错，企业也要铭记对它的发展有过帮助的人。

“没有钟志孟也立不了这个业。”是摄连珍女士讲他们来厦门的前提。

但接下就是转折，因钟志孟当时所做一件事，有瞒哄他们夫妻之嫌，为此摄连珍在情感上，也最是受不了。

那正是他们一到厦门即租下来的湖里区南山路上的那个三层小楼。这是他们的驻地，一层公司办公，二层他们家住，三层住员工，如志礼、老会计等都住在这里。开始租的时候便是钟志孟帮助办的，随后他们拿出三十九万元要买下来时，钟志孟却说厦门是不允许卖给外地人房子的，房子只卖给台湾、香港人。所以，他们打钱过来买这三层楼，售房合同上写的却是钟志孟的名字。

摄连珍说：“我们花了三十九万元，可合同上写的他的名字。”

纸终包不住火，因这个摄连珍老拿出那售房合同看，也老是感觉不对，他们边上有邻居就是售楼的，这摄连珍便过去试探着问人家：“你好，我想问一问，你们的房子是不是不卖给外地人呀？”

问得人家都愣了一下：“怎么能不卖给外地人呢？改革开放了，不管是谁买我们的房子，我们都欢迎。”

这她才知道了钟志孟在他们这买房子上有瞒哄。

王秉岐去上海开会了。趁此机会，摄连珍找了钟志孟在这边的一个主要管事的，小伙子姓段，祖籍山西，但人家在福建长大，这时在力可生（桂龙），除了王秉岐、钟志孟，下来就是他，如张志礼、钟志孟弟弟钟志刚，都排在他后面。

摄连珍说："小段，你去问问卖房子的，看是不是房子不卖给外地人？"

小段去去就回。实际上他知道了摄连珍要他去问情况的意思。

因为当时他们是要诚意合作的，下来摄连珍提出是不是应该就这个房子写个东西，小段也没有更多犹豫，他作为香港力可生代表，就这房子直接打下了一张三十九万元的借条。

结果王秉岐回来，知道此事后，对摄连珍就是一顿臭骂。

摄连珍也有主意，你骂就骂吧，反正事我是办了。

在王秉岐，那是因为大家刚刚合作，不希望这种亲密关系出现缝隙。

在摄连珍，这一是一，二是二，事情我做得并没有错。

为此，她又和小段说："小段，什么是什么，王秉岐骂我，这事我也得弄。"

小段亦附和她："对，对，这什么是什么，一清二楚。"

就这样，最后两边分家的时候，房子现作价顶成钱，直接划到了老钟那边，没有打一点麻烦。

王秉岐、摄连珍夫妇，在这上似有点儿唱红脸、唱白脸的意思，演了一出双簧？

摄连珍到底还是凭的那种女性的直感：你不能哄了我。

人家是这神池妇女。

后来我从张志礼的口中得知，这房子现作价，可能顶了六十万元。

他说："差不多，就是这个价。连珍很有出息，没有吃亏。"

7

当眼下，王秉岐最大的事，是保住他合资企业的牌子。

如他所说："沈太太、钟志孟退出的这个过程当中，我这个合资企业的牌子也立不住了。"

所以，他为此专程飞回太原，至少这时候还可说他真正的老巢在这边，这里毕竟朋友更多一些。也是他运气确乎不坏，刚住下后就有好友来寻，这位还有点神秘背景，公司竟然能开在迎泽公园里面，据说神秘兄有双重身份，是买卖人，也是国家安全口上的。两个人坐下来，他就向人家讲自己的情况："我这个台湾朋友把资金也撤走了，可我这个合资牌子还得往下保。看你能不能想想办法，帮我找一个外商来顶替。"

"哈哈，这你可找对人了。"

王秉岐一惊："你有啊?"

"我给你推荐一个最合适的人选。"

"是咱山西地面上的，哪一位?"

神秘兄说："黄植诚，从台湾驾美制 F－5F 战斗教练机飞来大陆起义投诚的黄植诚。"

王秉岐在病榻上讲到这时，我突然有一个意识：他搞的是山西第一家合资企业，在 1991 年即与台商合作，于国家本就有一个统战目标问题，而他又是山西改革开放搞活经济的一面旗帜，山西这边恐是不愿意让他草草收场，否则不但起不到好的示范效应，反而起反作用，包括当时为其签字的领导，都没面子。不过，我这也是一种猜测，具体实情，不得而知。

他这是巧遇呢，还是人为安排，一样，不得而知。

接下来，是神秘兄反问王秉岐："怎么样，这个人选，你满意不满意?"

王秉岐说："人家那么大的官，我怎么能认识呢?"

神秘兄说："你要同意，我来给你安排。"

1981 年 8 月 8 日，中华民国空军第五联队少校考核官黄植诚驾驶一架美制 F－5F 战斗教练机借考核新飞行员之便，前往中国福建。途中，因后座飞行学员许秋麟坚决要求回台湾，黄植诚途中令许跳伞，随后再飞往大陆，随后于福建福州机场安全降落。此事件中，黄植诚获奖金六十五万元，并于 1988 年晋升上校；后又担任大陆广东花都空军军校校长；后晋升空军少将，任北京军区空军副司令员。

还有讲明，当时黄植诚在临汾航校待着，是航校的副校长，人就在山西。虽说这从 1981 年他起义飞来祖国算起，前后已经过去了十多个年头。记着那些年我在迎泽宾馆，亦有几次见到他本人。他后来在大陆还又结了婚，妻子好像是北京人。

说也是赶巧了，他人正好在省城，当天晚上，神秘兄就安排了饭局。

黄植诚来了。王秉岐和黄植诚一见面，就感到十分投缘。

用他的话是："那他是我的绝对哥们儿。"

后来两人的交情也是比较深的。当时在饭局上，他就向黄植诚谈了自己的情况，希望尽快就能有外资进来，保住他合资企业的牌子。于是黄植诚讲了他姐姐、姐夫在台湾做生意，这他基本上能保证做通他们的工作，令其与他进行合作。事情至此，已是其乐融融的后话了。

王秉岐说："就这样，他姐姐、姐夫就投了一部分资金进来。"

老人王秉钧插言："当时外资、台资，政策上有优惠。"

王秉岐说："这个很重要啊，尤其是这个起步阶段。这个很重要。"

我也插言道："经商不容易。具体怎么操作的呢?"

王秉岐说："其实就是资金打进来过了一个账，之后我把钱又退给人家了。这属于朋友帮忙，这样一过，等于咱把合资企业这个牌子保了下来。有人问起来，桂龙有台湾人持股。"

是这么一回。有好些合资企业亦不过如此。

这也是没有办法的事儿，国家政策如此，咱总得从程序上走。

第十章　打造平台

1

到1992年年底，桂龙在全国建立了十八个办事处，形成了一个强大的营销网络。

正常来讲，那他本也就该忙于总部的建立，招兵买马。

然则，在这上面，他没费很大的心力，如他所讲："你桂龙总部在厦门，城市条件这么好，真有本领的人就愿意来。这样就是，招了几个人，运气还不错。"

他所说的几个人，都是他能用得住、能蹚开市场、独当一面的销售人才。

这里就包括从陕西招过来的一个叫金军的人，随后成了公司副总、销售总监，分管全国销售渠道的布网、开拓。

王秉岐重视人才的招募和培养，还吸引来不少媒体的关注。

如很多报章所言，厦门经济特区的确与黄土高原上的神池小县别于天壤，为打造桂龙公司的现代化形象具备了一定的条件。

今春我去忻州采访，首先去看桂龙（忻州）中恒制药厂，和出租车司机聊起来，结果人家讲他当年就搞过药品销售，往几个医院里送过桂龙咳喘宁，后来药店也推过。他说前面往医院送还好，推药店时就有了阻力，因为咱那药盒子上印的是忻州生产，"那药店老板们就不认可咱自己的东西。"

说来有趣，这位年纪和我相仿的师傅，为此找过公司在这面的负责人，要他向王秉岐反映，将药盒子上“忻州”字样去掉而印上“厦门”；王秉岐最后采纳了他的建议，“那药盒子上的地址一改，往药店里推，马上就好了。”推销桂龙咳喘宁，他钱挣得还可以，“一家人靠此生活了好几年”。

这个小插曲后来我和李耀华讲，他续评几句：“有的时候，做生意往往这样，墙里开花墙外香，本地人不想用本地的东西。过去人家讲一个笑话，说去外头买了一双鞋，回头一看，是咱宁武鞋厂生产的，就觉得挺傻。”（当年宁武鞋厂在他们那一带还有点名气，鞋的质量不错。）

是这个道理，也非这个道理。桂龙从神池到厦门，有一个大的格局上的变化。

王秉岐说：“1992 年，公司在成都公开招聘市场营销人才五十名，其中两个博士生、三个硕士生，其余都是本科毕业，这批人我派往全国二十多个省市，很快成了公司搞市场营销的中坚力量。”

> 他们当中有东北财经学院的研究生，有西南华西医科大学的研究生，也有澳大利亚归国的博士生；有医院院长，有学校校长，也有乡镇的镇长……

有道是：工秉岐抓住机遇，乘势而上，按照规范的公司运行程序，一步一步理顺内部机制，确立以市场为中心的经营策略，将原来三四名员工组成的销售科转变为管辖六十多名经过专门训练的营销骨干、市场反馈灵敏的市场部。

另外，公司注重企业文化品位的提升，高薪聘请台湾和香港的营销专家、厦门大学经济管理学院的教授每周六上午来公司传授市场营销理论，每年仅员工培训费用的开支就在五十万至八十万元。公司每年召开三至四次营销研讨会，分步推出一系列从国外引进的、适合中国国情的市场营销经营理念。

王秉岐对员工要求十分严格，如在厦门总部上班的员工，每天必须写出工作日志，每到周六上交到老总那里，他看后即批“阅”，做法多年不变，亦形成一种桂龙公司企业文化机制。

1992年年初，王秉岐便着手在太原、成都、厦门设办事处，并以此为坐标参照，辐射全国。

厦门，那原来准备的是珠海，厦门为总部，朱海滨把他骗了后，应对短时情况，只好这样。

他在厦门还开办了气管炎专科门诊，总裁助理张志礼，不但要随时出诊，负责公司的宣传企划、广告文案，还要给全国各地的来信来函作大量的回复。公司还办了《桂龙医药信息》，不定期出版，下发到各市场的经理部、办事处。该报也是公司传递信息的一个窗口，图文并茂，深受员工们欢迎。

桂龙公司从一开始就很重视与客户的信息交流。

张志礼说：“在厦门，我负责企业策划、文案策划，答复群众来信、来访、信息采集，编辑《桂龙医药信息》，一天到晚，忙得不可开交。”

王秉岐的市场扩张战略为“三个与十八个”，“三个”即太原、成都、厦门的一级办事处，带动全国；“十八个”为“变销售游击战为阵地战”，在湖北、江苏、湖南、浙江、安徽、山东、陕西等省（区、市）设立的省级办事处，它们纵横联合，大力地推动了桂龙产品的市场占有率。

1994年2月17日（农历正月初八），桂龙公司在河南郑州召开营销工作会议，王秉岐、四位副总、市场部、广告部、人事部、财务部、生产部、办公室和各地营销负责人共计五十三人，经过三天的研究、讨论，最后形成五项决议：

1. 加大开发力度，形成规模经营；
2. 坚持超常规发展速度；
3. 面对新的挑战，跻身国际循环；
4. 进一步加速公司文化建设；
5. 确立制度化、科学化、现代化的人事管理体系。

会议一结束，王秉岐便挤上北上的列车，如报章所言，“他的时间表比以前更稠密了。生产部生产计划等着他审定，中央电视台广告宣传计划待他核签，市场部开发、营销方案有待他拍板，科研进程、经费使用需要他审查，新开发南京常春茶市场仍需他牵挂，国际贸易从哪里着手，财务融资能否顺利保障公司正常运作。他有理不完的事情，想不尽的方略，大到公司的发展，小到员工的生日。”

还有非常多的困难需要他面对。

（王秉岐喜欢在厦门大学的海滩上散步，聆听大海涌来的波浪声。他多次带着张志礼等员工在此徜徉。他说，站在这里，你可以看到金门岛放的烟花。有时候他还带着大家在这儿一起泅渡。）

“国内五大经济体制改革同时推出，加大了改革力度，关贸总协定缔约国地位的恢复已是指日可待，商品竞争、企业竞争不仅来自于国内向市场经济体制过渡的经济规律调节，而且有一个更大的竞争体系已在虎视眈眈地盯着中国这个具有巨大开发潜力的市场。面对如此严峻的竞争形势，国内企业应该怎么办？桂龙公司应该怎么办？

“根据94郑州会议决议，王秉岐指示：立即创办桂龙进出口贸易公司。与其等别人走进来与我们抗衡，倒不如自己主动出击。1994年4月19日，厦门象屿保税区桂龙国际贸易有限公司正式成立，同时选聘人才工作及时完成。国际贸易公司已与美国、德国、泰国、阿根廷、印度等国家和地区的二十几家贸易公司取得了联系，并与香港华泉有限公司协作开发公司产品——桂龙咳喘宁、常春茶、美尔神、慢咽舒宁、坤泰安的香港市场。国贸公司年内预计将完成五十万至一百万美元的创汇任务。”

坐落在厦门市湖滨北路的总部办公大楼庄重典雅，公司动作井然有序，一步一个新台阶。当初，从神池向厦门转移时，仅有几十万元的家底，短短六年，公司资产已达两亿多元，年销售额突破亿元，产品系列由一个发展到十多个，市场覆盖面由两三个省发展到全国和美国、德国等十几个国家及地区。目前，桂龙公司的商标已在七十六个国家注册，新落成的桂龙制药总厂完全按照GMP标准设计，为企业进入国际大循环铺平了道路。

2

在桂龙逐步向全国整个大市场推进的同时，王秉岐又着眼于未来的发展，成立了以北京为中心的三个药物研究所，分别为桂龙北京药物研究所、桂龙山西药物研究所和桂龙西安药物研究所。此外，还成立了由著名中医专家刘渡舟教授任主任委员的专家委员会。这使桂龙不仅具有了较强的生产、销售能力，同时在产品的研究和开发上也有了相当的实力，无疑为今后的发展奠定了坚实的基础。

新产品的研制、开发，仍由李耀华负责。他是1996年10月份回到厦门总部的。此前在太原，就此工作他就没有间断过。王秉岐向来重视新产品的推出，多次和自己人讲："你市场上单打一，就不可能有更大的发展。我们必须着眼未来。"

适逢太原办事处并入忻州新厂筹建处，王秉岐对李耀华说："这你就赶快到厦门来吧。"李耀华去了厦门。

但此时，有关桂龙几种新产品的国家报批已结束，包括具有很好美容祛斑作用的常春茶，后更名为复方桃红颗粒；主要治疗少寐多梦、心烦躁扰的美尔神，该品由桂枝、白芍、牡蛎、龙骨、柴胡、半夏、五味子、竹茹、丹参、炒枣仁、炙甘草等十五味中草药所组方；具有化痰安神、交通心肾之功效，后变更为复方柴胡安神颗粒，王秉岐后来在北京搞心悦网，该药正是他手中的主打产品之一。

再一个即治疗妇女月经不调、严重痛经的坤泰安，这也是刘渡舟教授提供给他们的一个方子，他们进行了临床开发，通过了临床及药、毒理检测，拿到了国家的新药准字号生产批文。

我手中还有一篇论文《坤泰安的主要药效学研究》，署名竟六人：张金妹、孙红、高凤辉、李连达、王秉岐、李耀华，分别来自中国中医研究院西苑医院基础研究室和他的归宿单位山西神池制药厂等，从中我们不难发现，医药事业往往需要全国上下有关方面的通力配合，绝不是什么简单的、想当然之事。

坤泰安为中药复方制剂，由三棱、莪术、当归等多味活血养血中药组成，具有很好的温经、化痛、理气作用。

应该说，王秉岐抓住了机会，时在1990年，桂龙咳喘宁报批通过后不到两年，新项目即从他的案头运作到前台。一步一个脚印，扎实地向前推进。

有的是李耀华忙乎的。反正他也年轻。如他回总部不多时，就接手忙上了前面已讲清的伟哥的本土替代品：俏哥。

本产品最后上市，却不了了之。而他们这些人却费了好大的劲儿。

市场不是以人的意志为转移的，它更似一个难测的多元体，同大海一样，变幻莫测。

这几年，我凡到一地，都要到附近的药店去看看，是否架上有桂龙公司的产品，亦向营业员打问桂龙药品的销售情况。全国各地，所转十余大中小城市，多见到的，是他们的慢咽舒宁清咽润喉系列产品，保持着良好的销售势头。

这一系列产品推向市场亦近二十个年头。它与常春茶（复方桃红颗粒）、美尔神（复方柴胡安神颗粒）、坤泰安所开发的时间大体相当，但报批则有很大的不同。慢咽舒宁仅通过山西省卫生厅的审批，公司就增加了这么一个新品种，也是多年来桂龙的主打产品之一。一样是由李耀华在山西这边跑下来的。

照李耀华说，这里首先有个政策上的空隙，也即我国在1995年之前，对知识产权的管控与保护不太严格。慢咽舒宁并不是桂龙药业的独家产品，它原为天津乐仁堂生产，学名清喉利咽颗粒。在王秉岐拿到以后，感觉天津乐仁堂的药效与品名定位不准确，主要是治疗咽喉炎及慢性咽喉炎的；他们认为，它更应该针对慢性咽炎的治疗。看似差不多，这样调整一下，却拉出来一个大空当。中国社会，慢性咽炎的发病率很高，很多人长期有咽炎，嗓子不舒服。药品功用的针对定位十分重要。

李耀华说："所以我们就给它定位治疗慢性咽炎。当时仿制药品就省里面批，只要你有这个质量标准还有标准的处方、配方，怎么做的工艺，有准确的东西，就可以拿到本省来生产。对，它不是我们研制的。”

起名慢咽舒宁，也因得国家政策之利。当年，不但是西药，即使中药也允许用商品名，而非化学成分一长串，消费者根本记不住。咱中药本身就是中国人的，你拿出这个药品中国人本身认识，也记得住。正是在这一期间，他们抢先一步，注册了商品名慢咽舒宁。

这变得也很快，没多久，又有政策出台，是药品不准增加商品名了。他们这算捡了个大便宜。孔子曰：名不正，言不顺。你拿在市场上说话，好名字能起事半功倍之效。桂龙·慢咽舒宁清咽润喉系列，正是这样。当然，还有变化，是后来又要在商品名后面加注学名，这也就印成了“桂龙·慢咽舒宁清咽润喉颗粒（或胶囊或散剂颗粒剂）”，不一而足。

对，慢咽舒宁，他们开发有多种产品，不一一详说。

回来说桂龙咳喘宁。王秉岐看得也比较准，因当初只有一个剂型，就是胶囊，他说：“随着咱的产品销量越来越大，那人家其他厂家就会搞片剂也会搞颗粒，总之咱自己占不住，有人就会给你弄出来，侵占你很大一块市场。”他们就赶紧搞桂龙咳喘宁颗粒。

李耀华说：“这个也比较顺当，整个也是那一大套，药理、毒理、临床，都做完以后，卫生部批准。很快我们就拿到了桂龙咳喘宁颗粒的批准文号。”

但晚了一步是片剂。这还不是他们没抓紧，而是另外一家制药有限公司“剽窃了王秉岐的原方”，偷工减料给做了出来。

为此，进入二十一世纪以后，王秉岐还打了一场艰苦卓绝的维权官司。

3

实际是，当你的销售上了一个亿，有些好事接二连三便跟着来了。当然，还有一些以前所没有碰到的困难和问题，也需要你一一面对或解决。

这是我在研究王秉岐这一段时记下的。展开“前一句”，便包括他讲的：“你看，随着桂龙咳喘宁卖得好起来，山西省第一次评著名商标，咱桂龙的商标，赫然在目，对呀，第一次就评上了著名商标。”

这样的事，接踵而至太多了。也反映出企业在社会上的整体情况。

二十年间，王秉岐带领企业一路赶超，成为我国医药行业的著名企业。1991 年，其产品桂龙咳喘宁获得山西省科技进步一等奖；1992 年，“桂龙牌”被山西省商标局授予“山西省著名商标”，同年，国家工商局授予“明星企业称号”；1993 年，桂龙咳喘宁项目荣获“印度尼西亚雅加达中国医药卫生科技成就展览会大奖”；1994 年，桂龙咳喘宁胶囊被卫生部列为国家中药保护品种；1997 年，中国公关协会授予其“中国最佳企业形象”称号；2003 年，“桂龙牌”产品被消费者推荐为“中国市场消费产品‘无假冒、无投诉、无缺陷’调查监测”同行业十佳品牌，同年，该公司被评为“山西省民营企业质量工作先进单位”“山西省民营企业诚信纳税先进单位”；2005 年，“桂龙牌”被山西省商标局授予“山西省著名商标”；2006 年，公司被山西省科学技术厅评定为“山西省民营科技”企业。2005 年—2007 年，公司连续被中国产品质量协会评定为“质量信誉 AAA 等级”企业；2007 年，公司被中国非处方药物协会评为“中国重点医药生产企业非处方药统计排名第 17 名”；2007 年 11 月，公司被中国全国工商业联合会评为“第六届中国成长百强企业第 56 位”。

这期间，王秉岐荣获了中国卫生部授予的“医学科普楷模，万众健康使者”称号。

其中与公司利益联系紧密的一项：“1994 年，桂龙咳喘宁胶囊被卫生部列为国家中药保护品种。”照李耀华的解释是：“起初新药只有一个五年的保护期，一过五年，新药处方和制备做法都公开了，其他厂家就可以仿制。时在1995年，国家又出台了一部《中药保护条例》，是国务院发的文，至此，新药你只要按期保护了，别的厂家就不能仿制，一期保护七年，到期后还可以申报第二期，国家批复了，又是一个七年保护，你的新药，实有十四年时间为你独家生产。

“我当时在山西，抓桂龙咳喘宁和慢咽舒宁的保护申报，就是一项很重要的工作。

“慢咽舒宁，那时我们保护，天津乐仁堂也进行了保护。”

王秉岐本来在这上面意识就比较超前，早早着手进行了申报，也得到了国家的批复（两期都是）；开发其他剂型同样捷足先登，迅速往前赶，可如前所说，一种所谓的桂龙咳喘宁（片剂），还是由另外一家制药有限公司给弄出来，对桂龙公司的本药市场形成了很大的冲击；之后，武汉一家药企也生产出来；后来一数，全国竟然有五家药厂在仿制桂龙咳喘宁。

因此，王秉岐不但与这些企业打官司，甚至和国家打官司，这对他和自己的企业都影响甚大，特别是在他心理层面上形成的压力，似乎一直也无法消弭。他最终售让桂龙集团公司，这本也是诱因。他认为，俊新、俊义、连珍、红梅他们，在自己走后，恐是难以抵御这样强大的社会风险。市场本就是陷阱最多的地方之一。

他最早与人对簿公堂，就在1994年至1995年期间。他和朔州一家制药厂合作，由他们为他加工生产桂龙咳喘宁，也即当时他在山西所签下协约的四家药厂之一。但朔州这家药厂违背合同，“擅自制售伪劣桂龙药品，使桂龙公司蒙受了两千多万元的直接经济损失，同时还失掉了一大批客户。”后来，有媒体多少有些夸大地报道：“几乎使桂龙公司掉入万丈深渊。王秉岐为此心力憔悴，体重掉到了七十多斤。”

关键是这场官司，他并未打成个什么样子。倒是“他（深深地）领教了内地一些执法人员无视法律、践踏法律、官僚主义积重难返给企业造成的极大被动。”

而言最后的结果，却是“他毫不留情地辞掉了管理层内部的一个个‘蛀虫’，包括自己的亲友”（这也是我们要展开的话题）。

另一场仍能被大家记起的官司，那又是他和自己所聘的销售副总经理金军对簿公堂。

前后情况，张志礼大致清楚。志礼与人谈话有个好习惯，首先肯定别人做出的成绩，讲别人的长处。

“这个金军是很有商业头脑的，公司的销售额，在他接手的第一年，倒由一千多万做到了两千多万，跟着两年又是打着跟斗往上翻，销售业绩十分显著。

“金军好像是东北人，西安大学的研究生，桂龙由他做总销售，他除在西南组有销售经理部，另外东北、华北、华东、华南都有人。”

那时他们的针对市场主要是全国各医院。桂龙咳喘宁做门店销售，也即开发 TOC（非处方药），则是过后到了 1996 年的事。

“销售势头节节高攀，秉岐也高兴得很。销售提留有政策，其中如金军这些人，实际上得了不少好处，挣了不少的钱。我们这些在后台工作的，还眼红得人家厉害呢。

“兑现奖励这上面，并非后来人们传的那样，是王秉岐亏欠了大家。不，王秉岐还是说话算数的，他给他们都有兑现。问题还是出在对方，是这些人认为公司离不开他们了，所以他们向公司索要更多的钱，王秉岐不越这个界，坚守他的政策底线，结果造成金军等人对工作的消极、敷衍，后来金军干脆发展为脚踩两只船——到东北去给别家打市场去了。还有一点，这也是秉岐不能容忍的，他拿了桂龙的销售款去干外面的买卖，好像就是吉林敖东的一个产品，这你明显就是吃里扒外嘛。

“不是王秉岐好斗，不容人，搁在我们身上，这样的人与事，也一样不能忍。”

那官司打得怎么样呢？

实际又一个不了了之。对方所携桂龙款项，还有一个十五万元的销售款最后未能追回来。

他自己的权限？对呀，那无非是将其炒鱿鱼，还惹得自己一肚子的火气，恼也恼死人了，可就是消停不下来。

至于说愤然将其送上法庭，更多表明，还是王秉岐的一种决绝态度。

这也是社会意义上的。做公司，首先说有法律和制度上的保障，你是在这样一个总体框架下构建你的理想事业的。因之，你必须相信，我们置身的是一个现代契约型社会。

当然，这里也有一个里外人之别。

相反的例子，那是后来宫福存离开。他当时到京拿的是王秉岐的广告款（比金军处未追回的那笔大两三倍），就那样离开了桂龙。

也道山不转水转，是宫福存现在服务于钟志孟的中远威药业，人多待在北京。

据李耀华讲，当年宫福存一离开桂龙，人就跟了钟志孟。

“钟志孟本身制药在咱山西太谷，北京有个民政部门下设的残疾人厂，叫非凡制药，中远威托管了，需要管理人才，钟志孟派去八个人，就有宫福存。”

4

我说：“医院的销售开发，肯定有很多事情吧？”

王秉岐说：“那时候医院还没赖到后来那种逢药必吃你的地步，开发实际并不太困难。到1991年冬天，我们就把武汉市几家大医院的门都敲开了。接下去，成了有步骤的跟进，一个城市一个城市的。我们的每个城市，都有一个药市审查委员会，这些委员都来自本城市有影响的大医院，比方太原，那是由山大一院、山大二院、山大三院、省中医研究所（省中医院）的主任们组成，你的药要进入医院，必须有委员会的审查通过才可以。

“我们的人走出去，很快就把这个摸清了。跟着，我们就公关要开发城市的药市委员会。那时候他们的胃口也不大，你象征性地送个小礼品就可以了。当时他们本身对药品还是负责任的。

“想吧，从1990年下半年开始，到第二年几家大医院的门为我们打开，这期间我们在武汉市的销售就做到了五百万，很厉害，而且大夫开药，只是觉得桂龙咳喘宁好，这是真正治疗咳喘的良药，又能预防感冒，效果奇佳。”

“持续、发展了一段时间，接着有了一个大的变化？”

“正是。到1994年，我逐步感觉到不行了。医院要钱要得越来越多（药品开单提成），他和你分钱，先开始是一盒抽几毛钱，这样弄开了。我觉得这个味道完全变了。本来我们企业里都会安排公关市场费用，也叫公共关系费用，凭着互相的感情，买个小礼品啊，或者吃一吃饭呀，这是正常的，一种人与人感情上的交流。我们业务处管这些业务，我看见这费用不断放大，变成了回扣和提成。”

“所以，1996年，你决定退出医院的药品供应？”

“那已经不是一盒药几毛钱几毛钱的事了。它已经上升到连医生带医院带药房一个拿提成链条，就是你的药想进去，像过去那样仅搞定一个药房主任已经完全不可能了。这里变成了层层有提留，层层要通关，赤裸裸的，进多少钱的药，你给我分多少，全要在药里见，剥你的皮，抽你的筋，性质大变，本身就是犯罪，我坚决不干了。

“你给我多少钱我也不赚了。我不走你这个路子总可以吧。我一刀砍下去，把全国各医院的销售全掐掉了。”

“具体下来，提成的百分比大概有多高？”

王秉岐说：“它占了你很大的成本，百分之二十五到三十之间，这是个血盆大口。

“这我也没利润了。你的药就是提价，也跟不上他们一天比一天撑大的胃口。药品提价是按比例提的，你怎么能满足了他们？就是把你的利润全部吃掉也不够，除非你以次充好，极大地削减你的制药成本。影响药品品质和疗效的事，这我当然不可能做。我必须保证我药的品质是最好的。”

“从此桂龙就走了OTC（药店销售）模式，花钱打广告，让老百姓知道你的药，自己去药店选购好了。”

“我们走医院是五千万左右的规模。市场部有他们个道理，是利润低，或者说没有利润、有规模也算。

“我说：‘我昧上良心犯罪去做规模啊？小伙子们，这个事情上不要劝我，这是没有商量余地的。’我斩钉截铁，马上开营销会，一刀砍下，斩断了给医院回扣的链条。

“我们市场部经理哭啊哭的。他们不容易，前期做过铺垫，我也理解，但是我心横下来了，由不得他们。

“我说：‘你怎么哭也不行，我是不做这个事情了。这个昧良心事情我们不能做。我们挣光明正大的钱，走药店，这是一块净土。人来得磊落，去得光明，我们不赚这黑心钱，拿这黑心钱等于赚病人的钱，早晚你也不得安宁。我们的药品是为病人服务的，为什么要坑害上他们、喂肥医院里那一些贪婪的人呢？’

“医院腐败，那是明目张胆的。我必须退出，再艰苦我也下决心退出。

“我一下把给医院送药送回扣的门全关了。你医院来进货，我说对不起，我不做你，你给钱我也不干。我不是舍不得给你，我是不应该给你，我怕我担不起这个责任。你这已经变成销售过程当中的一种黑幕交易，再不是那种正常、健康的市场行为了。

“我不犯罪，不和他们同流合污，沆瀣一气。

“但是，整个就是从那时候开始把药价哄抬起来的。医院一步比一步脱轨，完全变成了腐败的滋生地。

“他们就靠这发财，发病人的财，哪还有什么医者父母心啊？

“令你痛心疾首。

“我们离开医院销售也牵扯到这里，实际上是整个土壤坏了。

“你搞药店销售，我也读到过一些文字，好像要比医院复杂得多。‘首先是药品越来越多，经销商越来越多，每个经销商手中都有多个产品在销，难以形成对某个品牌的忠诚度。其次是药店作为零售渠道，看重的是产品的利润率而不是质量。最后是个别厂商为了降低成本，在药品中只保证国家必检的主要成分的质量，次要成分经常偷工减料。’等等。

“我的理念是不但企业赚钱，经销商也要赚钱。企业的利益是分享的过程，几块利益都要兼顾到，合力营销主要是指渠道和厂家的合力。”

> 以往药企与批发渠道都是谈判的关系，谁强势一点谁就得利多一点，由于各渠道进价不同，造成药品标价各地不一，损害了消费者利益。王秉岐希望桂龙能与渠道建立“真正的战略合作”，“必须抱着把事业做大的心理，才能把蛋糕做大。那种‘我拿的越多越好，你拿的越少越好’的思维惯性，对做大事业是不利的”。

“做OTC，涉及媒体策略、销售网络的建立，首先是经销商的选择，起码得选两级。所以这个网络的建立是很艰苦的，一家一家谈，我和他们说：‘你应得的利益，我们都给你，但是你必须保证我的预付款，我保证你的货源供应。’摸索出来这样一个体系。这一转向，资金上也不用打麻烦了。前头，你向医院销售，那销售款，还不好要吧。比如说，一家大医院欠你个五百万，你能要来二百万，那三百万他就欠着，但你的银行贷款全是增加成本的。我算过这个账，怎么都算不过来，损兵折将，赔了夫人又折兵，做的是什么生意？不干。”

看来是生意经、道德经都不能做医院。

“除了退出医院的销售，你是不是还有一次更大的销售改革？”

“是，当时我们梳理渠道，这个渠道多也并不是好事，所以我把一级经销商大大地压缩了。压缩了以后，我们最后剩下的一级经销商，就是各省一家，有的省还没有，把原来销售规模小的列为二级、三级，你只能从一级经销商那里拿货。那么一级对我们来说，我们要求它必须是预付款，我给你足够的让利，但是你必须是预付款。不存在先发货后来款的问题。所以我们一成功，我的资金就全部活了。从这开始我们就从来没有缺过钱，都是全额的预收款。”

“和咱们的产品好也有很大的关系。”

“和我们的产品有关系，和我们的决断也有关系。我们在这个问题上是当仁不让的，我可以和你谈一次、两次、三次，但是我不会让步。有的经销商我们认为他很好，但是他接受不了我们的条件，晚了一两年又进来的，是他自己后悔了。我们形势太乐观了，他迟早返回来找你。说到底，因为你的销售体系健康，市场的主动权还是在我们的手里，况且，我们要花一大笔钱来做广告，也是推动市场的原动力。”

为了让蛋糕变大，王秉岐将桂龙药业遍布全国的九百多家经销商，缩减为十一家一级经销商。这样，一年三四个亿的销售额，平均给每个经销商，就能有五六千万。经销商开始重视与桂龙的合作，双方的互动逐渐正规，桂龙强调的价格管控逐渐实现，有了全国统一定价，有了桂龙对销售强力的广告支持，经销商手里的货不愁卖，桂龙的资金链也渐呈良性。

5

“咳不容缓，请用桂龙……”

“国家级中药保护品种展示：桂龙咳喘宁。”

李咏就做的是这个广告。

王秉岐说：“媒体这一块儿很复杂。第一就是媒体的定位，本身就是使用媒体的时候，你是使用中央媒体还是地方媒体？地方媒体只对地方拉动有关系，影响不了全国；全国媒体就是打得比较散一点，辐射的面宽，尤其是树立品牌的阶段，中央媒体是不可或缺的，它分量重。”

“但它的价位高呀。”

“高得多。”

“咱们的广告费用大概每年逐步投资是个什么情况？”

“广告费用根据销售情况是个四五千万，一直到高的时候差不多接近一个亿，当时我们的销售是五个亿，广告费用占我们成本的20%，不超过

25%，市场费用一般来说也得20%～25%，一半就出去了。生产成本大概在15%～16%，办公加上员工的费用也要15%～20%。”

“所以说，医药行业也不是暴利。”

“赚暴利的都不是好企业。”

“因为国家还有税收呢。”

“这就是企业所得税没交。我刚才说的是毛利，下来还有25%的所得税，不过我们有优惠。我在山西享受完以后，到了安徽我又享受上了。所以，有时候有一些技巧。我把税收交到安徽这边，山西那边的政策我也享受不了了，你想给我也给不了了。”

下来我们看一看他的“第三资产论”。

在厦门，桂龙公司的掌门人王秉岐通过几年的实践和思考，逐步形成了独一无二的“第三资产论”。他把企业的固定资产称作第一资产，流动资产称为第二资产，把由市场需求而形成的顾客资源称作第三资产。他认为，在现代市场环境下，不管你的固定资产、流动资产有多大多雄厚，如果它们二者的组合和运动不能构成或产生出适应、满足顾客需求的要素，那么你这个企业就丝毫没有存在的必要，而且第一资产和第二资产累加值越大，企业的包袱就越重，效益就越低，处境就可能越惨。在中外经济史上，拥有雄厚的第一、第二资产却因为顾客资源稀缺而终于不得不关门大吉的企业不在少数。相反，仅靠几平方米场地、几千元自筹资金却终于占领了大片的市场份额，积聚了巨额的第三资产，最终成为本国甚至世界范围的知名企业者，并不罕见。因此，第三资产是决定企业生死攸关的特殊资产，它对于企业来说要远远重要于第一、第二资产，它决定着效益是进入良性循环圈还是卷入恶性循性圈。第三资产是个变量，它区别于第一、第二资产的最大特点是可持续性差、变化性强，这就要求企业必须时时处处紧紧跟踪顾客的需求，不断满足顾客的需求，从始至终贯穿顾客导向的服务原则。第三资产的提法在经济学界好像还没有听过，那么王秉岐提出的这一概念如果在理论上被确认的话，那将是王秉岐继发明“桂龙咳喘宁”造福于全社会全人类之后的又一对中国企业界、对经济学界、对整个国民经济发展的重大贡献。

基于对第三资产的深刻认识，王秉岐几年来始终把“顾客导向”的口号叫得响响的。您可以在打开一瓶“桂龙咳喘宁”之后，就享受到桂龙公司独特的服务，这里面含有三张卡片，一张是英文对照的药品说明书，这是一般药品共有的。另两份就是桂龙公司的独创，一份是服用桂龙咳喘宁的“特别提醒”，另一份叫“桂龙顾客追踪服务卡”，上面有王秉岐写给患者的一封信，内容为：从您服用桂龙咳喘宁那一刻起，我们便对您的康复负有神圣的责任。为了更好地为您的健康服务，我们热切希望听到您对产品品质、服务质量的意见和建议，请您花时费神，填写本卡寄给我们。我们将利用医生专家库为您及时提供呼吸病咨询服务，邮送产品资料并有机会获赠精美礼品。这样的“桂龙顾客追踪服务卡”，不是做做样子让人们看的，总部市场部专门有一个处理服务卡的计算机系统，患者在服务卡中反映的具有个性的特殊的病例由专家给答复（张志礼开始就干这个），非常特殊的病例，则由总经理王秉岐牵头组织专家组共同探讨解决，回信率达百分之百。

1997 年的一天，浙江省丽水县的一位顾客将电话打到王秉岐的办公室，反映说，他父亲多年身患哮喘病，服用桂龙咳喘宁之后效果不很明显。王秉岐耐心地询问他父亲口渴不口渴，舌头的颜色怎么样，大便干不干，晚上小便多不多，身体胖不胖。这位小伙说，除了知道他父亲胖之外，别的情况他说不出来。半小时之后，他又打来电话，告诉王秉岐说，老父亲说他口渴、大便偏干、小便正常。根据这些迹象，王秉岐判断患者体内热象偏重，据此提出服药建议，找一点雪梨，加白糖熬成水，送服桂龙咳喘宁。几天以后，小伙子又打来电话，十分感谢桂龙公司周到细致的售后服务，他父亲按此办法服药后效果很好。

江西兴国县一钟姓老赤卫队员，患哮喘病多年，久卧病床，其妻借钱买了三瓶桂龙咳喘宁，药还没有吃完，老钟病情显著好转。为了巩固疗效，他女儿在实在无钱再买药品的情况下向桂龙公司发了一封求药信。收到来信，王秉岐当即免费寄送了十瓶桂龙咳喘宁。

像这样郑重对待顾客售后服务的事例在桂龙十多年的发展史上几乎可以举出千千万万。

这也是他搭建全国销售平台很重要的一面。

第十一章　和自己人作斗争

1

正是在这一过程中，王秉岐发现，他另有很大一部分精力，消耗在和自己人作斗争上。

> 王秉岐一路奔波，太原、忻州、朔州、神池、偏关，一口气解决了财务部新增贷款问题，朔州厂生产改造问题，神池厂管理配套、调整问题，偏关厂投产运行问题。王秉岐做事向来雷厉风行，说一不二，不留情面。神池厂用人制度不严格，管理混乱，任人唯亲，给厂部造成极坏影响。王秉岐听到这一消息后，星夜赶回。查清事实后，勒令全体厂部负责人自己清退，一刀切下，不允许任何人在中间说情，一次共辞退十五人。有人说王秉岐事做大了，有钱了，不讲情面了。

王秉岐说："桂龙能发展到今天，凭的就是一股为事业的拼劲，可是从建厂至今，不知有多少与此类似的'坛坛罐罐''绳索绞扣'，想套在我和企业的脖子上。这种传统的、封建的家族影响，狭隘的社会环境势力，无时不在影响和制约着企业的发展。

"与封建落后势力作斗争胜利一次，公司就会向前推进一步。

"封建落后势力在企业内部同样存在。所以，与旧势力作斗争，不仅过去斗，现在斗，将来还要斗。不斗，桂龙公司不可能从神池走到太原，从太原走到厦门。不斗，促进事业发展的新思想、新观念就不会产生。”

这都是他那几年的切身体会及思考。

而在接受我的采访中，他对自己人——神池、忻州老乡，包括别的一些地方的山西人，批评得是很厉害的。

“咱带来厦门的人，本应该是来工作、来做事的，这个目的是很清晰的。可是大多数人跟上来了没有了目的，好像厦门来了就行了，啥也有了，啥也不用发愁了，一旦事情超出他们的打算和料想，他倒怨怪上你了，你带他们出来，反倒成了你的不是。”

“看来咱这自己人也不好带啊。”

“过去说本乡本土的，咱神池人、忻州人、山西人听话，好带。可来了之后的实际情况，恰恰相反：咱自己人最不好带。不说其他啊，讲最低限度，那是你只要按照公司的规章制度办事，要求他们，这他和你的矛盾就来了。他们认为，你制定这些规章制度，就是专门对付他们、克扣他们的。对内对外，包括对家人，只要你在公司，那我肯定是一视同仁的，这里没有二话，我就和他们说：‘你也给咱们模范地执行执行呀。’不行，你可是得罪下人家了。”

病榻上的王秉岐喘了口气：“神池人更不好带，不规矩，毛手毛脚的。初出茅庐的时候还可以，后来他们大多走偏了。现在，他们也都五六十岁的人了，多数几乎一辈子什么也没做成。后来他们也不在我这里了，折腾得东一下，西一下，实际是自己把自己耽搁了。有几个现在和我说：‘可是不听你的话，弄坏了，也晚了。’后悔也没用了。”

我强调说：“跟上你他们总还是增长了财富。”

他说：“财富他们也没多弄，没赚上个钱。”

“一开始对他们也寄予一定希望吧。”

“那当然，可是希望把他们带好来。带不住，自身的原因，与素质有关系，那个境界到一定程度就上不去了，看问题找不到共同点，老在低处。”

“改造不过来？”

“土气、俗气，登不了大雅之堂，怎么改造？可难改了。”

观念不行，意识不行，思想境界和文化素养上都和现代化企业的要求有距离，这也是他想表达的。

我说：“我姐姐姐夫是卖汽车的，我弟弟曾在他们公司当部门经理，我看他也那样，一方面没什么文化，另一方面销售能力挺不错。他就是，凡他们出台一个制度，他就首先和你顶着干，直接在会上就站起来了，你能说他啥，作为员工和老板看问题角度不同？这也是咱山里人，甚至是咱山西人的生命特性？”

“那时候，我在太原待了两年，接触了很多山西人，我有时候就开玩笑说：‘怎么感觉都上不了层次呢？’后来我来了厦门，是人家外人也有反映，说：‘过去你们山西人老实、本分、厚道，现在怎么不老实、不本分、不厚道了。’

“当然，也不能一概而论，就咱神池人，特殊有那么三几个，早先还是为桂龙做了不少事情的，有的跟了我多年，也还是比较得力的。你有机会也可以采访他们，好些事他们都参与，知道的不少。”

> 乔家大院的孙茂才，由穷酸到落魄至乞丐，后投奔乔家，为乔家的生意立下汗马功劳，享有一定地位。因私欲被赶出乔家。后来，孙茂才又想投奔对手钱家，钱家对孙茂才说了一句：不是你成就了乔家的生意，而是乔家的生意成就了你。最终孙茂才再次陷入落魄，悟道：不要问别人能给你什么，而要问你能为别人做什么。没有别人的平台，哪有你发挥才能的舞台。共赢才会大成。忠诚是最大的资本。

这是郭新民近日给我发来的一条私信。他每日做晨课，写一条人生感悟。

王秉岐，也有雅言。

> 人的智商并没有太大差别，让人的成就和生活质量产生天壤

之别的，根本在于思维方式的不同。每个人都渴望成功，每个人都希望过上更舒适、更富有的生活，但事实上并非每个人都能如愿。能够实现愿望的人，不一定比你付出更多的汗水，但一定比你付出更多思考，更有准备，更勇于行动，而非患得患失，愚顽消极。

2

这也就想起张志礼给我讲的电视台记者高闻老兄。他去厦门找王秉岐打工，其实际身份是咱忻州电视台的副总编辑，是咱地方上有头有脸的文化人物。早年毕业于山西大学新闻系，王秉岐正儿八经的山大校友，尤其原来在咱这边和王秉岐、张志礼等人就熟悉，至少也能说是面子上的朋友。

张志礼说："高闻是咱保德人，来了厦门就和我住了一个宿舍，湖滨南山路公寓，王秉岐买的房子，空出来正好我们住。

"初初感觉高闻还是有两下子的。像他自己说的，中央电视台认识很多人，自己多会写文章，发在多少国家大报上，《人民日报》《光明日报》，净往大的说。

"他这么大本事人，可一个做药卖药的桂龙公司服侍不下去。不说你写的文章假大空，好歹你给咱写出来，哪怕是我给你登在《桂龙医药报》上，这我就是主编，上哪个稿子都由我。结果，人家去了两个来月，每天翻阅公司的资料，一篇东西（哪怕是个草稿呢）也没人见过。

"这你也不用问他，那他会给你说理由，回宿舍里说，这班上也找到你跟前说。

"我原先对俗话'脚大怨骨拐'还不很理解，哎呀，这下我可是明白了，一堆的客观原因。他先是跟我说家的原因，桂龙公司办公是每个人一格一格的办公桌，而他在电视台的办公室家大，写稿子能自由走动，有一个大的活动空间。再一个是灯光的原因，他很不习惯这楼层里全是日光灯，窗帘还拉着的，'都是这种灯、这种光，我看到这种灯、这种光过敏厉害，难受得不行。’又说：‘咱在北方伺候惯共产党了，行动多自由，来咱公司一个多月了，每天坐在这格格里，一动不能动，看资料我看得就瞌睡得不行。’还在那格格里头，高闻到了中午，也不能回宿舍，就大办公室里，把报纸往地上一铺，躺上去倒睡下了。

“最后他说：‘来一个多月了不给我发工资。’

我说：‘你不好好写点文章，咱们每天弄《桂龙医药报》，你写好了，我给你出在报纸里总行。你一天天熟悉这里了，这里是公司行为，不认你老乡、总编辑这些，你不出活儿，等于一个人白吃饭了，人家还不养你吧。’

“我有一次耐不住了，见了秉岐替他说话，我说：‘王总，你给高闻发上两个生活费吧。’

‘不能，怎么给他发？他原先说他这也能做，那也能做，现在一个多月了，八字没见一撇，我不能给他。’

“没有给他。这是他过去后四十来天的事。高闻闺女在上海，他只好打电话问闺女要了些钱。

“桂龙公司上班免费供应午餐和晚餐，但早饭你得自己管，一般我下楼底吃或在宿舍里弄点。我有一个小电饭锅，每煮方便面、煮挂面，我就多煮一点，给他弄一碗，都是出门在外的人，又是老乡，两个人住一个家，又都是搞文字的，多少有个照顾，总不一样。

“我说：‘高闻，你来这里不同于你侍候电视台，上了班喝喝茶、翻翻报，能应付就应付过去了，你得做出贡献来呢，老板要看你的工作绩效，你没有工作绩效，别想拿工资，老板是不会白给你拿钱的。每一个人，他都会算你的效益，你的贡献，看到兔子才放鹰。’

“可又过了一个多星期，他来也五十天了，还是不听我的话，什么稿子也没写出来。

“他说：‘志礼，我没钱了，你跟王总关系那么好，说一下，让他给我发上两个生活费。’

“我又耐不住了，当天下班走，我坐王总的车，王总开车，我坐副驾上，我建议说：‘王总，给上高闻两个钱吧，就当救济讨吃子了。他来了

花得没钱了，生活费也没了，哭了两三次了，和我数念的。'

"'我又不是民政局，你不要再跟我说这个，他哪里来哪里去。是他自己的原话，能对公司做贡献，《光明日报》《人民日报》都能发文章，我就当给公司做广告了，可到今天一个字也没有见。他刚来和我打的保证，他没有贡献，就哪来哪去，是他自己说的。你看他发上一篇稿子，我给他不？'

"结果还没有给。又过了半个月，我回山西呀，我交代他说：'高闻，电饭锅给了你了，方便面、挂面给你了，人家地委组织部叫我到地区妇幼保健院当院长，我走呀，你好自为之吧。'

"大约又停了半年多，高闻也从厦门回来了。一天在忻州街上两人碰见了，我说：'高闻，最后给你工资了没有？'

"他说：'给了，勉强地给了些。'

"不知道给了多少，高闻也没有说。现在高闻退休了，也不知道现在在哪儿。"

这是高闻在王秉岐手下打工的故事。"一个在公家单位耍嘴头子的，想在王秉岐那里被高薪聘请拿待遇，天方夜谭。老板的钱是从哪来的？"不过，在张志礼的讲述之外，王秉岐还向新民他们提起过这个人来。秉岐主要是碍于老乡情面没办法撵他走，他根本不适合在桂龙工作，甚至还有其他隐情，这里不详说。

这下来，张志礼又说起王秉岐精于算账，有特殊好的商业头脑。

"王秉岐这个人不但有个性、有主见、有步骤、有研究，公司制度谁也不能破坏，大家必须按时上下班，中午不能回。他还有一个特别大的本领，是相当会算账。你看啊，这一瓶桂龙咳喘宁胶囊（后来我们到了厦门他还为我多算过），究竟算到几块，十一块一毛五分零儿，精确到厘，就是这个药品的成本有多少，电力消耗有多少，工人工资有多少，税收有多少，包装费有多少，广告费、推广费都算在成本里头，算得清清楚楚，毫厘不差。这样的话，他就有一个可操作空间，比如一瓶咳喘宁我卖十八块钱，那六块几毛钱里可操作市场营销，营销员推销拿多少，部门经理拿多少，都给你分下点子，包括药品售出后提成也一样，是在保成本的基础上，提多少你要有理由，必须精确，而且要求特别严格，不但整个公司上下思想统一，夫人、儿子也必须跟上思路，保持步调协调一致。”

看来高闻副总编辑挣不了桂龙的钱，是可以想象的。

也有相反的例子。张志礼说：“秉岐家里的保险柜有半个大衣柜大、半人高，里头都是放的现金，应急之需。保险柜的钥匙是连珍掌管的，密码就他两口子知道，儿子、女儿也不晓得。

“有一次电视台的记者去拍片子我正好在场，因他们前一天刚给桂龙发了报道，是有偿的，他们一来，秉岐就吩咐连珍：‘去拿三千块钱。’一阵儿连珍倒从楼上取下来，给了他们。这些上面，秉岐做事又很大气，不欠人情。

“前些年有朋友请我讲企业的现代化管理，我就给他们讲桂龙，讲王秉岐。那他完全是西方经营哲学理念，按成本核算，唯有见到效益、见到利益才算数；他不会无的放矢，估计呀，约莫呀，凭感情办事；人家自己就说：‘桂龙公司没有亲情可讲，制度第一，原则第一。’自己的儿子，业绩做不上去，一样踢出公司。王秉岐本人，那是走在哪里也争第一，质量第一，声誉第一，信誉第一，他的桂龙江山就是这么打下来的。你们知道，桂龙的广告是做得最好的，我跟他到了上海，电视台、报社都在抢桂龙的广告，每天排队请王总吃饭这。他不喜欢在外面应酬，但没有办法，只能少喝两杯了。”

3

摄二焕，摄连珍亲弟弟，在厦门王秉岐的悼念仪式上相识，随后还一起吃过两次饭，讲好了回来山西有机会采访他。二焕精干，偏瘦，就显年轻，说话温和，看上去彬彬有礼，虽不能说像他姐夫那种机灵的北人南相，却也不怎么像咱北方粗粝汉子。

李耀华说：“二焕也是做了两段。1990 年开始搞销售，当石家庄办事处经理，负责河北一个省。1992 年，公司面向全国招了一批人后，王总感到咱领的子弟兵思维不行。二焕回去后，在药厂管物料供应。忻州厂起来以后，他也主要负责原料，包括材料的供应。”

王秉岐处理内部人员，首先在自家人身上动刀子，二焕“躺枪”最早。

二焕两次被姐夫除名，不止张志礼、李耀华曾讲，郭新民和他的老丈人也曾讲。

王秉岐在盛怒之下，还真就有那么股六亲不认的劲头。

张志礼说：“那你也劝不住他，谁也没用。老婆摄连珍在一边也不敢吱声。”

大家多记一回，是说在神池县的药厂二焕收下四吨风化煤，说成收了八吨一级煤，王秉岐查实下来，找张志礼说：“你给我马上写个辞退书，把摄二焕开除出去。”

志礼说：“这可是你亲小舅子、连珍亲兄弟，教育教育就行了。”

王秉岐把他也骂了：“你是要和他同流合污？”

志礼不再言，边上摄连珍也静悄悄的。

王秉岐火头子上来，谁劝也不管用。过段时间，待他看开一些，再做工作。像姐夫、小舅子这样，他也不可能完全做到铁面无私，总不能让连珍心里一直不好过吧。再大家给他台阶，那他还是把二焕要了回来。

恼得他是后来又反复过一次。不过这次二焕不是因收风化煤，而是犯了其他纪律，还有被别人“恶搞”之嫌。

反反复复，在外人看，有点喜剧色彩。现实却要付出代价：他恼；二焕失意甚至失望；连珍夹在中间，多哭鼻子抹眼泪吧。

在桂龙，俊新也两次让老子给清出总部。父子间的过节，都不愿意深提，彼此皆受伤。他两个的性格，太难往一起扭了（不好拧成一股绳）。其实俊新个性倔强，和他父亲一样，这是犟起来九头牛都拉不住的。正是这种硬碰硬、火星撞地球，常常使得父子俩的关系紧张，搞得更僵化时，甚至父子在街上（包括在公司内部）擦肩而过，竟互相不理，形同路人。这也使得摄连珍常陷在他们父子间剑拔弩张的关系当中，来回做协调工作。也靠了她“左右逢源”的周旋，他们父子间才没有把感情搞砸，人父人子，还是根本。

老二俊义就不一样了。当然俊义也听话得多，是乖孩子。这和哥哥大相径庭。

张志礼说："俊新也是一心想闹好企业吧，可是父子的观念不同，认识上各有偏差，没人能把他们的屁股放到一条板凳上。有一次，在家说着公司的事，一来一往，几句顶了牛，倒吵了起来。这还正吃着饭吧，秉岐一火大，俊新放下碗筷，就让气上走了。按理说，俊新是大小子，长子，以后要接你的班、当桂龙的掌舵人的，应该爱惜，逐渐培养，让他有个主人翁意识，但是秉岐这当爹的批评起来，丝毫不留情面，就不知道对孩子的伤害有多大。

"当然俊新也有问题，他是处处不听他爸的话。他爸让他找对象，不找；他爸叫他给公司办个什么事情，老是完不成任务，拖拖拉拉的。后来俊新岁数也大了，人又喜好往外跑，结交外面的朋友，这他爸更看不惯，常把俊新新交的朋友当小流氓，还气得直骂。俊新是不作声地顶他爸爸，有时把他爸顶得还慌得不行。他妈，他有时候也顶，好在连珍亲近他。就是这父子关系，常弄不顺当。

"二小子俊义会在父母亲身边做人。二小子从来不提反对意见，爸爸说什么就是什么，所以秉岐喜欢二小子。二小子的女人也是西安大学毕业的，特殊聪明，非常会来事，精明得很。我们几个私下爱念叨：'他家未来掌权的也就二媳妇了。'"

俊新两度被老爸撵出总部，好歹比二焕舅舅体面。

一次，那是因为俊新在他爸跟前不断为金军说好话。这时老子要和金军对簿公堂，必定炒他的鱿鱼，你这个当儿子的，却不停地向老爸讲金军有本事、有能力，公司应该留住他才对，你这不是明明白白地胳膊肘往外拐嘛！你要留金军，好，我把你也撵出公司去，真是气煞个人了。

正是从那个时候，王秉岐发现，如金军这样的职业经理人，在较强的业务能力之外，还有一个"大本事"，就是他们会钻到你的家庭内部来设置障碍，挑起纠纷。他们中有一任总经理甚至洋洋得意地说："只有他们董事会内部不断起摩擦，我们这些职业经理人，才能在公司更好地站稳脚跟。"大意如此吧。

一次，那是俊新在经营思想上和父亲产生了严重分歧。他认为，桂龙公司在厦门更应该大力涉足房地产开发和服装领域。从生意人的角度讲，现在看这也没有错，因为当年那机会实在太好了，桂龙借助品牌与自身的力量，参与到沿海经济特区的房地产发展和服装事业竞争中，同为顺应时代潮流，美好前程，不可限量。国家的政策首先在此挖了两个大金池。

这最是让王秉岐恼恨不已。何止在挑战他个人的权威啊，不啻是对他崇尚的人类健康事业的变相侵害，他一万个不能接受。尤在他两口子还跟风炒过一段房子，挣下六百万块钱，拿来搞了桂龙的销售。但这必须是浅尝辄止，“不能因一碗糖水而耽误他追求了半生的苦药一池”，这里得划清界线：他搞桂龙公司的主要目的，并不是赚钱，赚钱只是顺带的事情，是自然而然的。公司内在的核心精神凝聚，就是扶匡艰危，救人生命，桂龙药业是为广大的病患而存在的。

王秉岐并不是不懂多种经营，他极早便在象屿自贸区注册了一个公司。俊新其后正是在此落的脚。关键在于主次不可颠倒、混淆，泾渭必须分明。

在当日厦门，在充满各种机遇和种种诱惑的情势下，他更得守住自己事业的底线。

他认为，俊新要他大干其他事业，从某个角度来讲，那对他就是一种变节。

这是撵走俊新的一个原因。另外，俊新当日在桂龙的工作，也有太多让他不满意的地方。

我和李耀华说：“王秉岐再骂俊新，恨俊新‘咱（这）狗的’，到底还因为他是他的大小子，是恨铁不成钢，严于管教才能出才俊，因此，有必要好好地摔打他一番。”

李耀华说：“王总偶尔也说他骂俊新的事：‘你骂他吧，必定儿子还是儿子，这是和骂外人不一样的。外人骂完了，有的人家就走掉了；有的你记住他了，他也记住你了。你老子骂儿子，完了也就完了，没事了。’”

我问李耀华：“俊新还做过一个时期的服装生意吧?”

李耀华说：“俊新做过好多事情，干得说不上好，反是磨砺他不少。

“俊新在公司里负责过一年销售，当副总经理，业绩却差强人意。生意不好，有时是因赶的时机不对，是一方面；究竟你努力了多少，又是另一方面。当时俊新两方面情况都有，后者似乎还真的多了一点。

“俊新的工作态度，也说明问题。那时上下班，办公室还没有指纹打卡机，就是看人打对钩。俊新经常十点钟才到岗，甚至不来。按他副总级别，每月工资六千多，由于出勤这些问题，他往往只能领三千多。桂龙工资条都是单独给的，谁也不知道，是模糊工资制度。几个月里，俊新拿到条子见是三千多，就找人家拿出勤表对照。有一次，我遇上了，就批评了他。这事他爸知道了，又把他和我叫一起，说：‘是你问题太大，还嫌公司扣你工资。你正常出勤，按时上下班，全公司我敢说，不会有一个人敢不给你记考勤。’

“销售没起色，弄得王秉岐日渐沉郁，后来说什么也不想要俊新了。他和俊新说：‘你去保税区吧，象屿那边反正注册了一个公司，你就到那边去办公，你想干什么干什么，一切由你。’”

算是给了俊新个退路。

俊新在那边，顶的名头也挺大：厦门保税区桂龙国际贸易公司。做服装生意，也还做一些其他小生意。本金五十万元实为家中所拿。母亲拿给他时，征得过父亲的默许。王秉岐的真实思想：那他最好能从一般的买卖做起，好好体验一下，是不是像他想的那样容易、简单。

李耀华说：“俊新就去那里干了，一干，也是一两年时间。”

俊新的买卖（多是国际业务啊），实则干了一阵子，倒赔开了。虽不至于赔光老本，损失还是比较大的。母亲见他作难，不作声、悄悄给他往里补钱，这让王秉岐察觉后气得直跳脚：“他赔了，你让他去跳楼不好呀？他一亏钱，你就给他往里补，你有多少钱够给他补窟窿？狗日的，长了个脑袋，人家是长本事的，你和他就只知道喂饭，一些儿记性也不长。”

王秉岐并不像有些表面上严厉、实则惜子的父亲，那会在金钱上更宽松一些，他可不给王俊新来这一套，你挣多挣少，是你的能耐、辛苦，反之，亦然。

李耀华说：“赔了五十万，给了他五十万都赔光了。”

4

今年6月13日王秉岐去世，在厦门举行吊唁仪式，而由宫福存出任丧事总管。李耀华、张志礼却因有事羁绊，未能飞赴海滨，参加王秉岐的追悼活动。

前面已讲，在认识宫福存之后，就本着能采访他，我是抱有很大希望的。郭新民也多次和我讲：“你一定要好好采访采访宫福存。”殊不料回来后数次联系，最后宫福存在电话里讲，他不想说过去。

好的是，他把李耀华的手机号码告给了我，这个对我帮助当然是很大的。

宫福存有难言之隐？反正，他不愿意回忆。想来还是有不愉快的地方（诟病的原因何在，龃龉的起始是什么，谁也没说清楚）。

在二十世纪九十年代中，桂龙事业已成，关于他们这些跟随王秉岐创业的元老，在收入报酬上，那宫福存本人，和王秉岐在思想认识上，就有比较大的分歧。

张志礼讲得较客观：“秉岐有一句名言:企业的增长和个人收入同步。大家有福共享，有难同当。这种经营理念无疑是正确的，但是在实际操作中，很难保证没有偏差。见不到效益时，因为工资少，大家还能耐扎着；以后效益上来了，你给我的工资还少，我就想跳槽了。

“当然，情况也复杂。有的是跳槽，有的是他把人家炒了，有的却是不给兑现，人家心里老大不乐意，不干了。还有一个因素，是人家自己出去发展打拼去了。

“兑现也是，有的兑了现，有的不给兑现；给后来招来的兑现的多，给咱自己人（身边的人，一直跟着他的人）兑现的少，或者说无。

“宫福存，正是后面这种。实际秉岐承诺过给他股、给他分红的。如每年给老股东十股分红什么的，可最后没有兑现。李耀华也如此。我没有股，挣年薪，也是对我有承诺，实际一股没有，何以谈分红？说到底，大家就是个工资，那宫福存自然会觉得，几年没有给股给分红，工资也偏低了一些。

“照此划分，宫福存也可以说是不给兑现而被挤兑走的。

“从创业开始，宫福存就跟着秉岐做药了。他是管生产的，李耀华是管批报的，秉岐最得力的哼哈二将、左右手，又都是副总经理（李耀华还是常务副总经理），按理说，股份应该给分些，每年有一定的分红比例，可实际上没有。这也是事实。

“对，李耀华、宫福存，那时已跟了他十几年。本来他们都是县医院的正式中医大夫，最好的年华都奉献给了桂龙。现在，作为元老，却没有得到更好的（或者说相应的）报酬；尤当请外人来了，那跟他们一样当副总，如金军，人家搞销售，一年挣几十万，甚至上百万。”

（李耀华到最后，一年也就挣十万。）

“宫福存，抓生产之外，还擅长搞资本运作，给桂龙干了不少大事情。他也是一个很要强的人（他父亲叫宫振业，是土改时神池县的工作队长，在神池县都是很有能力、敢作敢为，也是出了名的），你给他这待遇，是你桂龙公司的一个元老级副老总啊，他嘴上不说，心里能高兴吗？

“他俩又不同于我在桂龙公司，来去是相对自由的；他们是带着工作关系、组织关系、人事关系，还有户口，全过去了（李耀华还带了家小）。

“来时抱的希望大，不给他兑现，失望更大。

“对，有一次，宫福存带着钱到北京去做广告，人再没有回来。”

就宫福存在桂龙公司的情况，李耀华又比张志礼清楚。

“宫福存也不是一直在公司的。1992 年，他就因家中有事休息了一段。1993 年，王总说不行，要他到厦门，他才过去的。此前福存多在神池负责生产，厦门后来待了不到一年，又离开了。福存再回来，还去的是神池药厂，这时忻州药厂已投产，王总和我们合计，想把神池药厂作为忻州中恒的一个分厂再搞起来，说找一个合适的人选，自己就推荐福存，问我行不行，我当然说合适不过了。王总拍板后，我正在忻州，就去了福存家，那时他家已安在忻州。福存和志礼有相同的地方，都有过间隔，并非一直跟着王总，不过他比志礼干的时间要长。”

张志礼又讲了一下宫福存拿了广告款离开后的情况。

“大概有两三年，他和秉岐没来往，把工作关系、组织关系、人事关系、户口这些，全丢在了厦门。

“照说，王秉岐是不愿意吃哑巴亏的，可是在宫福存这件事上，没有深究，我看他抱定的态度是：那你走了，也就算了。”

这事对王秉岐实有一种内伤。宫福存呢，也好受不到哪儿。

郭新民几次提出来：“宫福存对桂龙的前期发展倾诚倾心，有不可或缺的贡献。从神池最初的研发，到市级、省级、国家级的临床和鉴定，再到神池正式创办药厂当厂长，都尽心竭力，努力工作，福存与桂龙有不解之缘。”

5

李耀华离开桂龙，到了2002年。“我从1996年年底到了厦门，一直待到2002年5月份，是这么个样子。”从1992年开始做常务副总，李耀华始终是桂龙公司排在王秉岐之后的第二把手；去了厦门后称谓有变，名曰执行副总裁，职位还是一样的。不同于在山西，是他要对公司进行全面管理。

将近六年时间，他多忙碌的，恰恰还是在公司的销售上。

其原因是从外面招来的销售副总都不怎么稳定：这个干上一年跑了，那个干上一年也跑了；或者是能力不足，干不下去，或者是德不配位，又让王秉岐给炒了；前说俊新也干一年，因没起色，桂龙业绩滑坡，同样让王秉岐（很不客气地）拿转了。

李耀华说：“销售整体来讲，今年好了，明年可能掉下来。王总一见不好，就比较着急，就要换一个副总。所以，我一直到离开之前，很大一部分精力都牵扯在公司的销售上——弄成了日常性事务。”

在李耀华的心目中，真正为桂龙做出成绩，还是创业阶段。

“包括五六个产品的报批，是我一个人跑下来的；另外，两个中药品种（桂龙咳喘宁、慢咽舒宁）的保护，也是我跑下来的。”

另有重要项目：“国家在全国遴选一批药品纳入公费医疗用药目录，就是把你的药品纳入，全国都可以公费报销。这个非常重要，是占有市场份额的大问题，可弄进去却非常不容易。王总也是下了死命令，说你无论如何要完成。我在北京又住了三个多月，每天跑，每天跑，终是把咱桂龙咳喘宁胶囊列了进去。”

前面张志礼讲，他们在上海，在王秉岐虹桥机场那边的房子住着，也是为了公费医疗用药目录（不过那是公司后面的药了），也是费了好大的劲儿。

对于医药企业来说，这样激烈竞争，可想而知：一个药能否列入公费报销目录，市场前景，天壤之别。

李耀华说：“我这是在 1996 年、1997 年，国家搞第一批公费医疗目录，就进去了。

“有很大的难度。咱社会上也没有什么关系，都是硬闯出来的。”

总体在厦门，李耀华却感到，独当一面的地方并不多，时间一长，惯性使然，结果就成了：你说怎么干，我就怎么干。对于这样的庸常和碌碌无为，他独自坐下来，就有一些失落与迷茫。

“看见有很多东西，每年也就这样了。我跟王总说：‘王总，我在桂龙做了十五年了，从 1983 年给你当干事起，就是十八年。现在，我四十岁了，我想出去闯一闯，试试我的能力。’确实，我也不能总在他这棵大树的庇护下，那样走到头。况且，后面这几年严重缺乏动力，工作就是一些日常；然后公司又有一些外人进来，从上而下，没有了当年那种乡土亲情，整个氛围也不够好。开始，我们过到厦门有好几家人，就是我们一起去的，大家都要养家糊口，后来感觉你不走也就那样，他们便先我一步离开；我是最后一个，想着再待下去，无非浪费时间，消耗生命。我向王总提交了辞呈。”

如宫福存一样，一个实际的比较，“还是人们常说的‘外来的和尚会念经’，公司后面聘请来的高管，都是高薪，而我们原来这些桂龙老人，工资则比较低。”这是个很现实的问题。

问起来李耀华在桂龙的报酬，是年薪，还是月薪，他说：

“实际上前面那几年也不稳定，1992 年、1993 年，包括 1994 年，我们的销售上了一个台阶后，公司成立了一个执委会，就是公司的一个管理执行委员会，我们几个副总都算执委会成员，月工资是一千多块钱。虽说不高，可在 1994 年的时候也算可以，尤其到年底的话，还有一部分提成，反正一年能达到十万块钱，但是从 1994 年一直到我走的时候，我们这些老的副总工资就七千多块钱，一年下来还是十万块钱；但人家外面聘用过来的，都是几十万，甚至上百万。

“自己也就不平衡了。毕竟我们是创业桂龙的，也没有股份，没有其他酬劳，你想平衡，都难。

“你看啊，像桂龙咳喘宁新药证书什么是写的老板的，后来研制产品，则是一块弄下来的，如常春茶新药证书上的研制人，就是我跟王总两个人。当然，还有其他人。你的付出和收入匹配不匹配，心里头总还是有个掂量。你得养家糊口，看着儿子在厦门，长得就和你一样高了，在这么高消费的沿海经济发达地区，缺了钱，你能不感到恐慌吗？”

“李耀华为桂龙是立有汗马之功的。”张志礼就多次讲。（李耀华本人是十分谦逊的。）

“哎呀，李耀华，劳苦功高，比我们年轻得多，却是我最佩服的人，在我看，他继王秉岐、郭新民之后，咱神池县出来又一个俊杰，是有大本事的人，他给桂龙公司办成了太多的实事。那些年为了报批新药这些，不辞辛劳，一直在北京跑。说实话，就是刘渡舟、董建华、赵绍琴这些国家顶级的医学大教授面前，他比王秉岐本人也熟惯得多。”

李耀华的离开，却选择的是非常和平的方式。

“我不像其他人离开时候那样，跟王总吵了、闹了、要钱了，我就向王总和连珍说：‘我确实想出去看一看外面是个什么情况。’我的一个感觉，就是做了这么多年，能真正走出来，是有幸遇到了王总这个启蒙领导，他是我的伯乐；包括他夫人连珍，我一直感觉，既是我的领导，又是我的长辈，我对他们是非常尊敬的。至于说在这么多年中有一些磕磕碰碰，其他人和王总有争执、有闹翻，但在我的名下，从来没有，王总都很少批评我，这可能与我的性格也有关系。像福存人家就比较倔强，比较厉害。他们夫妇，对我很真诚，我走时不能说非要挽留吧，也有一种依依惜别之情。大家心里都不好过。”

李耀华走去武汉。但他家在厦门，多年里和王秉岐一家人互有往来。

甚为不易，是李耀华和张志礼都对王秉岐抱有深厚的感戴之情。

当然，感情也是复杂的，并不排除他们有过失望。那在当年，确有可能都寄希望于老板——实则人家是“资本家”，有他本身所遵从的一套。你得靠自己。

在这一阶段，王秉岐根本上是一个企业家，他有他的价值观，有他独特的思维模式和行为准则。

这在外人看，就有一些不近乎人情，甚至有刻薄的地方，利益为上，效益为上，资本为上，不讲仁义，头上似乎横了一道资本运作的魔咒。

再说你人类健康事业，那“企业实际还和挣钱有关系的”，这也是他的原话。“企业的基本目的是盈利，不盈利就变成社会福利机构了。我的观点简单也简单，要赚大钱，必须把企业做大、做强、做健康了，你不健康怎么也赚不了大钱。企业想做健康，必须把架构搭好，规模发展起来。南方虽然说干扰少得多，但完成企业的更新换代，仍然要做出大的牺牲，这里就包括过人情关，过亲情关，包括不惜丢掉过去你看上去似乎很多的好东西——那是包袱。你不能把这些抛开，很难说你能做成有着良性循环（产生自我造血机制）的现代化药企。”

张志礼说：“理解王秉岐，要有长远的眼光和睿智的头脑。”

还得结合后来他们在别处工作所赢回的尊重。

李耀华离开桂龙后的头一站，是湖北清华药业，由清华大学和湖北烟草集团合资。当时，这家药业面向全国招聘总经理，李耀华在应聘的一百多人中拔得头筹，第一期签约总经理三年，薪俸是在桂龙时的“至少两倍以上吧”。“这三年因成绩十分可观”，到 2005 年公司要和他续约，他却因在厦门读高中的儿子保送北京大学，考虑到照顾孩子，去了北京。这第二站，那就是在北京为现在他所服务的山西公司搞经营。到2010年儿子读了研究生，这第三站，他返回山西太原，作为总经理，接手了整个公司的运营。

李耀华说："工厂那边，我有一个副总，对外一个副总，管工商、税务、药检这些，还有一个管行政的副总。现在，我和我的老板，基本上就是年初见一次，年终见一次。公司的事，主要就是我说了算。我们公司规模不大，一年也就做一个多亿，但比较稳定。"

6

后一个说张志礼。从青年时代起，他便是王秉岐最要好的朋友之一，他先后两期在厦门，作为王秉岐的总裁助理，一样有过挫折。

当年王秉岐亦希望张志礼能带着家属来厦门，全身心地帮助自己。

王秉岐多次和张志礼说："咱厦门有房子，我给你一套，你调过来，你家冯翠兰也调过来。我让连珍给你们办手续，你们啥也不用管。"

这摄连珍就催他。也是从早年开始，摄连珍和他家冯翠兰就好。初时两家在神池县城，一块儿租住在城墙掏下的窑洞里，仅隔二十米远，一有时间，俩女人就往一起凑，有说不完的话。冯翠兰比摄连珍大几岁，人很贤淑，操持家务更是里外一把手，这种精明和气，也是摄连珍所敬佩的。

"人家两个还有共同语言吧，"张志礼说，"她们同为当年县上选的六十个赤脚医生，都在县医院干过不说，后来也都干的是会计。"

摄连珍随王秉岐来厦门，每日里操劳后最空空落落的，就是没个好姊妹倾诉心曲。即便替自己打算，那有翠兰姐过来，也能有个伴儿，经常说说话，告数告数（神池话，即"告诉告诉"）。

连珍一催，张志礼也有所动摇。厦门这地方多好，咱忻州可远远比不了（他是1984年从神池调到忻州的），你说住惯了住惯了，忻州、厦门，也不可同日而语。

这志礼就和冯翠兰商量。冯翠兰一听，马上回绝了："我可不去，娃娃们都在北方，去了那边，哪个也看不见。不去。"

张志礼说："她不跟我去，我一个人只能临时在厦门打工了。"

这是一种说法，也是实情。但在公司其他同事眼中，志礼瞻前顾后，多是舍不下体制内那个官位位。是不是像他们所言，志礼是个官迷呢？也另说。志礼的情况和他们不同，一来年纪比较大，二来确是在公家单位里熬了个副县团，这桂龙公司是王秉岐的事业，他愿意鼎力相帮，但并不想把他自己的事业也搭进去。

所以，两期在厦门，王秉岐都好说他："志礼哪也好，就是山西人守家思想太严重。一亩三分地，老婆、娃娃、热炕头。"

反弄得张志礼一歇下来，更思念冯翠兰。

"她不跟上来厦门，我一个人在南方有什么意思？挣钱多有什么用？孙子、外孙子也看不上。"

两期在厦门，实际第一期有中断。一是单位有事叫，一是家里有事叫，不能安顿在厦门，时间上没有保证。

当然，在此期间，他还为王秉岐干一些力所能及的事，包括写论文。

老兄赵瑜有一句话："好些大事的成功，看似意外，实际是社会合力促成。"

王秉岐在成就个人与桂龙事业上，多借力打力，不愧为一个整合社会合力、挖掘社会资源，同时发现人才的高手。

张志礼如此经年下来，就多给他写了文章。

志礼第一次到厦门，已是地区职工卫校的校长。不能在校安心下来，并不全因为帮助秉岐做桂龙，是学校的书记总和他斗争，他看不惯人家飞扬跋扈，他和上面领导说，他想到南方学一点先进管理经验，领导也发愁他俩在学校里斗来斗去，能暂且分开也好，他就跟王秉岐来了厦门。

当总裁助理，志礼年岁虽稍长，但由于学识、能力、专业水平几乎无人能及，却为无出其右的合适人选。

而结束第一期厦门工作，正是因为地委组织部要他回来（"我是地管干部，地区卫生局县团级，领导不了我”），提他当单位一把手，从原来的副处升到正处，且向他保证将书记调走，这又没了对立面，可不止“宁做鸡头，不当凤尾”了。他没因桂龙而放弃这机会。

他把工作交代给王秉岐，说“王总，我回呀，你看，这《桂龙简讯》办到第几期了；患者来信，答复了多少了；电视广告宣传，都做了哪几个台了；市场经营部，还有一些什么问题”等等，都做了交代，回来了。

回来在学校当一把手。当了十年。

志礼说他和王秉岐有一样的地方，是疾恶如仇。

这十年后他为什么又走了厦门？就是这种情况。

最后一年，他前后脚赶着两起恼人的事情。

张志礼说：“学校有一个恶霸老师，一年不上班还来要工资、要奖金、要福利，那天正逢过教师节，他来后几句话不对，倒把学校的保安按住打了。他们找来报告，我说：‘你们拿电警棍打他。’他们不敢。这个人可厉害了，是忻市地面上的一个混混儿。他们和我说：‘电警棍没电了。’我说：‘那你们拿手铐铐起他来。’他们说：‘你校长不在跟前，怕没有做证、做主的，不行。’那我说：‘你们捆上他来，由我校长做证、做主。’这真捆了这家伙一绳。不想，这可坏了，我上了冲动这个魔鬼的当。人说：‘你这是侵犯人权了。你这个县团级干部太没水平了，指使他人捆绑教师。’”

还有一个年轻老师，那是欺负女学生，人赃俱在。志礼批评他，不想这家伙恼羞成怒，反骂得校长更厉害。

张志礼说：“我恨透这种败类了。我一时火起，给了他四个处分。人说：‘一个行政干部，最多能给两个处分，给四个处分，破天荒了。’说我什么水平也没有。”

后来人家合起来告他，结果张志礼被处分了，记过一次，留党察看一年。

“上面研究我的事，把我瞒过去了。瞒过以后，也没有说让我去哪里。我说，那我正好去厦门，向秉岐学习先进的企业管理。”

实际，他这一次受的处分，可不仅仅是“察看”，那顶校长的官帽子，也让给抹脱了。

这样，2002年，他和李耀华一进一出，打了个交叉，又来到王秉岐身边，继续当他的总裁助理兼企划部经理。

王秉岐有一句话挺贴心：“桂龙任何时候都是欢迎志礼的。”

让张志礼吃不消的，是有关工资上的事，王秉岐猛批评了他，弄得他十分不爽。

今年夏天，我第一次在忻州采访他，这事儿他前后说了两遍。回来我整理录音，发现所占篇幅最多，有点儿不厌其烦。这里教益是有，但也该说，是留在他心中的块垒，成阴影了，并不能因王秉岐已离开了这个世界而释然。

“差不多……去了以后，我的心里就不平衡了。咱在北方待惯了，工资是透明的，大家在阳光下，你我挣多少，都明晓。桂龙公司实行模糊工资制，每个人挣多挣少，只有他自己和几个核心人物知道。我一过去，就有点不痛快。我挣的确是也不多，和我十年前在这儿的工资基本一致，一个月一千八百元。都十年过去了，领这么点钱，够干啥。

“公司有一个叫王佐的青年，他是市场部的副部长，厦门大学毕业，咱山西应县人，和王秉岐的侄女（也就是王秉青的闺女）搞对象（他这个侄女也是厦门大学毕业的，也在公司工作）。王佐见我和他二爹关系很特殊（他也像新民那样叫秉岐二爹），就和我走得比较近，两个人私下里能多说点话。

“当时，我在公司是比较特殊的一个。我上下班常常坐秉岐的大奔驰车，就是秉岐自己开的。王佐好生羡慕地和我说：‘你这资格可大了，下班之后，老总给你开车，当你的司机。’我倒也美滋滋的：‘可我不会开车呀。’秉岐有时候也说：‘你这上下班都是我接你了。’他乐意，我也没有什么不愿意的。

“我住在湖滨南山路，那里他们有一套公寓，给我们当宿舍。

“我吃饭除了在公寓这头，还常上他们家去，和家人也没多大个区别。

有时半夜想吃饭了，都能过去吃宵夜。我和秉岐都爱吃莜面，也常常让连珍给打拿糕（一种莜面浇汤素糕，晋北、晋西北人多爱吃）。

“王佐看我和王秉岐整天在一起，有些心里话，也多能和我透露一些。我呢，总觉得工资还是少，心里一直是个事。有一天（这也算个叔侄辈吧），话往深说，我就问了王佐一个月能挣多少钱，王佐真告诉我了，说他一个月挣两千块。我一听，心里那个不舒服啊。

“过后我找到了总会计那里。这是位女士，姓郝，从太原调过去的。我直接就和她说了：‘郝总，我一样样的工作量，我比王佐的工作多，一天忙死了，下班时间，还在考虑编《桂龙医药报》，我一个人连编带印刷带把报纸发到该发到的地方；桂龙企业的策划，都是我负责；还有患者的来信回复；桂龙的广告，包括广告用语，都由我来负责；企业文化方面，也由我一手策划，一手包办；我还代表桂龙公司到上海办卫生专题讲座，我多给人家讲了课，可忙了，可我挣一千八，王佐挣两千。’”后来这位郝总把话告给了王秉岐。

“话，她有没有添枝加叶，我不知道，但至少也是原原本本地告给了秉岐，还说：‘王总，那个张总心里不平衡。’说这种话。

“第二天，我在那小格子刚开始工作，王总过去一拍我，说：‘志礼，你来一下。’我还以为老总安排工作呢，跟上他进了总裁办公室。他说，‘你坐下。’我坐在他对面，看他就像是要审判我了。果不其然，他一拍桌子，说，‘你是怎么搞的?’我说：‘王总，怎么了？劈头盖脸给我这么句话，我犯什么错误了?’他说，‘公司的制度你不知道？幕后工资制，谁都不能破坏，你来了，为什么破坏了？告诉你，你就值那么多钱，你不想干，走。’”

啊呀，敢情是把个张志礼从桂龙公司撵出去了？

我由于总熬夜，上午脑子不大灵活，记者采访志礼正在上午，听他讲到此，实际是半懵懂地混了过去，随后是听录音、整理录音，见这么个结局，心猛地揪了一下。

由不住想到王秉岐当时叫郭新民，郭新民不去。

由不住想到王秉钧前后那么些年只做桂龙顾问。

夸不夸吧，是他自家人，也是有大智慧的。

由不住想到俊新在做了公司的总经理之后，不但和他父亲，包括和他弟弟、和他母亲关系都搞得不好。王秉岐也亲口对我说，在兄弟二人弄得最不可开交时，赶着大过年，俊义找到他说："爸，你管还是不管，不管我就找他拼命呀。"（矛盾实情也纠结在差旅等报销上。当大的是总经理，说他那开销不合理，不给他报；反过来，则有人讲，他总经理报了多少多少，弄了多少多少钱，诸如此类吧。）那年也没法过了。王秉岐后来将桂龙卖出，这也是其中原因之一。他怕摄连珍驾驭不了市场和自己的两个儿子，他不能在天上看着他们兄弟阋墙，血不如水浓，没有手足情，那可太让人痛心了。

这真等同上了人生赌博场。有规矩的——赌博场上无父子。前提是你想把手中这把牌赢下来。

"事业和金钱，也在绑架他们。"桂龙公司和王秉岐本人（还有他的家庭）就是一种"对应绑架——互相绑架"，也如我们这些舞文弄墨者被所谓的事业绑架。我们经常说，事业会异化你的人性，改变你原来生活中很多东西。如我这作家要成书，但写成一部著作，对作家有条件、有要求，许多地方近于苛求。回到至简道理，是社会职业（身份、地位）对人的改造最大。这里我们排除王秉岐人类健康事业理想，那他也是操控着一个一年要挣多少个亿的现代化企业集团公司。至少在此，亲情、友情对他已非原有的面目。大家令他置身的，恰恰是一个利害关系的旋涡。

对，你就是吐他，他也这样。他和你客气什么？

张志礼说："我和他从小长大的，那是莫逆之交，我俩差一岁，我1944年生，他1945年生，我属猴，他属鸡，又在一个城墙上住的邻居。他在创业的时候，我们经常在一起喝酒，每回他喝醉，我都要往回背他、搀他、抱他，我们那是相当交好的，我对他忠心耿耿。

"可是，我不知道人家规矩这么严，另外不自觉在北方、在共产党手下养成了有话就要说的习惯，不想这样说漏了嘴，最后让人家狠骂了一顿，说：‘你回。’”

张志礼喘喘气，接着往下说：“我说：‘王总，公司是月底发工资，这个月25号了，还有五天就发工资了，你不用给我发了。上个月给我发的工资我还有一些，也够我回山西了。这两天，地区组织部给我打电话了，他们叫我回去，要安排我。他们说，虽然给了你个处分，可是还要安排你。让我到地区妇幼保健院当副院长，先是带括号，享受处级待遇的副院长，我说，你妇幼保健院本也是一个科级单位，我一个处级单位的一把手，再去这么个单位当副职，这叫什么？这他们就开会，又决定让我当院长，当一把手。’

“我说：‘王总，这个带括号的一把手，好赖是一个鸡头，一切由我，和你这边当老虎尾巴不一样。我这个月就回。这个月我也犯了错误了，工资我也不要了。’

“结果，我买了当月29号的机票，手里的钱正好够。

“那个月工资仍以一千八百元给了我。走时，他倒是交代我了，说：‘你回去到开发区，咱有一个药厂，你继续领上工资，你月月过去领。我和他们打招呼。’

“我心想，我不给桂龙做工作了，没有付出，没有劳动，怎么可以继续拿你的钱呢？当然不能。

“秉岐也说了一些心里话：‘别人这样，我一次就炒掉他了，你志礼多会儿想来，我也要你。’”

大体就这样。我又记了一些短语：

> 事业的聚散，不是纯粹为了弄钱的人，
> 基本上是良性的。

关于志礼第二期到厦门挣一千八百元，还需补充，那是张志礼曾向摄连珍借过三千元现金，因此张志礼后来也认为，每月王秉岐扣的他有二百元。

张志礼说："王秉岐对事不对人，在这些地方上是非常不客气的。"

锱铢必较，睚眦必报？他当然没那么气量小。还是，他要划出界限，公司得走在康庄大道上。

就此，我和郭新民交流，他说："企业家有危机感，秉岐他压力重重。他要把桂龙公司做到全世界去，在他和你的关系中，真就存在：'噢，你好了，我桂龙公司完蛋了。'这个和前面说的企业与个人共同发展并不矛盾。实际是你不能再往前走了，那他就要抛弃你。"

"另外，也得说，很多老板成功了，跟他的人什么也没得到。结果他还认为你们不是跟我，哪来的今天。实际没有大家成就你，你也没有今天。"

第十二章　从忻州到马鞍山

1

1996年，桂龙公司的销售在全国已形成了规模，用王秉岐本人的话是："发展已经上路了。"一个大问题，却是神池药厂的产量明显跟不上，很难满足市场的需求。

王秉岐说："人家要货，你没货，就是失信，也是最可怜的。"

与其他厂家合作，亦有诸多不尽如人意的地方。像朔州那家药厂，违反合同，私自生产、销售假冒伪劣桂龙咳喘宁，损害你桂龙公司的名誉、利益。你和他打官司吧，打不出名堂来不说，到了，看到我们地方上愈演愈烈的贪赃枉法，更是让你气得够呛。

李耀华说："当时桂龙的销售还是以医院为主渠道。1994年、1995年连着上台阶，我们药品做不出来是一方面，另外协议其他厂家加工，总体生产不够规范，药品的质量得不到保证。再有，协议厂明处是给你加工了，但是有人要货，他们也会暗中把药卖出去，这样就把市场搞乱了。"

王秉岐说："这样下去可不行，我们得再建个药厂。"

筹建新厂的工作上了议事日程。

这次离开神池也是一定了的。咱山高皇帝远的小县，对于公司的发展，有些则是灾难性的。

郭新民说："因为神池新事物特别少，咱的人观念不行，没有改革开放意识。你搞药厂，有歧视你、欺负你的；有看见你好了，嫉妒你的；以前对你有意见的，干脆给你设置障碍，想法搞你，告你的黑状；更多的人是想跟上你占便宜。就说，你药厂建起来了，给我安排个人、安排个岗位吧，把孩子安排在你厂子里吧，我介绍个亲戚、介绍个朋友到你厂里上班吧。再一个，是问你要药，他不会买，就问你要。你那个药不是还能预防感冒嘛，给我拿两瓶。那你一个人拿两瓶，十个人拿二十瓶，一百个人拿多少？你这个企业有多大的利润？折腾得你苦不堪言。咱神池县的投资环境太差了，你再好一个企业，顶不下来，也能给你闹塌。总之，众人当你唐僧肉一样来吃，你可受得了呀？后来，我就和我二爹说：‘倒地方吧，跳出神池。’做他的工作，这才到了忻州。”

王秉岐、王秉钧、郭新民，都忙上了。

说了忻州开发区以后，王秉岐从厦门回来，和当时的忻州市（现在的忻府区）副书记秦新年开始接触。秦兼着经济开发区管理处主任。

秦新年是咱宁武人，2006年后任忻州市副市长。我跟诗人好友周同馨见过他。

正是秦新年带着王秉岐去看的地方，同去的还有老大王秉钧和公司的常务副总李耀华。划定的高新经济开发区离忻州市区并不远（现就在市内），此一时，里面还没有企业，市里的态度也明朗，欢迎王秉岐能来忻州地界上投资办厂，毕竟你这是合资企业，小药厂虽然在神池，但总部在厦门，辐射全国，过硬产品实已行销国际。

秦新年说：“这地盘上由你挑吧，你挑对哪一块，哪一块地就是你的。”

王秉岐就挑了开发区办公区正对着的一块地，实际后来和他们斜对门。

那是四十三亩地，王秉岐算了一下，至少那时建厂，这么大块儿地，足够了。

他们又合计：神池整个交通、通信不行，忻州相对来说还可以；其他条件也比神池好得多；人也是一个重要因素，神池人是老实，但是很笨，忻州人要比神池人聪明，见多识广，发货啊，物流啊，就不会有问题。谈了一路，兴致挺高。

当年忻府区的书记是吕德功。王秉钧和吕德功是省委党校的同学，在班上王秉钧是支部书记，吕德功是支委，二人配合得挺好。

此时的问题是地价。当时开发区的地价标的是十八万到二十万一亩，一般项目大致可谈到十五万元，特殊项目还可以降。里面的回合应该说是比较大的。

照说，桂龙企业就是相对特殊的，合资，打的又是台湾、香港的牌子，政策上本身也有一定的优惠。但具体能办到哪一步，还是由人家说了算。

新民和丈人王秉钧一起找到了吕德功家里。

新民说："吕书记，秉岐想回来办药厂，你支持一下。"

跟着，他讲了桂龙在忻州办厂的诸般好处，特别强调了税收这一项和对忻州市区形象的宣传。吕德功对这些并非不清楚，但站在他的角度上，还是希望你这好企业能给咱个好地价。当然，新民也没有用什么激将法，他是站在他这个县委书记的立场上说，有多少地方，为了能让这样的好企业进来，不惜用零地价。

"秉岐他们不到宁武，如去，我就愿意零地价欢迎他们。

"你地价要的高了，他就走了，不会来你这里了。你要想上好项目，他这就是个好项目。大家都知道这个项目好。"

新民后来和我说："事实上最后也证明这是个好项目。一年给他上缴三千万的税收，厉害得很。现在药厂还照常生产，对忻州当地经济发展起到了巨大作用。他们的人也说：'开发区里那么一个企业，一年三千万的税收，咱这地方没有一家能比。'真正的利税大户。"

由新民和吕德功主导，最后一亩地谈到了五万八千元，王秉岐认为可以，接受了。

就吕德功讲的后话：那是郭新民和你老丈人两个人找我，我十五万的地价压到了五万八，差不多把前面的大数一刀切了。这你郭新民、王秉钧至少欠我一个大人情吧。一般大家也会这么认为。不同之处，是王秉岐认为，五万八本来也是应当的，钱是相对合理的，已经不少了。

为新厂的规划找设计院，王秉岐回来过几次，最后落实了山西医药工业设计院，是省医管局的直属单位。整体设计，出来也就到了1996年年底，地已经冻了，开工只好定在来年春上。

忻州厂整个投资两千来万，在省工行贷了一些，但销售款回来后很快还上了。这时，桂龙拿出两千来万建新厂，已不能说很困难。

王秉岐说："忻州建厂贷款不多，我很快就还上了。包括那时还有神池银行的一点儿钱，他们不让我还，我也非还了他。神池人行的行长是我同学，我一次性给他清了贷，他找来说：'秉岐，你是不是生气了?'我说：'我不是生气，是嫌麻烦，我不需要了，给你还上。'中间有个小插曲，是这五十万元，他怕你有问题，我们有货款到账，他先扣个十万八万。我当然不乐意他这样了，我不差他这点钱，因为我销售上来以后，像神池、忻州加起来不到一两千万，对于我们来说，也就是几个月的事情。那以后，我没有一天负债，直到今天，企业走得很轻松。

"对，既无外债，又无内债，是我的性格。和外面人家讲的一样：我王秉岐不欠这个社会一分钱。"

忻州中恒制药厂于1998年建起来后，跟着便投入了批量生产。

包括土建这些，王秉岐都用的是省里的公司，总体上都是高规格、一流水准的。

投产之后，王秉岐便关停了神池药厂，把神池厂能用的人马全都调到了忻州。(神池厂重开，则是以后的事。)

中恒药厂的建成，对于王秉岐来讲，那就是极大地扩展了自己的生产基地。

"这为企业的发展奠定了坚实的基础，也是桂龙迈上大台阶的第二步。"

2

忻州建厂，最受累、最受折腾的就是老大王秉钧。

"我神池县常务副县长，平调地区工商局常务副局长，本应当给我局长的。这里首先就是我弟弟的事：忻州建药厂我是总管，好多事我全权负责。你招呼了这边，单位就不要有要求了。你当个副手，不和人争，别人还有希望往上走，工作即便耽误一下，大家也能帮你一把。”

忻州地区工商局，我认识一两个老人。王迎春老局长，著名诗人叶文福的老丈人，和我老丈人朱祯祥是多年里的好关系，两家人到2000年以后还互有走动；董其升局长，当年王秉钧的顶头上司，他又是忻州行署老专员赵瑞的女婿，现人已去世，但那些年亦有接触。他们在工作、做人、生活等方面，对王秉钧都有夸奖。

“为而不争。”对王秉钧就是这种评价。他还是个“安定四方、祥和四邻的人”。

王秉钧2000年才从地区工商局退下来，而非人们印象中的1996年，是他忙弟弟的事，占据了他的主要精力和时间，大家才会有这样错误的认识。

“我打定主意不升迁了，专心替弟弟办事。我做这一块的工作，完全不一样。咱几十年里，建立了一批关系，他们就说：‘秉钧大哥人品放在那里，还有什么说的。’上面的领导，还表扬你：‘是秉钧花了力气把兄弟拉回来的，他要不为忻州着想，秉岐全国哪不能去？’思想上给你开了绿灯。

“大女婿新民爱说，我为这个企业操碎了心，那也是事实。秉岐不在这边，这么大的摊子，总得有人照看。也有人问：‘你管那么多干啥？又是销售，又是生产。’那是他们不知道企业总体过渡到平稳生产和销售有多困难，当中有多少人找你麻烦，搁给秉岐，早和他们打起来了。幸好我俩‘一个喷火，一个灭火’，脾气性格综合了。我把好些事都处理了，有一些秉岐也不知道。光药监这一块，那过过关，就不知道作了多少难。明眼人也说：‘老大是明操心暗操心，遇到难事一个人办。’”

摄连珍说：“一南一北，两个厂子的建设，老大都是主管。是他看着他们，有些不合乎标准的，老大就能指出来，敢于做主，下面的人，也都认可他；他这是董事长的哥哥，他们知道这里的分量。”忻州建厂，王秉钧、郭新民确实做过王秉岐的工作，但是真正定夺，还在于王秉岐本人对事情的考量。在后来，当和忻州地方上发生了抵牾，王秉岐多有不痛快，有些说法，跟着就变了。“当时正好老大退下来了（实际还有几年）；王秉岐说他哥哥没事情做了，想让他把厂子放在忻州，那样他能帮上忙。这倒是，前前后后都是老大帮忙，好多解决不了的事情，老大跑在前面，有些需要请客送礼的地方，也由老大出面，他也能做了兄弟的主。可是和忻州的矛盾出来后，王秉岐就很生气：‘老大，不是你来，我就留不在忻州，让忻州人欺负我。’”

这王秉钧能和他兄弟治气？当然不能。

倒是王秉钧很注意：亲兄弟也要保持适当的距离。我曾问他：“忻州这边，有没有要你担任过厂长？”他回答：“我不能担任这个厂长，就搞顾问。有一年他们衔接不起来了，我倒是主持过一年零一个月的工作。”这我说：“你做得对。除了他有时生气抱怨，总体上他还是非常尊重你的。你要是担任中恒厂厂长，雇佣和被雇佣关系成立，谁知道会有怎样的摩擦呢。”（不由得想起俊新和俊义，闹到那样一个地步。）

摄连珍说：“老大做事情很稳重；王秉岐做事情雷厉风行，一刀就切进去了。”

王秉钧说：“老二有时也是光凭他的感觉说话了，那是不对的，至少是片面的。没有忻州厂这个大跨步，怎么能有后来的马鞍山厂呢？忻州厂是桂龙公司一步到位打下的大基础。起这么一座现代化药厂，一样得群策群力，前头得有人替他担当。可当时他人不在忻州，每次回来也就待一两天、两三天，实际情况，不像他想象的那样。”

坐在厦门悦华酒店大厅沙发上的王秉钧老人，喘了口气。

“现在，我是非常理解秉岐的心情，他病了，胡乱地谁也抱怨吧。可是想想，你当时在外边真就能不费力办成一个厂子吗？人们后来那样看你，正是你通过忻州厂把品牌完全做起来了。不然，马鞍山你试试，人家踢不出你来才怪，你凭什么能拿到那样的低地价？是忻州厂给你做后盾打下了基础。那边厂子一建起来，你就是现成的利税大户，一年几千万缴上去了。”老人有点儿大女婿新民那种口吻。

3

马鞍山驻厦门办事处的主任是王秉岐的朋友。他们每年在厦门搞联谊活动，都叫王秉岐参加。在这样的联谊会上，他们还搞一些不同形式的宣传展览。王秉岐特别忙，每次去参加活动，吃了饭、领上礼品倒走了。后来那年，这位办事处主任专门电话，要他留步："王总啊，你到我办公室来，我有好事情，想认真和你聊聊。"

王秉岐去后，他就给他放马鞍山的宣传片。"王总，你看我们马鞍山有多么漂亮，我在那儿给你弄一块地，你在那里建厂，不比在山西好啊？"秉岐一听，想山西的产能就不太够了，说："可以啊。"他又和主任说，"你把这宣传片给我吧，让你大嫂也看一下，我们合计合计。"

回去他就和摄连珍一起看这个片子。地方确是好，划出来的经济开发区，就在长江岸边，有很大一个湖，所处当涂县离马鞍山市区只有六七公里，可选址的地方，正在当涂县委、县政府前方。

这他就和马鞍山驻厦办事处主任进一步接触。主任承诺："我帮你选一块地，给你最便宜的地价，给你最好的企业发展环境，什么问题都放在我们头上，我们做得不好，你可以骂我。"完全是有备而来。这时的桂龙，在全国已经形成了影响。

王秉岐除考虑产能不太够，还想了不能让忻州那帮家伙捆住手脚：你不向他屈膝低头，就得有不被他缚绑的资格。

这也是桂龙百尺竿头更进一步的机遇。

现在，他们人在厦门，一年四季在浓绿的荫蔽之下。但像摄连珍毕竟在黄土高坡上生活多年，看到宣传片中那样一个地方，青山绿水，湖光潋滟，还是不大敢相信。她问王秉岐："安徽那边真的有那么好？"

王秉岐说："去看看不就知道了。"这样定下来去考察。过去一看，又加了马鞍山政府的热情相待，感觉比宣传片里还要好。

"去了以后，开发区主任就领我们去看地。虽说也是刚刚起步，那马路就比我们忻州的好得多。长江边上，平平整整，郁郁葱葱。那马路两边各一块地，主任说：‘加起来是一百二十亩地，都给你，如果不够，再给你弄，你要多少，我给多少。’我说：‘够了。’就把这个事敲定下来了。地价真是便宜，一亩三万。

“桂龙工厂布局，那我也想的是北面有一个，南面有一个。

“去了马鞍山以后，企业的环境完全变了。从市委书记、市长一直到县委书记、县长，整天往工地上跑，特别关心你。马鞍山的市委书记说：‘你需要什么你说，我们给你开绿灯，你自己不必动手。我给你派个最大的保镖，我们马鞍山的纪委书记，让他来管你这个项目，直接对你负责。’就是一路支持。

“当涂县县委书记、县长、副县长，每天往工地上跑，替你办事，给你当跑腿的。这在山西是不可想象的。和我在忻州办企业的环境，截然不同。”

（厦门，长庚医院。王秉岐躺在病床上，我拿录音笔坐于一侧；旁边的王秉钧老人，拿一个带插管的塑料杯，递上去让他喝了一口水。）

“马鞍山人比我们内地人注意得多。负责我们项目的纪检书记，我感激他，把我抽的烟给他拿了一条，纪检书记说：‘王总啊，我真的不需要。你给我弄上，给我增加负担。’打那以后，我也注意了，不弄了。

“这是人家的纪检书记。再说市委书记，我们这边，那是牛哄哄的一把手，想见个面都难，可人家三天两头请我吃饭。在餐桌上，总是第一个把我介绍给其他客人：‘这位是王秉岐老总，桂龙药业集团的董事长，来我们这里投资建厂。’彬彬有礼。然后就问我有没有困难，需要什么帮助。总也是：‘你有什么难处一定给我说。’”

王秉钧老人插言：“企业发展环境非常好。马鞍山的人特别聪明。那儿离南京一步地，他们的话也和南京话差不多。那边招上来的员工，如果使用管山西人的办法，像批评啊，那个不行，他自尊心很强，不吃你那一套。他做错了，就问需要怎么改进，你告诉他，一点儿就灵，再不用你管。”

王秉岐说：“走到哪里，都是政府请我。我请人家，人家也不去。你请他，他会这样说：‘王总，这什么意思啊，我们请你了，你又请我们？

那可不行。’我说：‘你们总得给我一个表示意思的机会，总不能你们一年请我十次八次，我一年也不回请你们一次。’讲到这种程度，算回请了一次。”

王秉岐说：“过去马鞍山以后，我们根本没贷他们一分钱，建厂都是用的我们的银行存款。那他更把你抬举到天上，人家可以靠你赚钱，税收永远是人家的，那多的时候，每年差不多有一个亿。他们为企业服务，实有大聪明在里。

“总的来讲，我走马鞍山的这一步特别对。一南一北，两个基地，桂龙有了一年五亿的生产能力，直到最后转售利洁时。

“马鞍山这块，也是桂龙集团最大的资产之一。最后公司转让之前，我还又去了一次。开发区的领导找我说：‘王总，咱们原来这个药厂正挨着码头，我们怕将来对企业的发展不利。我们的新开发区又起来了，你看我们领上你再选一块地，你选中哪块，我们给你哪块，地价还是最便宜的地价，就按原来的价。这样公司又在新区圈了三百多四百亩地，很大一片，中间有个小山包，似有一个过渡。马鞍山本身是平川，水地都是稻谷田。照我当时的计划，是把工厂全迁到那里，旧工厂就不要了，开发区可以收回去。山西的工厂也不准备生产了，有那样一个厂，四百亩地，所有的产品都在那儿生产。总共花了一千来万，基本上等于白给你，而且都是良田，非常好的地。他们就是对你特别重视，因为你给他们创造了很多的利税，你的企业在他那里，一年一年，在为他们赚钱。”

4

在马鞍山，有这么多顺利的地方，却不表明桂龙再上台阶建厂，就不艰苦。

用郭新民那个反问句：“那是个啥？是个药厂。”似更清楚。

张志礼说：“建全国一流的现代化大型制药厂，谈何容易？秉岐有名言：‘规规矩矩做人，认认真真做事。’他就第一个照着执行。马鞍山盖的厂房是一流的，哪儿也不能有欠缺，更不能有问题，他亲自看着盖起来，亲自和专家一起验收；厂里的设备，他亲自到器械展销会上订购。他谈判能力强，多数设备谈下来，厂家就够个成本，胶囊成型机、喷塑机、脱硫机、组锅，东西都是最好的，还都是最便宜的。生产车间采用层流洁净，通过空气净化设备保持室内无菌。如一个现代化手术室、一些特殊病房才采用这种消毒方式。进入层流室的物品及人都需要经过无菌处理。

“人也是高度制度化的。定下来的制度，没人不执行。”

也有反例。这是他们曾聘过的一个姓杨的厂长，原从大同制药厂退下来的，因为晚上下了班抽烟，把没有掐灭的烟头扔进纸桶，结果造成楼中失火。幸好楼内有自动消防装置，自动喷水，不然一定会有大的损失。这样没有责任心、不遵守公司制度的厂长，当然让王秉岐开掉了。

却说这位曾聘厂长，后在了一个特殊岗位，在他们药厂通过 GMP 认证时，还设置过障碍。

王秉钧老人说：“姓杨的后来去了深圳。”

而王秉钧来在马鞍山，已在六旬。好的是他精神健旺，身体很好。这是在 2003 年秋冬之交。“我十月份过去做前期，两大任务，一是盯着搞设计，一是把围墙建起来。”

要长期驻扎马鞍山了，所以来时带了老伴，带了一部车，一个司机和一个搞机建的。“老伴跟过去，主要为我做饭。咱老年人了，喜欢吃家乡饭，老婆子又知道我喜欢吃什么。集体灶我有点儿不习惯。”

（他老两口也还是比较特殊。李耀华、张志礼都向我讲过，他老伴是童养媳，一生过来，感情却很好。）

（老太太当年多看过俊新，和俊新很亲。）

他们驻地就在厂区周围。那儿有一个小二楼，是他们租来的。当时桂龙还收购了这里一个很小的药厂，又接收了三个人。但这样成立筹建组还不行：“还应该有一个不仅熟悉当地情况、还能在当地踢腾开的人。”这个得力助手，也很快找到了。他人过去在卫生局干过，上下关系跑得都不错。“前面的事情让他做，我可以退在后边，敲定一些大事。”

工厂的设计定了两家：安徽医药设计院搞土建；南京医药设计院搞内装修与整个净化区。

当时两家也形成了竞争。合肥这边先搞出来一个东西，后面南京家也出来个东西。两相比较，南京家实力雄厚，价位上有优惠。“但我们在安徽建厂，也得照顾地方的利益。你纯粹把安徽抛过，说不定下一步有什么事还得用人家。凡事多留一手，也是多给自己一条路。”

下来就是建外墙。“一百二十多亩地，围墙就有五万多米将近六万米，我们一冬天基本上把围墙砌起来，仅差了抹水泥、装铁栅栏，还有一些花纹造型。除了过大年停了几天工，整个冬天，一直在干。”

让老两口受了大罪的，是这边冬天的寒冷。这是他们万万没有想到的。照说，咱神池家，高寒地区人。大女婿新民爱举例子，说当年红军长征，有部分爬过雪山、走过草地的红军官兵，在来到神池后，因衣服和补给不够，遭遇山上特大风雪，数十名身体羸弱的官兵，被活活冻死在山上。现在的问题，可就是老两口让长江边凶猛的冷风给吹坏了。

王秉钧说：“你哪能想到会那么冷呢。我们在那小二楼上住着，什么取暖设备也没有。尤其这房子是推拉窗户，窗上的缝堵不严，江岸上起了大风后，那玻璃不停地抖，一股一股寒风往室内灌。没办法了，买了两个电暖气，挨着还好些，稍一离开，就不行了。特别是到了零下四五摄氏度的时候，好像比咱神池山上零下二十多摄氏度还要命。这个罪受的呀，我都不敢回想。毕竟是上了年纪的人了，和老伴儿天天说：‘咱活了六十来岁，没有受过这么大的罪。’可让冻坏了。”

老人的话，让我想起一个在咱这边打工的江西女娃儿。那是每到冬天，必须在北方待着，这边家中有暖气，暖暖和和的，过冬很舒服，她甚至很怕回江西老家过年。“那太冷太冷了。还在零上七摄氏度的时候，我倒让冻哭了。我们女孩子的手，都是肿的，开了好多裂子。”

“夏天还可热了哇。”老人说，“我每天穿个单衣服出去，回来就像是洗了澡一样。不是对你讲，我对家里人也讲，要是其他人，那求我干我也不干；给钱再多，我也不挣它。可是他是你弟弟，你就只有忍受，再煎熬，也要待下去，把工厂建起来。”

王俊新说：“2001 年，安徽省确定了我们这个桂龙产业园区项目。不过真正建起来，我爸和我大伯还是坚持艰苦奋斗，费了好大的力气。筹备处那个小二楼，还不如好点儿的民房，它就是个毛坯房的样子。按道理说，2003 年、2004 年，桂龙公司的条件已经非常好了，我爸和我大伯没必要受那么大的罪。整整一年多，老兄弟两个，从一片荒地里把这个现代化产业园区建设了起来。

“我那时候已经在上海了。我基本是每隔一个星期就去看看他们，来往比较频繁。因为当时他们在马鞍山包括吃的东西、购物什么的都不方便，生活保障太差，我经常过去，至少能给他们带点儿吃的，看看他们是不是生病这些。那时不光我大妈跟着，我妈也跟着在那边吧。

“有一段我爸跟我妈在那边特别想我妹妹，她学校放暑假，我就带她到马鞍山。由于大家都住在工地，条件太差，吃的也不行，天气又热得受不了，本来说好了，她要在那边陪父母住上一段时间，谁料小女儿家不能吃苦受罪，仅待了一天，第二天，就待不下去了。

“那时候在马鞍山确实艰苦。实际我每次过去，那也只能待个两三天，就赶紧回上海。

“老一辈能把事业干成功，有他们明显的内在因素，那就是一种精神动力。”

摄连珍回忆这段艰苦日子，又乐观许多。

“安徽建厂，比忻州更顺利。老王一直在那里，主要事情，由他负责；老大也在，他顶个大管家，也操持好些事情。我也一直跟着，那是老王走在哪里，我就跟在哪里。为给他筹资，我回厦门跑了两趟。再就是资金链断了之后，我把个人的钱拿出来四百多万，用在了工程上。”

5

GMP，中文含义是“药品生产质量管理规范”或“良好作业规范”“优良制造标准”。GMP 是一套适用于制药、食品等行业的强制性质量标准，要求企业从原料、人员、设施设备、生产过程、包装运输、质量控制等方面按国家有关法规达到卫生质量要求，形成一套可操作的作业规范帮助企业改善企业卫生环境，及时发现生产过程中存在的问题，加以改善。

简要地说，GMP 要求制药、食品等生产企业应具备良好的生产设备、合理的生产过程、完善的质量管理和严格的检测系统，确保最终产品质量（包括食品安全卫生）符合法规要求。没有认证，你就不能生产。

GMP 认证，很不容易的。光文件就有一百二十多份。一项一项，都得达到标准。因为忻州认证过一次，请过好几次人，有很多复杂的东西，王秉钧熟悉了这里的套路。马鞍山重启炉灶搞，又招一批人，担任了公司总经理的邱波也在，负责技术方面的，是一个姓张的，搞了一段，拿出个毛样儿，结果王秉钧一看，根本不行。“GMP 认证是从国外引进的，一般也是照猫画虎，认证部门也理解不透。它就是太复杂了。我和他们说：‘给你二十个人，加班加点搞，怕是半年下来，也很难搞好，漫说还有那么多培训，人人过关。’正确的办法，还是要和忻州结合，用本已通过认证的技术力量，稳扎稳打。”决定了这样能行，他们就把忻州的技术骨干，都弄了过来。那一百二十份文件，本也是咱桂龙的东西，结合着这边的情况，该变则变，换个名头就能用。另忻州那边生产都非常规范了，把主要的技术人员抽调过来，重新备制，让他们带着人现场培训，手把手地教，比空洞上理论课效果好得多。前前后后，也就用了两个来月，一项一项，全拿下来了。

2005 年 5 月，GMP 通过以后，这边的生产基本转入正轨，王秉岐带着摄连珍回了厦门。

6

不久，老大王秉钧也回了忻州。

离开之前，他交代说：“年龄大了，不适合跑跳了。你们年轻人在这边，要把厂子搞好了，不辜负董事长对你们的期望。”

回来忻州，他以集团顾问身份接着招呼中恒厂。对于他，忻州这边还是很亲切的。能帮着弟弟创业，弄起这么大的摊子，当然，内心深处，也有一番成就感。外不说他本也是这个药厂的缔造者之一，没有他、没有大女婿新民两人合起来两头努力，一头是忻州，一头是秉岐，这秉岐真有可能不回来忻州建厂。他在南方当时也是可以的，后来发生了那些不愉快，秉岐怪怨他这个做兄长的，也非胡冤枉他。好的是这些都过去了。中恒厂在这里屹立，一定程度上，也成了忻州市经济建设发展的一张大名片，在全国哪里也差不多能看见。就说慢咽舒宁，有多少人因嗓子不舒服吃它啊（现今一盒十八袋那种已卖到五十四元到五十九元）。这药厂，有他所付出的艰辛，如今看来，却甘之如饴。他自个儿就说："你说发挥余热，咱这余热可不小啊。"

有些晚上，他下班回家，灯火中习惯回望生产园区。他喜欢大院中央的升旗区，旗杆高耸，旗帜飘然、静肃，下面基座贴了深色的大理石，正面镌刻有新民父亲郭伦老书记题写的"执著，诚信，求实，创新"八个大字。老亲家的字，内敛、拙实中透着一种风骨，廉明通脱，精神矍铄，也正是对他们这老一代人风骨风貌的书写。

郭新民说："对桂龙来说，我岳父这角色格外重要。外面的事情，他不能直接招呼，可参与意见，尽量让我二爹不那么激进，多一些从容、冲和；忻州的事大多有他，老汉一个人就给兄弟顶下来了。后来，马鞍山建厂，老汉也一样。他是长兄，如父亲，是保姆，是管家，是桂龙企业上善若水、厚德载物的另一面。王秉岐的整体人格塑造，必然和他这个兄长形成参照，稍往远处看，又是统一、和谐的。他也是建构了桂龙精神底色的一个人。实际我们的一生，都因王秉岐这个亲人打上了鲜明的桂龙标记。王秉岐的事业，和我岳父就这么密切。这个老汉，是个实受人，一直顶着的是他们的爸爸：那个王二闰老汉，气也捯不上来的那个人。"

我曾听新民和他儿子都讲到过他当年买漳泽电力原始股，挣过一笔钱。他儿子，那是在王秉岐的悼念仪式认识后，一起在厦门待了两日。随后，我问老人，他告诉我，那也是他平生挣下的最多一次钱。"要说那个电厂吧，我买的是原始股。开始地区工商局拿回来一些，可是谁也不要，没人买。你总还是个领导，应该带头支持山西的企业发展。我说我要，买了七千股，就花了一千块钱。也非秉岐在外做公司，他媳妇连珍还在厦门炒股，我就懂原始股投资价值，实际我也没抱多大希望。不过我清楚，钱投进去，不会作废，倒可能是有月无日子，得一直拿着它。结果没过多长时间，股票弄得要上市呀，人家找来了，要我们退出去。咱手中的原始股，又因为拆细这些，翻了不知道有多少倍，最后拿到二十多万，也算是天上掉馅饼了。正是这笔钱，在那时给我奠定了一些基础。其实我又没钱，这么多年，我就那点儿工资。”

我向老人说：“漳泽电力后面在二级市场上最高炒到四十八块钱，你原始股不退出，分拆之后，手中股票一大把，这时候再抛，可能就是一两百万。”

他说：“那个一开始上市还不确定呢。”

“总之，是你掘的第一桶金，很不错了。”

“我一辈子挣工资，起先是怎么也不够支配，月月捉襟见肘。到孩子们大了，不用我们再帮衬了，我才积攒了一些钱。我的房子也是早买的，当时是二十一万，后头装修，我弟弟也给了我一点钱。”

又说起忻州药厂，这他是：“一样有很好的生产能力，成熟的工艺，生产非常流畅、平衡。”两边比较：“咱们有不好的一面，也有好的一面。好，主要是咱们的工人，高的要求没有，多聪明没有，但是你让他本本分分做事，他挺稳当，也容易满足。那在车间里干活儿，每天多劳累啊。可是你只要把养老保险、医疗保险这些给他都解决了，一个月给两千块钱，那他就愿意干，让他加班加点，也不嫌你。那人家马鞍山的工人，加班就要和你要工资，累了，就要休息，意识就和咱的人不一样。管理人员，在工作上更要讲究方式方法，对，你不能骂人。当然，忻州我也和他们说了：‘不要骂人，有理讲理。’

“我特别同情忻州厂里的孩子们。尤其到了冬天，那上班下班两头不见太阳。开发区现在算市里，实际有些孩子们来上班，还是有点距离的。咱厂里八点准时上班，那他七点钟就得出发，等公交这些都需要时间，公交车人又多，他能坐上坐不上，早上饭还得吃一点儿吧。我和他们说：‘偶尔有个迟到，最好不要扣工资，尽量做到人性化管理。’我又力促把不在开发区住的孩子们的待遇改了，给他们发放交通补助，每天中午，厂里给吃一顿饭。他们一天的精力，全都贡献给工厂了。”

在忻州这边，老人作为公司的顾问，一直待到 2013 年春天老二把桂龙卖给利洁时。

在售让公司上，他和俊新是一个观点。老二向他征求意见时，他还是希望能把企业保留下来。

“我说：‘你再想一想。我的想法是，咱们费了九牛二虎之力，历经千辛万苦，公司才有了今天。桂龙这个牌子，在全国来说，是很有影响的，尽管企业不是像人家那样做得大到什么程度，但是我们是用心做的，企业后来的运行一直很平稳。我不要求每年卖多大的利，不说五个亿，就说每年卖将近一个亿吧，这也是你的企业，也一样为国家做贡献。企业传承下去，就是个无价宝。像桂龙这样的企业，现在你就是再拿出十个亿、二十个亿来，也不一定能办成。’”

桂龙创业，正好赶上民族中药复兴这条大路。

但是他并没有劝阻住王秉岐。

7

照王秉岐原来的想法，那是他们三弟兄晚年都在厦门过，一块儿生活，颐养天年。当时老三秉青已经在厦有十来年了，就他这个哥哥还在忻州。“咱钱不缺，一块儿生活，也能算是对小时候吃苦受罪一个补偿。”

事实上这不大可能。三兄弟每人一大家，你兄弟们再亲，每人都有老伴儿、儿女、儿媳、女婿、孙子、外孙子，本人就枝繁叶茂，已经在家族的森林中了，劈出来一个单零的小花园，那条件再优裕，也等同住疗养所、宾馆，暂时可以，半年一年，长久下去，断然不能。不说老三秉青一家也来住在一起了，就讲他们老头儿、老太太过来一块儿生活，你王秉岐行，大儿子俊新亲大伯、大妈，也没问题，那人家连珍行不行？老二俊义和他媳妇行不行？老三红梅和她老公行不行？讲到底，你亿万富翁，也是一个基本家庭，对于兄弟们（实际也包括连珍对于弟弟二焕他们），在钱上，或者能有一些照应，但真正做到几家人合一起，在此大享荣华富贵，那多还是希望和梦想。

人在晚近，自会有一个既相互依存又相对独立的运行轨迹。

王秉钧说：“就家庭内部也是。老二是最有钱的，他敢情帮帮我们，我们就很满足了。钱这东西，你有点就行了，太多了，你也有负担。我就喜欢过个普通人的生活。老年人了，最重要的是身体好，你身轻体健，粗茶淡饭多活了二十年，全是赚的，比什么都强。”

然而，王秉岐生病了，他这个当哥哥的，还是带着老伴儿来在了厦门。老两口单独住在离高尔夫区不算远的一套公寓里。在兄弟身体稍好些的时候，他两个一两日便过去一趟；当兄弟身体出现情况，包括上医院，他这哥嫂那每天都过去，和连珍和孩子们一道，陪在他左右。

“他发现自己病情加重以后，就跟我说：‘老大你过来吧，领上嫂嫂，厦门气候好，你们来和我住住。’我就觉得，这中间有连珍呢，一起住不方便，也挡不住说长道短。因为他不是个普通人。他要是个穷兄弟，那啥问题也没有了。就是前面说的，你不可能同甘。后来桂龙出现一系列问题，主要就在他们这个家庭内部的同甘上。创业的时候，共同吃苦，那是谁也没有问题的。

“来之前，我还忧虑，老伴儿在这边住不惯吧。可是，人家说：‘去吧，因为咱有这个兄弟了，就怕他没有多少日子了。咱们把他送了，不要留下遗憾。’

“我们家庭就是这样，弟兄们处得很近。现在，他这个情况，你在他高兴，多陪他一天，是一天。”

8

于病榻上苦痛挣扎着的王秉岐，忻州和马鞍山，已经变成了他的人生回望。

上苍在尘世，留给他的时日无多了。山西和安徽，显然，他都回不去了。

（他也不想还回忻州或神池故土，宁愿把自己的骨灰安葬在这涛声回荡、港阔水深、群山环抱的美丽鹭岛。他所知悉的公墓，有天马山永久墓园，有薛岭墓园，有文圃山恩泽园，有东孚万寿山墓园，还有同安、翔安那边的墓园。他从美国休斯顿回来，已想好了他得在厦门火化，在以上墓园中找一方憩息之地，最终枕着经久不息的海浪长眠。）

关于历史上的晋商、徽商与他本人，在这些年里他也多有思考。

王秉岐慢慢地坐起来，说："我是个儒商。我在任职的期间，多年里我请来主持桂龙工作的人，都说我是个儒商；我的上上下下，当然还有社会各界的朋友，也都说我是个儒商。这是大家一致认为的。我赞成这个儒商，也喜欢人家这样称呼。你要是把我评价成奸商，那我就难受了。当然，官商我也受不了。我看不惯那些官商，我甚至看见他们恶心。

"我最欣赏的人，就是我们山西的乔致庸了。电视连续剧《乔家大院》播出以后，我反复看了好多遍，特别受感动。在我看，以他那一代人为代表的山西商人，简直就是中国人几百年来诚信做商业的楷模。因为此，我在安徽马鞍山时经常跟他们说：'你不要说你们安徽的胡雪岩，我们晋商的乔致庸，更值得称道。'我过去后不久，他们就请我去参观胡雪岩故居，说：'你们山西有乔家大院，我们安徽有胡雪岩。'我说：'去看一下可以，但是要我学，那不可以，我不学他。这个人历史上是个败将，甚至可以说败得很惨。现在分析，有历史原因，包括当时的社会条件，实则个人的因素，也不能排除。你一个商人要官至几品，拿钱为大清国表忠心，为左宗棠征西当财政部长，最终被皇权抛弃，一败涂地，可怜的老母亲和他同在流亡途中，能死在他这个大商人儿子的背上。这样的结局，怎能不令人唏嘘、哀叹？它不也是对我们今天商人的深刻提醒？然而，一样可怜的，是我们今天的商人，有太多太多就想着官商勾结，一夜暴富，根本不愿意诚信致富，吃苦受罪，艰难奋斗，他那钱来得不干净，到了，一样不会有什么好下场。'

"台湾作家高阳的《胡雪岩》写得很清楚，指明他是红顶商人，一个地地道道的红顶商人：小的时候靠地方小官；大的时候靠省府大员；红极一时时则靠朝廷重臣。然则，官府风云莫测，重臣会变阶下囚，你跟着倒霉，由盛而衰，一条官商之路，起伏不定，冲上峰顶，坠入深谷，清清楚楚。这和我们推崇的晋商，尤其像乔致庸这样的代表人物，主要靠诚信、自律和励精图治，完全不是一回事。

“好在，胡光墉还不同于我们今天的官商。今天这类人对我们的社会来说根本不是服务，全然是负面影响的，挖社会墙脚的，甚至还是欺骗、压榨老百姓的。医药圈中这样的官商就不少，说起来还是这国企那国企的。我给你讲个道理：我从创办桂龙开始，就没有把这个事情当成自家的，企业民营也好，国营也罢，本身姓什么并不重要，关键它是一个独立的社会组织，对社会负有责任。所以，你把它当成事业来做，实现人类健康的梦想，这是一种；你如果当它是赚钱的工具，那是另一种。”

我插话：“民营企业的老板，不干不行。”

“当然，民营企业刨一爪子吃一嘴，他没办法。”

“有一些国企的老板，他反而不把企业当成国家的。我们是私人企业当成国家社会的，他是国家企业当成个人的。他正好和我们相反。企业承担社会责任，但他不承担；企业所生产的产品要对消费者负责任，但他不负责任。你赢利给国家交纳税收，这也是对社会负责。但我们现有的国营企业，反而企业所得税交得很少，因为很多都是亏损经营，是不赚钱的，自己的职工也养不起。”

秉钧老人插言：“企业应该合法纳税，交好税。桂龙这么多年下来，对神池、对忻州、对厦门、对马鞍山，都做出了贡献。我们在哪儿都是纳税大户。”

王秉岐说：“我平生不喜欢别人乱夸奖我。夸你也夸不到点子上，还不如我自己宣传自己呢。可有一个奖，那我是非把它双手接下来贴在墙上不可。这个奖就是纳税大户奖，很好。神池也留了一部分，忻州也有，一年三千万的；厦门、马鞍山更不用说了，我把墙上贴得满满的，没有缺过一年。这是我王秉岐，不是我说我是儒商，我这个儒商之名，就是这么一年一年向国家大力纳税赢回来的。”

王秉岐喘了口气，说道：“我也有学胡雪岩的，他的胡庆余堂很了不起，又留下来几种药，荫及后人。我进北京搞心悦网、搞桂龙堂，受同仁堂、乐仁堂的启发，也受胡雪岩的胡庆余堂的启发。问题是我在这个关口上生病了，老天爷要褫夺它们，我个人能力有限，桂龙堂、心悦网，流散了，没有办成。”

从历史的角度看，王秉岐是这样一个向度：重晋商或轻徽商？现实回望，讲他的切身感受，两边又发生了根本性变化。

“马鞍山不讲了，好话也说够了，总之，人家是大聪明，像我老大说的，借你的企业为人家的经济腾飞下蛋，而不是大官小官，借机发财。

“这都和你们出来有很大的关系。”

“问题就是你不出来不行。本来我的故乡情结是很浓的。”王秉岐说，“桂龙能成功，和我们离开山西，抓住了机遇，选对了地方，有很大关系。”

第十三章　父与子

1

王秉岐向我谈得最深、似也最不愉快的、但也是不吐不快的一段话，就包含很多父与子内容。

“所以，我这最后拍卖股权，也是万不得已的事。家里，两个儿子不和，一直到2012年；这个里面还有一个不好的情况，是我太太也介入了，她的态度比较倾向老二。她是亲老二。可是，老大这个样子呢，那就是她一手带出来的。从小时候给钱，叮嘱的就是：‘不敢告诉你爸。’弄得王俊新小小的心理上，这老爸就是个对手。

“到后期我年龄大了，也想栽培孩子们。那时候弟兄两个都在公司，我爱人也在公司，她干出纳。

“这一时期公司的总裁叫邱波，他还兼着财务总监。这小子很能干。”

有报载：“桂龙陷入一场管理层震荡的风波。外聘的总经理以及多位高管离职”，正是指邱波带人离开。

据李耀华讲，邱波进入桂龙公司也是蛮早的。“他是2000年还是2001年时就去了桂龙的，一直干了八九年，直到俊新接手。”

邱波的引荐人是潘华。在潘华执掌桂龙，于1994年那样的市场条件下，“水平就是超前的，但是进入后期，潘华已经不是什么高手了。还有潘华的管理水平，也比较有限。这样，王总就决定找他们谈话。王总说：‘我跟潘华谈。’让我跟邱波谈。潘华说：‘那行，我就走。’这一边，我向邱波表达

了王总的意见后，邱波说：‘我还想和王总谈一下。’后来邱波就跟王总谈，王总最后说：‘留下邱波。’

“潘华引荐邱波来桂龙之前，邱波仅是吴太集团四川办事处的经理，吴太集团主要做的是感康这个药。此前邱波连部长和副总也没有做过，他地方倒是跑了有几家，所以他一开始来桂龙，做的只是销售部经理。”

可是他反过头来又抓住了这次机遇，留在了桂龙，对原引荐人潘华取而代之，干了总裁。

后来邱波重庆事发，还陷入了牢狱之祸。

我说：“你说这个邱波，是不是也怨咱认人不准？”

对此他比较矛盾，“可是这个人很有本事啊。他进公司时，咱一年才能做五千来万；他离开公司时，咱已经做到三个多亿了。可以说能力很强。他的改制呀、执行力这些，都不是一般职业经理人所能比得了的。下面他管的人，那是谁也不能动，不敢动；钱上把关更严，只要他没审批，多小的数字，你也划不走。

“一直到后来，我看他折腾得越来越厉害，眼看着我也快失控了，我就把他从总裁降成了副总裁。

“这一降他接受不了了。后来过来辞职，找我说：‘王总，要不我辞职吧？’我说：‘我没有让你辞职的意思，但是你决意要走，我也会批准的，不会阻拦你的。’就这样，他就离开了公司，带了人。”

病榻上的王秉岐，接下又说了用了老大王俊新这一步。

“到这时，我觉得自己年龄大了，该把孩子们培养培养了。我就把老大调回来，说：‘你给咱们出任这个总经理吧。慢慢学的，看管理这个企业。’

“谁知人家上班后没多长时间，就和我话也不过了。

“后来，我带上人马，上了北京。”

他在抱怨王俊新。我在边上，却不由得联想起嘉庆皇帝君临大清朝，那是不多时太上皇乾隆爷倒没有冻顶乌龙喝了。

“这就是我为什么要给你讲这个过程。桂龙药业，不转让已经不行了。

“转让这个企业，等于割我心头的肉，但是我不得不走这一步。”

王秉钧强调："当时，企业很好。"

"这个一转让以后，后面的事情跟着就没有了，都消化了。王俊新和我的关系也改善了。"

王秉岐卖出了桂龙，赢回来家庭、亲情。俊新、俊义在公司里有矛盾是公开化的，你想掩盖也掩盖不住。自桂龙售让利洁时成功，兄弟二人都回归了家庭——尤其是俊新。"哥俩儿还亲得不行吧。"实际上哥俩儿原来就很亲。

"社会上的人想不通，那么好的企业，怎么说卖就卖了。因为桂龙的销量不是很大，但是它的名声大，业界影响特别好。"

桂龙从开创、发展到中兴，正好和中华中药复兴之路是一致的。

2

王俊新说："在我做公司总经理以前，公司一直都是由职业经理人来做这个总裁、总经理的，我爸这个人的思想还是很开放的，我们家人在公司不担任主要职务，这个基本上是他到厦门以后就定下来的。二十世纪九十年代初，中国社会刚有了这个职业经理人，我爸就把公司交给这些人来管理、运行。这就跟乔致庸用阎维藩一样，而非用自己家里人。

"邱波就是他们中的一个。实际上也正是由于他后来任总裁，才导致我离开厦门，去的上海。这是在2003年的时候。

"启用邱波做公司总裁，我爸首先考虑的就是突破销售上的一个瓶颈制约。公司实际在1996年的时候销售业绩已经做到六千多万，可这个六千万上下就是一道坎儿，一做多年，很难突破它。

"必须说，邱波是个营销天才，是职业经理人中的翘楚。公司正是在他的手上跨越式地上了几个台级，从六千万上一直做到了三个亿。

"但我跟这个人一向合不来。

"你看啊，我从小在我爸跟前就很叛逆，我的观点他不认可，他的观点我不认可。这时，邱波再这么一搅和，搞得我和父母亲的关系就更紧张了。在这种情况下，我觉得我在公司再待下去也没有意义了，这就拎了个包，去了上海。

“我去上海的一个很大原因，是公司不开发上海市场，因为上海的市场开发成本太高。这我就跟我爸和这些掌管公司的职业经理人提出来：公司既然不开发上海，那你们就把公司在上海的经营权交给我；我跟公司签协议，上海市场我自己来投资，所有的市场人员我自己招募，自己发工资自己请人；至于我怎么销售，公司在这方面不用出钱，费用为零。

“这我在上海那块儿就是迅速发展。桂龙公司的业绩也噌噌往上蹿。”

3

前面，提到王俊新在上海炒股票，收益不菲，现在，听听他讲：

“我能真正自立，这样说吧，一时间我好像比我爸还有钱，靠的不是家族生意（但必须说它是一个基础，来此掘的第一桶金，就是开发桂龙·慢咽舒宁的市场回报），我涉足股海成就了我，这也不是什么秘密，知道我的人，差不多都清楚这个情况。

“你说，这也挺有意思啊，当初我妈在厦门炒股，就挣过钱。实际就是一个打彩一样的运气，明明人家赔钱嘛，可你就挣了钱，赚了个盆满钵满。

“2005 年以前，我小打小闹也弄一些股票。但此前我个人并没什么本钱，可以用来大量吃进哪支股票。说每个月我手头里的周转资金，倒是有好几百万，但这钱本也是用以上海市场的开拓运营的，这个界线是很清楚的，我不会把它们倒混了。所以说，那常常就是个一两万或几万块钱的事儿。

“2005 年，我赶上了好机会：一、我手里大约有了几十万后来差不多有了将近一百万的本钱；二、这些钱进场正逢中国股市的最低点，咱小小的一笔钱，竟然变成了可遇而不可求的抄底资金；三、这边的朋友给我介绍了一位周老师，他当然有专业投资的背景，这个咱实际也不便给人家乱说，尤当人家也没有拿过咱一分钱的佣金。我吃进卖出主要就是人家指导。我对这位周老师可以说是佩服得五体投地。你看啊，有一只股票我是七元左右吃进的，量还相对大吧，他就让我一直握着，最后涨到了九十多块钱，我逃顶抛出。这我赚大钱，也能说是周老师的杰作。如我要是真懂一些股票，有个什么判断的，早就抛了。实在话是，对咱这样一个小散来说，并不是一波大牛市大家都能挣大钱，相对能挣个百分之几十，已经很不错了，尤其前期有过套牢盘，你能解解套，倒费死那老牛劲儿了。

“我这不足一百万，由周老师指导，吃吃抛抛，几个来回，两个来月时间，就翻了一番，整赚了一百万。这我倒有二百万了。

“资本的继续壮大，还有一笔整钱，也是个二百多万，却和邱波干桂龙总裁有很大关系。你看，这竟然是他摘仙桃的同时反抖落在咱怀里的大红苹果。桂龙公司说是咱家里的，那公司和个人也是分得很清楚的。一般你想在钱上沾个光这些，基本上可以说是天方夜谭。实际上你也就没有这种想法。后来我执掌公司，这道界线一样是也分得很清楚的。我秉持的就是我爸做事业的这种铁面无私。可也是因为这，在公司，我第一个得罪的人就是我老爸；伤得最深的，是我弟弟王俊义。我爸，那是恼死我了；俊义呢，那人家说是我不让他活了。

“看呀，这天上掉馅饼了啊，是个二百多万。对，这年公司的整体业绩大幅上涨，赚到一个多亿；邱波在得了他该得的那一份以后，想着还得弄点吧，毕竟这是他当桂龙总裁挣出来的。有这样的想法，往下说，也属人之常情。另一点，邱波也清楚，这时我爸对他虽不能说言听计从，但他的话只要有几分道理，我爸一定听得进去。为此，他就打上我们子女们的旗号，建议我爸拿出利润的百分之几每年为我们分红。我爸这时觉得他能干，对他印象好，也认为他言之有理，就照他的话办了。这是三份钱，邱波，我，我弟弟，一个人分了二百多万，三个人一模一样，不差分毫。”

我说：“没有你妹妹红梅的？”

俊新说：“没有。”我也没再深问。

“对，拿过来，投进股市。这股票账户上的钱还在往上涨啊，另我一有钱，跟着往里追加，到 2007 年中国股市暴涨之前，我的账上已经有六百万了。

“这后来自然就是一年多的奇迹制造，到 2008 年亚洲金融危机到来之前，我股市资金全部撤出，赚了一个多亿。”

“恍惚在梦里？”

“可当时觉得也挺现实的。不讲周老师对金融危机的预判啊，这话太长。我感觉比我爸都有钱，主要是我握有这么大一笔现金，有点飘飘然啊；再一个，公司那时也就刚缓过劲来，至少现金流是没有那么充裕的；另是我管着江浙沪这一块，也很好，一切向良性有序发展。这时，我对公司总部那头，就有一点儿无所谓。

“我在上海生活得挺逍遥，一个人，也没成家，觉得是从原来的种种矛盾和家族的压力下解放出来了。”

4

“结果，2008 年，我爸和邱波产生矛盾，叫我回去。

“那我肯定不想回去了。我在上海也有一百多号人，整体运作得很好。实话说，我都不需要去管理。股票这一块儿，我全身而退，我把主要的资金又放在了理财上，可以说，根本不用着经由它，我何必回厦门操那么大的心呢?

“我不回去。态度还是很坚决的。拖了多半年。

“这后来，我爸就天天给我发短信，我妈也给我打电话动员我。啊呀，你想想，你又是王秉岐的长子，父母这么反反复复叫，心里也觉得不是回事儿。逍遥总还是有个尽头的，我有一点儿坐不住了。

“再则，从感情上讲，我不能接受自己坐视不管，还是对邱波这个人的痛恨：他走吧，还把公司的人抽走，又在外扬言，说是我王俊新把桂龙搞垮了，把我推在风口浪尖上，替他的背信弃义做挡箭牌。

“说实在的，我太不想牵扯家里面的事情了，这几十年，我和我爸共事，也挺累的。

“可是，不行。再无奈，也得回来。

“一句话，桂龙是我王家的。”

5

“后来，有人说我爸上北京是我逼走的，也并非道听途说、是没有影子的事。

“这个我爸就说：‘王俊新把我逼上了北京。’

“当时，我跟我爸提条件：‘叫我回来可以，我回来干三年，还有几个条件：一、我喜欢用的人我留下，不喜欢的人，对不起，通通走人；二、你不能干涉我的经营思想，我们之间的经营理念，可能存在大的分歧；三、要不然你辞职董事长或者再搞一个什么公司，我要摆脱开你对公司的整个影响。”

我说：“你开出的这些条件对他的打击很大。”

“对。可是在2008年我回去时，这些条件我爸都答应了。这他后来也就成立了桂龙心悦科技公司，还有做桂龙堂，上北京投资，等等。

“我回来干桂龙的底气，正是我有在江浙沪培养的那一百多号人，他们可全力为我作支撑。有这么一大帮做事情而不是混饭吃的人，公司总部进行人员调配，我充充裕裕的，哪有什么捉襟见肘之感呀。我手中的市场尖兵太多了。

“公司在我2008年接手，已经从最高峰3个亿掉到了1.3个亿。因为公司规模大了后一旦缩小，费用就维持不住了。这我爸已经感觉力不从心。我没怎么着急，是我看见后期那两年邱波他们折腾得就没怎么做事儿。我虽然在江浙沪，但对公司的运行情况，还能做到心中有数。

“我也未必有多大动静，就是让它按部就班地来，尽量将它导向正轨。

“2008年，我爸当然觉得不咋样；可是到了2009年，一切就稳下来了；2010年，做到了三个多亿；到了2011年，桂龙公司进行二十周年大庆，我已经做到了四个多亿，利润非常丰厚，一年将近一个亿。

“公司本身也没什么贷款，我这人又偏保守，不事张扬，就希望公司扎扎实实地走好。”

俊新看上去和父亲很顶牛，实则在经营之道上，还是步其后尘，走的仍是他父亲的路。

包括公司二十周年大庆，还有后几次接受记者的采访，就经营这一块儿，他侃侃而谈，大多也还是说的他父亲的话。

随着我们国家医改的日渐深入，未来整个医药行业将会有翻天覆地的变化，主要体现在医药行业整合方面，不管是中药行业还是西药行业，都将逐步进入整合，未来会出现一些寡头药企，行业的领路人。

桂龙药业之所以可以走到今天，同样与科研、销售渠道的网络建设不可分割。外销队伍也罢，网络渠道也罢，都是建立在自有基础上一步一步来走的。

药业巨头从来都是研发、销售两条腿走路。桂龙药业的优势就是近二十年来始终坚持自己的销售理念和研发所积累下来的宝贵经验。

俊新和他父亲一样，有一种合理调配社会资源的才能。他知道他所要的东西在哪儿。

“事情就是按部就班在做，而且互不耽误。所有人员中没有一个人因为我没有上班而停下来，这也最符合我对企业的理解。我去与不去，机器都在运转。企业要长久发展，这是个基本。也因此才能把优秀的人才吸引过来。

“如果你请一个销售总监，你还掌控着销售环节，是不能行的。我跟销售主管说，你让我管销售，我肯定不如你。”

我说：“这是你的优长。”

“该放手的地方就要放手，充分调动员工的积极性。从招人开始，我这思想就灌注给他们了。

“也多是在人性化上做一些尝试。

“如经常和同事做一桌饭，大家一块儿坐下来聊聊天，不管是文员，还是前台，我都会叫他们一起来吃饭。尤其我吃饭时从不谈工作，只是聊天。从这样的聊天当中，你就会感觉出来哪个部门有问题。不过有问题我也不当面向他们说。人事部有问题，我会找人事部经理聊，问清楚是不是这两个人思想上有问题了，有矛盾了？是家里有事，还是工作上不开心，为什么不开心？

“实际上，我也不会很直接地去说这些问题；引导他们是正确的，主要还是让他们去发现问题，解决问题。

“这样，到最后，我就是只管结果，不管过程。”

再次出发厦门，和新民在武宿机场候机，就俊新的情况，我俩还有过一次交流。

“不管你聘了多少副总，都是围绕着你今天做的这件事情，最终实现的就是你一个人的思想，是你的目的。搞一言堂，大家都没有发挥主观能动性的余地，也发挥不了。现在人们经常谈到的管理是什么？你可以说我没本事，但是我知道我的目标，我就雇有本事的吧，至于你怎么办、怎么实现这一目标，这是你的事。个人意志和这个是不一样的。大家的创造性不可限量。

“这个时代也不一样了，现在经常说的，那主要还是团队的作用。

“要么人家说，现代企业结构，数《西游记》这个蓝本好呢。老板有的时候往往一强了，下面的人都白搭，反过来，你就做不成事。这个呢，我反正是目标明确，要去取经的，我对这个东西是坚信不移的，下来你们怎么搞，那得凭你们的本身。我有吃苦在先的沙和尚，有凡事多往负面看的猪八戒（实际这是一个大的平衡），我也有确实有能力的孙悟空。

“所以说，这个人你看他没本事，实际是有大本事，能实现自己的目标。

“最后体现出来的反而是一种境界和度量。”

6

“我爸 2011 年去的北京。他觉得北京好，那我们也说：‘你要喜欢北京就去吧。’

“其实我爸也是想退休了，但他又觉得无聊，整天闲不下来，就是找个事情做。

“2011 年，本来我是计划把公司完成股份制改革推上市。在上市的过程中，我爸一直犹豫。因为公司也不缺钱，每年七八千万到一个亿的利润。股改我也不能牵扯太深，因为它关系到自身的家庭的股份分配，我就不能插手，我觉得这是我爸的事情。所以一旦碰到这儿我也没办法说话，不然那时候桂龙就上市了。”

就上市这块儿，实际上王秉岐在北京也做过媒体宣传。

> 志在重树人们对传统中医药信心的王秉岐开始了他的中药新长征，他首先建立了桂龙堂投资公司，并希望以此为平台将桂龙药业整合上市，从而壮大他的中药产业。

从俊新到他，几提几放。他们准备的是要香港上市，整体策划、包装交给香港一家券商公司来做，花去了他们五六百万。待诸事备宜，如俊新讲，他这卡壳了。

这他也和我讲：他确实找不到桂龙上市的理由。他的现金流很充裕，企业发展得很健康，何必自己将企业奉上，失却了对它强有力的控制。“你上了市，那里就有一整套规则，企业的发展由不得你。”他多年反对“坛坛罐罐”，到此，却也抗拒这个“贪大求洋”？

我说：“如果上了市就是另外一回事儿了。”

王俊新说：“就不存在今天这些事情了。那刚好是 2012 年我爸检查出病来了，他就担忧了，担心他一旦有个什么，我们这个家庭关系维系不下去。‘将来上市也罢，不上市也罢，有我在你们还好；我不在了，你们兄弟之间内斗，公司完了，兄弟之间感情也伤了，你们什么都没了，又何苦呢？’所以我爸就动了念头把公司打包了：‘这样的话，谁也没怨言，大家各做各的事，做你们喜欢的事，你们不做事也没问题，也够生活。’

“就是这么个情况。对我来讲，打击挺大的，不舍得吧。

“我爸是最痛苦的，最舍不得。他第一痛苦，我第二痛苦。我弟我妈力主要卖。我弟弟很爱面子，总觉得老大管这一摊，没他什么事情，受了冷落。因为我弟的性格属于爱摄影，爱玩，这也是他的人生价值，而且在家里，他岳父岳母也说：‘看老大是个企业家，你老二什么都不是。’我弟面子上心态上就拗不过来，整得跟我一两年都不说话。

“当然，我是拦着；我爸的思想，是左右摆动。

“后来我爸找我谈话：‘你就一个弟弟，万一有个什么，我就是在地下，又能瞑目呀？咱们做企业，不管为社会，为人类，最后家没了，兄弟情义也没了，就有悖我创业的初衷。你看，我跟你大伯，兄弟多少年，常念手足之情，其情殷殷，情投意合。爸最不希望看到你们兄弟老死不相往来。干脆，就趁现在，爸主持这个东西，打包了它，如果将来，你们还想做事情，那也完全有机会。’”

说桂龙打包卖出，在王秉岐家庭内部，反对派自是王俊新。

王俊新压力挺大，实也顶不火候。说他完全孤立无援，是在他们家庭内部；稍往外延，这新民和他大伯王秉钧，就是力挺他的。他们就希望，俊新能把桂龙这份基业继承下来，发扬光大。

每家里都有特殊情况。在王秉岐、摄连珍两口子，那是从小俊新就和他们有隔膜。由于两口子年轻时常常忙于工作，俊新小时候多在大妈跟前，是大妈把他看大的。俊新和大妈、大伯的感情很近。这类情况，当年很多。这样的小孩子，回来自己家反而多像客人，那种血浓于水的亲情，中间总觉得挡了层什么。

我跟新民第一次去厦门，几次见到俊新跟大妈、大伯在一起，那种一无挂碍的自在状态，像极了他们跟前的一个孩子。尽管说这年里王俊新都是四十五六岁的人了。

说实在的，在厦门过冬的王秉钧老两口子，已然不仅是在二弟王秉岐那儿多有回护大侄子王俊新了，这里实有一种伤感甚至是一种愤愤然。老太太不知道该说什么，她也不好说，不便说；王秉钧老人，则不能不说。

在厦门长庚医院，王秉岐躺在病床上，输着颜色复杂的液体，王秉钧则站于床前，听他说话，和他说话。当王秉岐由不住想说俊新几句不好，王秉钧便坚定地说：“这我不同意。”“这个我也不同意。”当然，老人也不便深说，毕竟兄弟病在膏肓，剩下的仅为要死要活的一些苦痛时日。还有，秉钧老人也清楚，自己在他这儿再辩再争，也改变不了他对俊新的某种成见，那是在他年轻的时候就形成的。说他这一世最大的傲慢与偏见，正体现在他多年以来对待长子俊新的态度上，改变不了了。所以，这更令王秉钧这个当大伯的为俊新难过，为自己无法弥合他们间情感的疏离而痛心。

在厦门悦华酒店，我采访他，刚客套几句，他倒说起他们老兄弟之间的分歧："俊新有什么不好？孩子很好，非常好。俊新根本不是他说的那样，流里流气，乱交朋友，哪有的事？是他对俊新不公，不能一碗水端平。他头起好些的时候，我还和他争论，我说：'前面的一些事咱不说了，就说后来的这些年，俊新为桂龙公司做出多大的成就？俊新做华东和西南两大市场，业绩是公司历史上从来没有过的；你扶持俊新做集团总经理，一样也是因为俊新成绩做到了那里，没人能比。他当总经理有什么不好？你原来也用过不少总经理，像邱波他们，是全国医药界出了名的职业经理人，可他们做出的业绩，哪一个能和俊新比？公司最大的发展，不正是在俊新手上吗？从一年一两个来亿，一直做到五个亿。他们哪个人能行？"老人语速不快，声音也不高，但一板一眼，头脑十分清晰。

7

王俊新说："那一年对我来讲是最难受的。从我爸决定卖出公司到现在，我都不要路过公司那大门，以前的人我都疏远了。他们好多人要来看我，我说：'你们不用来看我。'将近有一年时间，公司的经理呀、同事同僚呀，我一概不见。最后这是到了2014年，桂龙卖出去已经一年多了，大家才联合了一大帮子一起过来看我。实际上也就是到了这时候，我的心态才慢慢地平静了下来。他们大家也都和我说，过去他们一直想来看我，可也不敢过来，怕我有什么想法，弄得不尴不尬、别别扭扭、挺难堪。我自己的想法也是，因为桂龙被收购以后，它的管理理念和整个企业经营方针，都跟我们过去做的时候完全不同。过去桂龙以人为本，以培养人为主，因为我一直是这个思想，我爸就是这个思想，我正是从他那里继承来的。我爸的经营理念，那他就是不怕你不会，我可以一直教你，你可以不断地去尝试。我爸特别爱才，他觉得人才齐了，整个企业自然而然就成了。在这上面，我也继承了我爸的优点，对人才特别重视，不断地大浪淘沙。我说我有很多市场尖兵，这他们也就是在市场这个大潮涌流中反复淘沥出来的。利洁时的业绩为什么往下滑，并且今年下滑的幅度还很大？因为利洁时它的管理理念、企业文化全是以利益来衡量的；跨国公司，没有人情这东西，所以到现在，老的桂龙人，断断续续走了很多。”

我第一次到厦门接触俊新较多。临行之日，听他车中畅谈，我有个隐约之感，他们这故事是不是包含有某种希腊悲剧元素？一时还让我想起来莎士比亚。当然，这都是隐隐约约的，在我这具空皮囊中，并非有哪一出古代西方戏剧可以对此作比照。倒是此前替某个老省长弄回忆录，这位老省长很实在地说过：“一般像咱家里这种你干什么、不干什么，一旦到了国家那个层面上，那就变成了两条路线斗争，还常是你死我活的。这是事物的发展轨迹。”

就最后卖出桂龙，俊新肯定是最失落的。如上面讲到，他可能会谋求东山再起，但大的家族事业的失去之痛，这个能否真正平复，暂时还不好说。这个可不是他说能平静下来就能平静下来的。

8

回来说王秉岐的病，除前面讲到的各种原因外，另外也是被他自己耽搁了。

在他北京第一次做手术的前八个月，他把病一直当前列腺炎治疗。在这上面，甚至可说顽固不化。

“可是他就这性格，在自己的病上，就听不进别人的话。”

摄连珍和我说：“当时正在北京忙那摊子事吧，我也跟着他多在北京。一天，他到上海开会去了，第二天一早上，他就给我打电话说：‘快快快！’我说：‘怎么了？’他说：‘尿血。’我说：‘多少？’他说：‘很多很多，一两百毫升。’吓得我赶紧给我二儿媳妇打电话。我那几个孩子都是学医的。二儿媳妇接我电话后，马上给上海华山医院的熟人打电话，要华山医院的医生给他检查，可他就给了人家半天时间。

“上海华山医院那么大的医院，基本上都给他检查完了，最后就是给他做膀胱镜——他得的就是膀胱癌，人家检查的是要看你哪里出血，可他死活也不让检查。

“就这样，一拖拖了八个月。他吃药吃的全是治前列腺炎的药。

“我就和他生气了：‘我离开你王秉岐照样活得好好的，我苦口婆心劝你，一切一切都是为了你。你是个学中医的，我是个学西医的，这中医西医哪个不清楚，前列腺炎那就是尿频、尿急这些症状，可你也没有这些症状，你为什么一直要吃治前列腺炎的药呢？怕就怕拖下去耽误了你的病情。

“第二天，他说：‘住院吧。’这样，在北京医院里，一下倒检查出来了。如果早八个月前检查出来膀胱癌，针对治疗，即便是手术，那他的情况，肯定和后来完全两样。

“这个检查出来了，是膀胱癌。医院里的医生就跟我谈，问我要不要把病情告给王秉岐。我说要，因为老王他也是学医的，你骗不了他，这个治疗，你必须由他本人配合才行。可是他知道后，就是不手术。没办法，医院主管主任和他说了硬话：‘你要是不手术，你这个人到年底就没了。’

“这做完手术以后，他人那一两年看上去也挺好，他就觉得自己没事了，一天忙乱的，这个地方投资，那个地方投资。”

实际有不少有事业心的癌症病人，在术后恢复期会突然变得很亢奋，尤当对事业满腔热忱，忘我地投入工作。这是对通常的病人讲，因为这亢奋本是一种假象或错觉。作为你王秉岐，已经错了，耽搁了，术后也跳这陷阱，决不应该。我们说，你是一个企业家，当然没错，可你还是一个进行过多年医药研究的科学工作者，是有名的药学家，国家二级医师，却在术后恢复期这样东奔西闯，本就是一错再错。你好像是在和上帝抢时间，根本还就是对自己不负责任。

摄连珍说：“这些话你原也说不到他耳朵里，他好像不相信自己有过这个病似的。可到了这年冬天，他人整瘦了十斤，肚子也胀得难受，他就给一个同事打电话，说他瘦了。人家说：‘不正常，赶快检查，怕基因突变，转移了以后就麻烦了。’”

这样，在国内查出来，癌细胞已经转移到淋巴上了。

也是听人讲的，美国那边对其有比较好的办法，用咱土话讲是："能把这个东西一下就抓掉。"这就决定去美国治疗，家人陪他去了休斯顿。"光机票钱就花了三十万。贵也得去啊。"摄连珍说，"这飞过去以后就开始检查，给果一检查，他的肝脏上也全都有了。我们想留他在美国化疗，他也同意了，我们就在休斯顿买了房子。因为住酒店不方便，也不是长远之计。如果他当时决定不留在那边治疗，我们也不会买那儿的房子。都是，一切一切为了他。"

"而且他那个性格住在酒店里，过两天就生气了，就闹得走呀。"

"对呀，孩子们也很好，为他能住得舒服些，都同意在那边买房子。"

"我爸在美国做了一次手术。美国那边的治疗方案也比较好，是循序渐进式的。"这俊新也几次提到，"比咱这头科学得多了。坚持下去，肯定会有不错的效果。"

摄连珍说："跟着安排化疗。没想到，他化疗了五次，接受不了这个痛苦了。实际化疗反应不是很强烈的，这前前后后他都没有吐。我们见人家那个化疗的呀，都吐得那么厉害。对呀，他就没有吐，就是牙周炎、高烧，住了一次医院。

"这时他心理上也变得比以前脆弱得多。实际还没个什么，稍微有点儿难受，就得弄他上医院。可是他这又不接受化疗了。

"病人心理也复杂了。后来就一个想法：咱不能把这把骨头扔到美国吧。他头脑里总也冒出一些不祥的预感。没办法，得听他的，这就回来吧，回来了。"

另是去美国前后，还有一两次有病乱投医情况，显然也没能起到什么好作用。这其中就有去顺义进行气功治疗的一段时间。当然，那不会有什么大的坏处，却也不会有什么好的帮助。正如郭新民所说："即便气功对人的身体有好处，那它也是个慢活儿。"你得的是癌症，在此听上这类"神棍或半神棍"五迷三道的"指教"继续练下去，也只会耽搁你的进一步治疗。另一次也是听人说有什么好办法，看癌病的"大师"在唐山，他也去试了一把。倒要说是到唐山见这所谓的"大师"，他听他讲了几句话，就知是一名"卖狗皮膏药的江湖人士"。不过，到这时，他也没什么心情戳穿他们的"狗屁伎俩”了，拍拍屁股，走人吧。

王秉岐有一个己见（你也可以说它是偏见），他压根儿不相信西医。

这和他从早年起即对中医中药情有独钟有很大的关系。所以，就治疗本身，实际也存有几方面的揪扯，忽而东南忽而西北，一会儿刮风一会儿下雨，到了弄得他病情越来越重。

折腾自己，也折腾家人。

他本就瘦小，这一病不起，却又被病魔折腾得掉了几十斤肉。在厦门长庚医院，我当时看到他躺在病床上那样子，体量大小超不过一个小小少年。

家人也一样在为他受苦。这主要是心上的煎熬。我两度飞厦门，没有和老二俊义、老三红梅多接触。但是，其中也知道，他们为父亲做了很多事情。自父亲查出有癌症以后，他们基本上就没有离开过他，一直陪伴陪侍在他左右。

2015 年春节之前，他的病情有进一步恶化的趋势，他说他的一切事情已了结，皆已办完，不准备再接受任何一项治疗，不再受那份洋罪了。

而在此之前，王秉岐又跟摄连珍说了：“我非常爱这个家庭。”意思是他去世后，手里的钱要给下代三个孩子（也就是俊新、俊义和红梅的孩子）做信托。“他问我，你愿意吗？我说，我愿意。”摄连珍说，“老王和我说：‘我的一部分钱和你的一部钱，给我的孙子、外孙做信托。每年给他们钱，受托人是我们的孙子、外孙。万一他们父母的生意或收入上出现什么状况，这些钱可以为孩子们在外求学这些做一个保障。’这我们就专程过了香港一趟，办了这件事。是这样，他后来特别难受起来了，结果就说他的心愿都完成了，不想再受这癌病的折磨了。”

是，他躺着不动，多难受也忍着，静静地等待死神的来临，谁的劝也不听。

他心灰意懒，去意已决，连续几日不进米水。

家中全乱套了。摄连珍哭，好话哄，没用。俊新苦劝，把刚刚两岁的孩子带来逗弄爷爷，一样没用。红梅在一旁抽噎，流泪，也照样没用——王秉岐本来最听女儿红梅的话。在长庚医院说卖出桂龙时，就他三个孩子，他则这样讲红梅：“老三是个女孩子，本身也娇生惯养，从小读书很聪明，过目不忘，可就是不怎么好好读。她学的是英语专业，我把她送到了西安外语学院，这倒是‘女承父业’，比我当年学得也不差。比方说去美国，她做一般的翻译都没什么问题。再一个，她找了个老公，我这个女婿吧，学历不高，但是脑子特别好使，是咱们家最聪明的。他人个子也大大的，高高的。”可这时红梅的话对他也不起作用。两个媳妇急得团团转，一样也没有办法劝动他。

正是在所有无奈之下，老二俊义扑通一下跪在他床头——一跪不起。

最后，也正是俊义这长跪，起了大作用。他那看似已经变得铁硬的心肠，还是让俊义这一长跪，给软化了。

到第二天夜里，他点点头，让俊义起来，答应跟他们去医院。

是的，再好的医院，也不可能真正做到起死回生。但去了，毕竟能补充一些生命体能——输一些那类较为特殊的营养液。

所以，俊义这一长跪，不仅使他改变了那种毅然决然迎着死神的生命态度，也使他几日后身体有所好转，而能躺在医院的病床上接受我的采访。

第十四章　卖掉桂龙

1

在我搜集的影像资料中，有一段利洁时购并桂龙当日在厦门签字的内部视频。可能是因为涉及一定的商业机密吧，视频有几处被剪切，不能说是一个完整的东西。然则，那个真实的现场传过来，且时长还可以，所透出来的信息，并不像一般的仪式签字，只是走个程序而已；这里有动感情的地方，不但售让方王秉岐和他的家人，就是受让方英国利洁时公司的签字代表——杨得志，与赫赫有名的杨得志将军同名，那他也还是在签字之后发表的感言中，很真挚地感谢了王秉岐老总能把自己所开创的桂龙事业交给他们，说这一定得有充分的信任的。

实际上包括和他们竞争的三九集团、德国的一家像拜耳那样的世界级公司，并购实力同样不俗，甚至可说是雄厚的、强劲的。

据王俊新讲，德国那家公司就愿意出资二十个亿以上。王秉岐没有选择他们，主要在于他们不能一下子把这笔钱拿出来，而是需要一个相对正常的付款周期。可是王秉岐生病了，他已在人生的最后一个阶段，对此当然没有什么信心和耐心了。

就打包卖出桂龙，王秉岐实乃与三九集团接触得最早，双方走到谈判桌前的次数也最多。

在厦门长庚医院，王秉岐亲口告诉我，三九集团的决策层有一个错误的判断，认为国内没哪个药企就购并桂龙会一下子拿出十多个亿来。说说可以，数这么多真金白银，还真的不容易。大家都是从市场上历练出来的，很清楚时下所谓的资本运作，本来头寸还不好调用呢，去哪一下子拿出这么一大笔“闲钱”来呢？所以，他们就想压制王秉岐，守住十个亿关口，压价到十个亿以下。

殊不知王秉岐干事业，一生都以雷厉风行著称，他们对王秉岐这个谈判对手也实在了解得不够。待他们僵持一段，回头想王秉岐可能想通了，打过来电话，问考虑得如何，王秉岐在这头说，已经把桂龙卖了，钱也回来了，比他们多出价两三个亿吧，就桂龙公司，本人手上已空空如也，好听点儿，是头上还顶了个顾问名义。

现在人遇到这种事爱说：那是肠子也悔断了。三九家大致就这个样子，肠子也悔断了，也悔青了。差不多是只煮熟的鸭子，谁曾料想能呱呱呱呱地飞到天上？

不过想来，他们的判断实际也不差，国内是没有哪一家嘛。可是，你不想想，这世界大了，国际上盯着中国市场这块大肥肉的，向来人还少啊？

唉，三九这些过来谈判的老总，最是知晓桂龙集团的整个价值：市场价值、社会价值、人才价值，包括文化科技品牌价值，还有那些个土地贮备，不一而足。所谓桂龙的评估报告，那是王秉岐自己倒把水分挤干净了，它哪是这么点儿钱就能打包着买过来的呀？

说“桂龙资产是最优良的”，业内就有很多明眼人不吝赞美。尤在王秉岐卖出桂龙的同时，摇其头替他们惋惜的，并不在少数；说是值五十亿、一百亿的，均有人在。

人家利洁时打赢的是“短平快”：见缝插针，乘隙而入。

王秉岐病了。身体有疾，有大疾，看问题与决定事情的角度，会有很大的不同。的确，身染沉疴之人，有时会做出来让身边的人都瞠目结舌、大摇其头的事。

不过，这对于王秉岐也对，也不对。说不对在于，虽然说王秉岐病了，那他也还是经过不眠长夜的深思熟虑和运筹帷幄精明的测算的（可能把自己所剩的生命时日也打在里了）。他还真的不做赔本买卖，一生都很少做。如前面讲到的朱海滨骗他的事，也只能说是上当受骗，不可纳入买卖之列。

至于他做慈善和长期捐助家乡的教育事业——神池县就设立有一个激励山乡教育的“桂龙教育基金”。为此，网易还专门找他做过一期视频采访直播，节目的规格和采访质量都是比较高的。这大致在他查出患有膀胱癌的前三四年，他人看上去和实际年龄差距挺大，头发漆黑，面庞清癯却俊朗，衣着合体、整洁，风度翩翩。

他和主持人说：“我是个儒商。”特殊的是他回答问题，既清晰明晓，又有思想高度。他头脑的敏锐度不是一般人所能及的。单看这个信息量较集中的访谈，你大致都能理解这个人怎么能从山高皇帝远的神池小县一骑绝尘走来这里。这上面，美国作家福克纳的一句话是：有些人要成功，你是挡也挡不住的。

看网易这个“老总访谈”，凸显的是他的社会责任与企业家良知。他做慈善或捐助教育事业却并非在做生意——有些老板们专靠这个打拼天下。他早就过了花钱买名声、买荣誉阶段。到这时候，桂龙也用不着他以此来造势。

除却老家神池县所设立的桂龙教育基金，他的其他慈善捐助，都是相对随机的：来地震咱赈灾；发洪水咱赈灾；老少边穷缺钱少药，咱出钱出药；之外，修路、架桥、盖学校，凡找来我者，我都不让你空手而归。这上面，大儿子王俊新能数出个大概来，相加大几千万总是有的。

2

倒要说他后期在不少项目的投资上多缴的学费。例如心悦网、桂龙堂这些，不止消耗、沉淀了他大量资金，人似乎也被拖垮了。

王秉岐身上有非常可贵、特别不俗的地方：他始终抱有开创千秋大业的人生梦想，并甘愿为之去努力、去拼争。

在此事上，我就不同意俊新说的“他想退休了，可他闲不住”，这实际是把他老子看轻了。

投资办桂龙堂、创业心悦医药科技网，正能说是此间的代表。

2010年左右，他把主要精力已放在这上面，人又常常坚守在北京。

当时，李太平上京去做手术，住他京中寓所。

他一有时间，就和太平聊他这些事。具体说到桂龙堂的整体构架，那是得拿出五十个亿来的。他的构想（实际已经铺开了，北京的地也有了）：先建立连锁药店，一两年内在北京、上海、广州各建十五家，全国共建五百多家，连锁药店就叫“桂龙堂”。

桂龙堂和心悦网，还有专门攻克今人多抑郁的“复方柴胡安神颗粒”系列产品，一俱都设计在他那个大沙盘之中，事业的愿景宏大而壮美。

当时对他的报道中，多说他正值“事业如日中天”，却“常有忧患意识，总是走一步，看两步，想着第三步”。

关于心悦网，我第一次在厦门期间，就和他有过深谈。因为这时“互联网医药”已非一般的炒作概念，而是正全面地进入中国社会，他这方面的构思与践行，实际都走在了时代的最前列；也恰恰因此，他这样的先行者反而得承受孤独，遭遇挫折，甚至于失败。

关于心悦网这块儿，我真就为他击节叫好。还是老天爷对他生命时光的褫夺，否则，这沙盘里的参天绿树，完全有可能实现它遮天蔽日的荫护效果。

自主创新是企业增强核心竞争力和持续发展的命脉。王秉岐每天熟练地操作摆在办公桌上的电脑，借助电脑使其人脑的思想发扬光大。心悦科技有限公司、心悦中医心理治疗连锁机构随之产生。全国中医中药领域首家专业性的门户网站正式上线。

王秉岐说，软件开发这一块，全是研究生，目前有十七人着手此项全新的工作，这个项目完全是个新项目，桂龙药业那边做的是传统的中药，中药也存在个现代化的问题……

王秉岐现在搞的这个心悦中医心理治疗产业，包括一个天网，叫心悦网，一个专业的网站，目标就是将来做成中国乃至全球最大的心理救助网站。和专业网站配套的，是准备建立一支强大的地面服务队伍，叫地网。天网传递信息，地网提供实质性的服务，地网通过人力服务的这种途径，达到救助心理障碍的这种目标。

为什么要搞这个“网”？王秉岐的思路是：现代社会竞争的加剧，生活节奏提速，人们普遍来说，压力越来越大，特别是中型城市，包括现代的农村也不是过去的概念了，给现代人这种压力是非常大的，所以在这种情况下，产生了这个心理疾患的非常多。表现出来就是焦虑和忧郁等问题。过去这个病属于成年人，现在已年轻化，从小龄到老年，整个人群中都或轻或重遇到这种疾病。按世界卫生组织统计的数字，全球有5%到6%的人就有此疾病。王秉岐认为，远远不止这个数字，5%到6%是真正的忧郁症病人，但是有忧郁情绪的，要占到30%至40%。

王秉岐建立“心悦科技”专业门户网站，使其成为中华健康连锁机构，并配套在“地网”上搞地面服务队伍，全国地级以上的城市铺满就有一百个，一个城市布置一个点，全国就有五千到一万人，可以为不少人提供就业岗位……

“复方柴胡安神颗粒”是桂龙正在发力营销的新产品，王秉岐为它想的口号是“千金易得，一‘觉’难求”。现在在北京的公交车身上已经可以看到它的广告。此药主治抑郁失眠，是王秉岐打造“安宁世界”药物链条的又一成员……

但是，这在现实的平台上运作得非顺利。他那么多年打造自己的团队，此时却发现，过往与今日之大大不同，这已非现代化的销售和管理，所面对的是一个庞大而复杂的新型系统。他身边可没哪个孩子是年轻的马化腾、马云；他实则只有中医药专业团队这一块可以比较顺畅地进行调配或运作。过去的宝贵经验是社会资源的调配、整合，现在当然也不例外。关于此摄连珍对我讲，他实际是和后来找来的团队（其中有东北的一家）合作得都不行。

他感到困苦、疲惫，向李太平感慨：“发现自己老了，累。”

3

另外，还有打官司这些，同样也耗费他了很大的精力与心力。

王秉岐说：“到现在，桂龙咳喘宁总有八九家在生产，全是偷工减料的东西，把你的牌子也砸了——早就砸了。”

我凡到一地，都要到药店去看桂龙公司的药品，实际我在多家药店，没有找到他们生产的桂龙咳喘宁胶囊（或冲剂），多见到的，却是别家的桂龙咳喘宁，弄得我都有些心意沉沉：“王秉岐的桂龙健康事业，真的和他脱开了？”

“我桂龙咳喘宁是什么？当年北京鉴定，那么多国家顶到头的专家赞不绝口，那个激动的场面呀，我都形容不来。它为什么能拿到国家科技进步二等奖、我们山西科技进步一等奖呢？是我们的药在消费者心中的地位高，我们填补了国家这个大空白。”

但是后来几家的桂龙咳喘宁一出，把他的“牌子彻底给砸了”。“专利是不允许侵犯的，那是你国家制定的法律，写得清清楚楚；除了专利，还包括桂龙咳喘宁的处方专有权，这是技术程度上的，也是不允许侵犯的。”

事实上，当发现桂龙公司被侵权以后，王秉岐便上京找国家药监局有关部门进行投诉。

当时这块儿正掌控于后来被判了极刑的原国家食药监局局长郑筱萸和他的亲信曹文庄等人手中。

“这些人，哪还管你什么知识产权保护那一套呢。他们就是大权在握，想干什么干什么。曹文庄、郝和平都做过郑筱萸的秘书，都是郑筱萸一手提拔到司级官员位置上的。他两个东窗事发，退下来的郑筱萸也被抓了进去；再下来就是被执行死刑，草草收场。”对，话里有话。

王秉岐对他们的谴责则是强烈的：“那他们就是赤裸裸的，什么事都干得出来。我们的桂龙咳喘宁败就败在郑筱萸这伙人手上。我上国家药监局维权说：‘本来你将药批也就批了，那你也该改个药名，不要叫它桂龙咳喘宁了。因为我们的品牌已经形成了。可你就是要原模样叫桂龙咳喘宁。’没有办法啊，我们这些搞医药、搞企业的，只有谴责，发出声音。”

王秉岐维权，走向对国家的诉讼，颇具戏剧性巧合。

“郑筱萸被执行死刑的同一天，我在北京市高级人民法院打输了官司，是最终判决。”

王秉岐在病榻上，再次向我强调："现在，这股子气还在我肚子里憋着，是没地方出了。

"你看，已经出现这种局面，真就没戏了，随后呢，我也放弃了。

"医药产业这是个仁慈事业，没有仁爱之心没有慈爱之心是办不好这个事业的。"

4

桂龙的售出，一时还是引起业界甚至社会上的纷纷议论的，当然说什么话的都有。一段时间，消息和评论颇密集，网络上自是挂了许多。其中有深度报道做成文章的，是一篇《桂龙为什么要卖》（《E药经理人》杂志2013年3月刊），不但出手早，采访得也较深入，对其中一些主要问题，也有相应的揭示：

> 这家三年前筹备上市，在细分市场拥有绝对话语权的公司突然卖掉，让数度接触过它的投资者、甚至公司一线员工都感到措手不及，这里面到底发生了什么？请看独家调查。
>
> "老板签字后，我们才知道公司被卖了。"桂龙药业（以下简称"桂龙"）一位员工说。2013年2月，英国快消领域巨头利洁时（Reckitt Benckiser）宣布，正式收购桂龙，双方已就合作意向签订了合同，目前该笔交易金额暂未披露。
>
> 不过，2010年时，桂龙公开表示要在三年内将企业规模做到十亿元，且当时已经开始筹备上市相关工作。
>
> 这种始料未及不止发生在桂龙内部，熟悉桂龙的多个业内人士都觉得"太突然了"。还有一点颇让业界感到"意外"，接手桂龙的利洁时是一家以日化用品著称的公司。
>
> 在国内市场上，大多数人对利洁时这个名字很陌生，但该公司旗下的品牌杜蕾斯、滴露、薇婷、巧手等均有很高的知名度。一个"外行"来收购一家医药企业的案例并不多见。此前，赛诺菲收购

太阳石药业、阿斯利康收购广东倍康制药，均属于同行（医药企业）之间的并购。

在整个医药行业，年销售额不到四亿元的桂龙规模尚小，却是一块不可多得的优质资产。桂龙以呼吸系统用药咳喘宁起家，后凭借慢咽舒宁在业界声名鹊起。目前，桂龙主打产品慢咽舒宁清喉利咽颗粒已成为国内慢性咽炎市场的第一品牌，且近几年来桂龙通过渠道管控等手段保证了该产品良好的终端统一价格。

除利洁时外，华润三九等多个企业也对桂龙觊觎多时。据知情人士透露，利洁时约谈桂龙之前，华润三九对桂龙已经有过深入地洽谈收购事宜，当时华润三九已经请了会计师事务所来对桂龙进行相关的财务审计，但最终因为价格没谈拢而“流产”。

“利洁时出价最高，又赶上了一个好时机：王秉岐年岁已高，此前所患疾病复发，希望能够早点为公司找一个好归宿。”

桂龙董事长王秉岐自身也更愿意将公司卖给利洁时，“因为利洁时这个外行来收购，能够保证桂龙既有队伍的完整性。”

桂龙是一家典型的家族式企业。收购前桂龙总经理是王秉岐长子王俊新，王俊新从基层业务员做起，早年负责桂龙当家花旦产品桂龙咳喘宁的市场销售工作，专注于学术推广这一模式使得桂龙咳喘宁大获成功。

身为董事长的王秉岐与长子一方面是领导与下属的关系，另一方面则是父子关系。但在公司具体事务的管理上，由于权责职能界定不清晰，这两种关系混为一谈，王秉岐和王俊新之间便出现意见分歧：“董事长要求总经理按照规定向自己汇报相关工作，但总经理认为既然是家族的公司，没必要拘泥于形式。而且，总经理本人在股票资本市场上小有成就后，渐渐对于企业经营管理的精力投入也有所减少。”一位接近桂龙的人士说。

据了解，王秉岐还有一次子，曾进入桂龙负责过广告投放方面的工作，后来也因种种原因而出走。次子离开公司后，开了一家独立的广告公司做桂龙相关产品的广告业务，但最终也不了了之。

其实，王秉岐本人早有意去家族化。

2001年左右，王秉岐引进职业经理人做企业的营销变革，开创了备受业界推崇的“合力营销”模式，且逐渐放弃了学术营销路线而全力主攻OTC市场，也因此成就了慢咽舒宁清喉利咽颗粒的辉煌，2010年慢咽舒宁清喉利咽颗粒单品销售额达到三亿元。

尽管OTC市场的快速崛起使得桂龙销售额有了快速增长，利润额也大幅上升，但自2005年后，桂龙的销售额就始终在四亿元左右徘徊。放弃学术推广，单腿走OTC路线，这一选择无疑为桂龙后来的发展带来极大硬伤。

2008年，桂龙陷入一场管理层震荡的风波。外聘的总经理以及多位高管离职，王俊新才被推到前台担任总经理。桂龙一位早年离职人员称，桂龙与原总经理最大的分歧在于桂龙的销售费用不断增加，但年销售额不断下降，利润率也随之大幅下滑。随后，桂龙进行了团队重组。

时任桂龙的营销总监戴峰被提拔为副总经理，全面负责营销改革；空降圣元国际（圣元乳业）的尹朝木，任职市场总监，重点负责桂龙的品牌运营；桂龙引进原西藏奇正藏药富有销售管理经验的马承曙任职销售总监。

这次人事调整颇有成效，2009年桂龙的年销售收入和利润都创历史最高水平。与此同时，桂龙重拾学术推广模式，重新组建医院营销网络。但2011年开始，桂龙的销售额再次陷入平静期。

一直以来，桂龙都是靠着单品在市场上单打独斗，先是桂龙咳喘宁，后是慢咽舒宁。产品线单一，缺乏新品推动，加之老产品增长遭遇瓶颈，桂龙的年销售额很难再有突破。王俊新等一群桂龙元老对此早有共识，并立志改变这一局面，曾表示在2010年上市五到六个新品。

按照三年前桂龙的规划，桂龙着力在母品牌框架下培养子品牌系列产品。主要是慢咽舒宁品牌和桂龙品牌，以及治疗抑郁失眠的新产品桂龙复方柴胡安神颗粒等。现在，慢咽舒宁品牌下拥有四个子品牌产品，分别是慢咽舒宁清喉利咽颗粒、慢咽舒宁好爽糖、慢咽舒宁复方青橄榄利咽片、慢咽舒宁咽炎片。桂龙品牌下拥有桂龙咳喘宁胶囊和桂龙咳喘宁颗粒。

但是，这些新品的上市并没有改变桂龙年销售额增长无力的困境。

一方面，这些产品本身竞争力不足；另一方面，桂龙的多数产品属于 OTC，该类产品完全依靠广告来拉动，有着极大的不确定性。

广告实际上是桂龙整个企业销售的命脉和核心。慢咽舒宁品牌下的一系列 OTC 产品销量的提升和增长直接与其广告投放的力度和精准度成正相关。2007 年，桂龙广告投放达到峰值为一亿元。

近几年，随着传统媒体广告价位的日渐上涨，桂龙也在有意降低广告投放的成本，其精准度也不断降低。尽管桂龙每年都在调整相关广告投放区域以及策略，但就现在的情形看，仍旧处于试错阶段……

5

然而，就打包卖掉桂龙，即便对王秉岐本人和他的家族，你也不能说就是一幕沉痛的悲剧，或者说是家族企业的寿终正寝。

返回来再看王秉岐，那是不是将掌舵多年的桂龙航船交还给了人类社会这个汪洋大海？甚至有“扶上马，再送一程”之意？

尤当把桂龙这成熟品牌从自身和家族的捆缚中解放了出来？

但就此，郭新民的话说得挺狠：“卖出去了，那你就什么也不是了。除了你是一个有钱人而已。中国有钱人多着呢。”跟着，又恶补了一声，“钱是个什么东西。”

郭新民的感情动得挺厉害。他与桂龙事业多年有交集，当二爹这么猛的一招，却也打破了他心理上原有的那道界限（“二爹也就是说说而已，你当他真舍得卖出去呀?”）。惊愕之外，他有那样的悲观，不难理解。（这李太平还是呢。咱神池出桂龙的骄傲与自豪是不是跟着黯淡了？“秉岐人家卖给的还是外国人吧。”）

在他们当中，特别不同的是张志礼。他就认为，王秉岐卖出桂龙，卖得实在是太好太好了，是激流勇退，是见好就收，接着，还有一堆的好。

李耀华的态度则从容冲和得多：“当时卖的时候我就听说了，从我来讲，咱们也离开了，不好多说什么；但实情是还是经常想起来，王总咋就把桂龙给卖了？尤其对我们这些从一开始创业一直跟到1995年、1996年桂龙发展壮大的人，这包括外面的销售人员、亲自参与创业待得时间相对长一些的人，我们经常会说这样一句话：‘我们都是从桂龙这所大学里走出来的，是桂龙黄埔系第一期。’就像现在，我还在医药界范围做事，经常会出去开药交会啥的，常能见到过去我们这一帮子人，大家都有这么一个感受：就是因为在1991年、1992年全国的药厂，尤其是民营企业刚刚起步，桂龙能够在当时的情况下，聚集起五湖四海这么一大帮子人，从头起步，埋头苦干，奋力搞事业，大家在桂龙学到很多，大家也都非常感谢桂龙。我们这些人的感情就像大学同学一样，大家虽然前前后后离开了，但对桂龙的感情都没有忘，王秉岐就是我们的‘老校长’，卖出桂龙，我们都是很惋惜，非常惋惜。

“当然，后面人家英国人还是继续打着桂龙的旗号，但是今天的桂龙和过去的桂龙不一样了，今天这个‘大学’里面的‘校长’是谁？现在一说桂龙，好像已经跟咱没有关系了。

“第二个，他在那种情况下卖出桂龙，我感觉也还是一个明智之举。为什么呢？他自己身体不行吧；两个孩子俊新、俊义有无矛盾不说，我在桂龙的时候，俊新就曾做过一段时间副总，我当时就经常收揽他：‘这你可不行，又挨骂呀。’俊义那时候还比较小，也不能给他太大的担承。他们两个，我还是比较了解的，都不能和他爸看齐。王总那就是他们家族最强的人。两个孩子，哪个搞上，他也不会满意。”

就此，摄连珍还有一段话：“俊新、俊义也是有能力的，都是比较聪明的孩子。孩子们不能得到更大的发展，还是让他爸的光芒遮住了。实际也是，一家人不可能都像他那样特殊。儿子们为什么最后也没有达到他所希望的那样呢？说到底，还是他太优秀了。在这个事上，我也多次和他争辩，我说：‘我们本身都是你的附属品（从属品）。是你把两个儿子束缚得好些事都做不成，他俩还得看你怎么要求的吧？你不想想，大事上都得听你的，他们自己能有一个长远计划和自我设计吗？不能。这么多年下来，他们再有个性和独立想法，也让你打磨得没脾气、没棱角了。’”

这之后，她停了停说：“王秉岐，那可不是一般男人。”

6

王秉岐先生带着全家人都进行了签字。他们签署的文件有好多份。国际律师事务所的代表是一个大个子白人，由他将文件一份一份递过去，站于他们背后的利洁时公司代表，给他们一一指出文件上要签字的地方。

所谓全家人，并不等于全家福。如女婿、媳妇、孙辈、外孙辈，便没有签字资格。桂龙董事局的成员，就是王秉岐、摄连珍老两口和三个孩子：王俊新、王俊义、王红梅。前面已说，他们亲生的是两个儿子，女儿红梅是养女，比她两个哥哥要小十多岁。他们夫妻俩领养她时，人已届不惑，确定不会再生孩子了。倒是他们老两口子更亲这个宝贝闺女。红梅生性聪颖，从小就是乖乖女，很讨父母的欢心，王秉岐、摄连珍老两口都爱夸红梅，一说便是女儿脑筋好，孝顺，她两个哥哥，比不过她。

签字过程自是庄重、严肃的，但在这种庄重、严肃的氛围中，主要家庭成员的情绪与心境，大有不同。

如坐在父母中间的王俊新——这个桂龙集团的总经理，他似也在积极地协同父母将今天这个售让公司的签字仪式顺利地进行下去，然则，那种掩饰不住的失落感，还是在他略带疲惫的面庞上时有显现；他人的状态远说不上精神，头发也有点儿乱。

这后来，我看桂龙公司二十周年庆典的影像资料，虽不能讲同一个王俊新（王总）与今日别于天壤，但差异无疑是明显的。

桂龙：一个著名药企的盛大庆典，全国药界与媒体代表成百上千地纷纷拥入现场。庆典仪式一看便知经过精心策划、布置与演练，当台上那条象征着桂龙腾飞的金色大龙霎时间被倾倒而下的香槟酒点燃，龙身上飞溅出一片迷人的火花，全场人人惊呼，掌声雷动，欢腾的气氛到达了沸点。

王俊新精神状态良好，在父亲这个公司董事长之外，作为公司站于最前列的人，他不仅对桂龙二十年来的艰苦创业、屡建辉煌进行了历史性的回顾与总结；那样一个大场面，都可说他从始至终应对裕如——是桂龙的气场，也是他个人的气场——是不是有取代父亲王秉岐先生之嫌呢?

当初，有谁会想到，隔着几年时间，桂龙药业会走向这一步？真堪世事难料。

王秉岐先生带着全家人分别签字以后，那支签字笔又回到了他的手中。甚为有趣的，是他专门盯着这支签字笔看了一眼，然后向递笔过来的利洁时公司代表说："笔帽。"

这真是一个十分有意味的地方。签字笔所代表的东西太多、太多。

是他的身家性命。也是新民、太平和我这里的良多感慨，万语千言。

前面提到的利洁时签字代表杨得志，实际是个美国人，王秉岐说他是利洁时亚太区的市场总监，后来兼任了桂龙公司的董事长。这人也一派儒雅之风，体态微胖，肤色绵白，讲话慢，汉语风格却也和中国大陆不同。然则，在签字仪式上他打了个比方，倒显得很内陆化。这是在王秉岐将签字日定为"一个特殊日子"，他则将其向上抬了一格，说是"一个特殊的喜庆日子"，是王秉岐先生"向外聘闺女"，而他们利洁时公司就是"这好闺女"（王总一生的心血）的"最好夫家"。

杨得志代表利洁时，更多表达了他们对王秉岐先生的尊敬。

但此在的道理，是桂龙药业将在他们的手中，开启一个历史新纪元。人家按捺不住的大兴奋在此。当那一份份经过签署的文件被一一收起，利洁时公司实乃已进入中华传统中成药领域，包括研制、开发、生产、销售等各个环节中。（所谓"走出去，引进来"策略——将桂龙药业核心产品之一慢咽舒宁清喉利咽颗粒推向海外市场，并以桂龙药业的国内销售渠道而来服务利洁时）

这里同时还有东西方文化大融合（大冲撞）元素。

西方人想拥有传统中国的东西。我们呢（作为王秉岐）是不是真为"桂龙女儿"看上了这个阔绰的"夫家"？利洁时这个平台足够大，还是我前面的意思，“好女儿”到此登台献艺，不妨再演一出精彩不断、高潮迭起的大戏？

所以，我们不能讲人家到此仅为攫取。不，售让桂龙药业，主动权还在王秉岐，是他的决断起着关键作用主导了这一切。

这个签字仪式，从某种程度上讲，也还上升到了国家间的外交。杨先生对王秉岐不吝溢美之词，虽说主要在溢美，可也是这上面的明证。有谁说它又不是一个外交场合呢？王秉岐青少年时代的人生理想，便是做一个外交官，在国际舞台上叱咤风云，为祖国赢得更多的荣誉与尊重。后来，这一人生理想没能实现，他转学了中医、中药，又走上了仕途之路。但这些并不排斥他能够拥有外交家的迷人风度和睿智头脑，尤当日后坐在这样具有外交性质的谈判桌前，或者在商战中占得先机，或者在 OTC 博弈中让出一部分利益，为着桂龙品牌这个更大的目标而努力。最早（时在 1989 年）与日本友人司西清一的北京会晤；之后弃官下海办神池中药厂，而于 1991 年在山西中医药界第一个站出来，从神池小县南迁厦门办合资企业，与著名台商沈少良先生携手；当这中间出现问题，旋即又与架机飞回祖国的黄植成先生紧急磋商，请来黄先生在台从商的家人进行合作。这些，都是例子，亦体现出他这方面的才华与人格魅力。

当然了，在其涉外谈判中，他能够始终葆有底气，主要还在他拥有我们常说的“拳头核心产品”：桂龙咳喘宁。今日莫不如此。且“拳头核心产品”积累得更多、更丰厚。用杨得志代表的话是：“桂龙有好的品牌，好的商业模式”，最后还是“桂龙的资产非常优良”。另外，桂龙管理人才的储备，科研力量的储备，包括优秀员工的储备，也都令他们利洁时（北亚）公司甚喜甚幸，大喜过望的。仍言“桂龙资产非常优良”，人家外国公司掏出真金白银来，买你的，就为这个。

追思以往，今天有着一个根本不同：是桂龙与利洁时“战略合作”，他这个主人公却将抽身离开，一去不返。

王秉岐说：“我算了一下，今天应该是桂龙药业差几个月四十周年的一个日子。”（也提供给我一些需要对他一生重新进行梳理的信息。）“我开出来的第一张处方，就是给我二儿子治疗小儿支气管哮喘的，它正是我们现在桂龙咳喘宁的前身：桂枝加龙骨牡蛎汤治疗小儿支气管哮喘，这即是桂龙最初的由来。”老二王俊义生于二十世纪七十年代初，他一岁多时得的小儿支气管哮喘，是这样算来四十年。为此，也就有了接下来的话：“作为一个民营企业，桂龙能走四十年，也算不错。磕磕碰碰，歪歪扭扭，欣慰也有，辛苦更多。我们可以很客观地看到，家族企业本就有它致命的弱点，突不破家族这个圈子，到时候只会把自己的企业做得越来越小，这是我从开始办企业的时候就预料到的，古往今来，几乎无一例外，当然桂龙也在其中。”难能可贵的或者正是他对自身处境的坦然面对。

他说：“我对政治不感兴趣，甚至有一些厌恶。”

的确令人印象深刻。若不是对他有一定的了解，他身上类属于外交家的迷人气质，雍容、豁达，包括一如既往的干净、整洁，语言表达更老辣、更纯熟，更能驾轻就熟地掌控局面，整个人似乎都充满一种精神感召力，目光中更是透出来一种不容置疑，你断然不会相信，这个年近七旬、刚刚在北京动过癌症手术的人，他拖着的是一条沉重的病体，心力交瘁。

7

签字仪式的主持人是随后便接了桂龙总经理一职的戴峰。

他人看去颇年轻，也算英俊，后来还获了一个年度职业经理人大奖。

他这时正可说是两脚分别站在前后服务的两边主家的两条船上，内心不会不起波澜，而况利洁时公司接下来是要他来负责桂龙公司的全面运营的，真正得到了升职机会，不用再在王俊新手下施展拳脚了，他可以甩开膀子大干，搏击商海。

与利洁时谈判，对于王秉岐来说，也不尽然就十分愉快。

“利洁时北亚地区的总裁叫阿地，是个印度人，这家伙是个孙猴子。刚开始转让的时候，我们说得好好的，他说王总，你无论如何不能彻底退出去，我聘你们做股东，你得帮助我过渡这个企业呢。我想，这个咱们是应该做的，就和他说，这没问题，我会帮这个忙的，毕竟你们对这个企业还不熟悉。可是，和我谈判到中间的时候，因为他已经考察这个企业，下决心要把桂龙抓在手。结果，前前后后，我们只用了三个月时间。照说，一般的收购，没有一年时间是下不来的，他赶得急，首先就让你失去了比较多的思考时间，这是有失公允的。当然，我也是快刀斩乱麻，省得夜长梦多。这上面他们还是动了些心思的。

“他最不应该干的一件事情，还不在于承诺下我们什么了，后面又不算了，是谈判中间，他不知道从哪里搞到了戴峰的电话号码，把戴峰叫到了北京去，说给他交个底，你就是咱要接手的桂龙集团的总经理啊。不说戴峰是否透露给他们多少桂龙的老底，这戴峰还是我们管业务的副总裁呢，你这样做，至少就有悖商业道德吧？

“再加一句，你许诺我总经理不动，原班人马不动，这也是我觉得愿意售让你桂龙公司的很重要一条。公司有好多人跟了我们那么多年，我们谈出这条件，就是要对他们有一定的保障，也保障桂龙的顺利交接、运行，保障下一步桂龙进入利洁时序列后在国内的发展。可是，你阿地在谈判中间就要这样的两面手断，该怎么说你？唉，我也不便批评他们。”

就以上话题，王秉岐还说了不少。因为他在谈判中间并不知道这个情况，一直到香港交接时（此前在那边还有一个签字），他和他们谈几个主要的人选，才发现他们在背后有这样遭诟病的地方。

“这是他作为外资企业非常不规范的行为，而且你对自己也不负责。”

让王秉岐更为郁闷的，是利洁时接手后桂龙公司大幅下滑的业绩。

这是从俊新手上一年做到五个亿一下倒掉了一两个亿。

他在长庚医院的病床上，也大呼自己亲手卖出去这桂龙事业堪忧。

见此情，我说：“哎呀，看这‘姑娘嫁’的。”不过，心想，你这“嫁妆”还是不错的呀。

王秉岐说：“由五个亿直接掉到今天不到两个亿。赔钱，今年纯粹是赔钱。”

转头他就说起新董事长杨得志：“让他兼任了董事长，董事长怎么能兼任呢？这个杨得志兼了董事长以后从来不来。他们说现在完全靠所谓的程序管理，远程控制。我就告诉他们，你们在管理上犯了最不应该犯的错误，这个董事长是实职，不是虚职，你们搞那一套，纯粹是胡扯淡。你们完全处于失控状态。”

我问他：“生产、销售都出了问题?”

“主要是销售。生产那是他们接过来以后，球大哥不理球二哥，只管他们办他们的企业，和地方上的关系搞得一塌糊涂。从马鞍山一直到忻州，从工商、税务、药政、环保七七八八这些机构，整天给他们开罚单，停他们的工，弄到这种地步，鸡飞狗跳的。我感觉这个企业在他们手里肯定埋掉了。后来听说他们又要生产保健品，我说谈何容易啊？我早就想搞保健品十几年了，我还不敢动，你们敢动？那一块比药品还难搞得多得多。它的商业模式和市场模式是另外一套。”

摇头：当初他们忻州呀、马鞍山呀各方面的关系处得那么好。这老外好了，国情、省情、民情、人情，啥也不知道，他就这么接罚单吧，如药政、环保这些，能把你罚死。

看来他还达不到所谓“嫁出去闺女，泼出去的水”这个境界呢。这就又感慨起自己的两个儿子来：“他们如果都能把事情和和谐谐地经营好，那桂龙是非常漂亮（他挺爱用此四字）的。结果，是把我也折腾病了。”

第十五章　鼓浪屿，榕树下

1

2015 年 6 月 13 日，王秉岐先生在厦门海沧溘然长逝，永远地离开了这个世界。

他去世的消息，李太平第一时间发了朋友圈，跟着，便是王俊新带有讣告性质的——

亲爱的父亲，天堂的路再没有病痛，一路走好……

和郭新民对他的评价：

生命的价值，不仅仅在于年龄大小；人生的伟岸，往往体现在他所奋斗的事业和成就！王秉岐应该是一个光辉的典范！这个人，是一个特立独行、孤傲不驯的人，是一个敢于挑战世俗、勇于面对困难、善于拓展自己价值的人；是一个有道德、有追求、有理想、有事业且极富个性的非凡不俗的人；是一个为中国中医药事业躬耕励行、殚精竭虑做出不朽贡献的人；是一个有益于人民有益于社会的大写的人！王秉岐先生走了，但他的事业依然会蓬勃发展，他的精神、他的贡献、他的追求、他的寄托都将成为巨大的人生财富，必将鼓舞和激励更多亲人和朋友、影响和勉励那些敢于奋斗不懈努力着的人们……

让我们为他祈福吧！

其下，还跟了一首七言《颂王秉岐先生》：

人生志壮敢担当，
特立独行任慨慷；
退政从医求正道，
通今法古养韶光；
躬耕药业除痾症，
笃攻杏林济世方；
缔创桂龙宏伟梦，
功昭青史厚德彰！

接下来，沉痛悼念自是涟漪荡开，多人、多友以诗、以文、以旧照新图等形式，展开对王秉岐先生的追忆、追思。

此间，在关注、关心王秉岐的坊间，已有人在传我为他写传记一事，特别是忻州一带，我朋友比较多，这样，原来他的一些老朋友，却不知怎么的和厦门那边的摄连珍、王俊新联系，竟是通过朋友们找到了我。他们有人向我要了他家人的电话号码、微信名片，另有人，直接要我向他家人转达他们的哀思。

有忻州名医花三海老先生，当年一起和王秉岐在偏关县上高中，他后来考上的是山西医学院，也是和王秉岐同一年考中。他先是在电话里和我进行交流，讲了他们早年不少事情，之后，又通过微信，把他的祭文发来。花三海先生认为，王秉岐是从他们当中走出来的最了不起的一个人。原话是："西八县数一的人物，在全忻州也是最前头的。"从中也感受到他对王秉岐的真挚感情。也说明，王秉岐从青少年时代起，就是一个颇有感召力的人。

> 王秉岐用一生的精力与智慧，为国家、为人民、为家乡教育做出突出贡献……

花三海老先生和我微信一直有互动。也说他对我的书法大概有几分认可，这是到今年春节前，他发一条私信来要我写副对子给他寄去。我当然写了也快递过去了。只是感觉快递发得稍有点晚，春节前寄快递的人太多，不知有否误了他的事。

另还要说参与到创业桂龙事业的张志礼素有文采。在他随后发来的唁文中，既见秉岐先生的人生高度，亦见他本人的真性情。《唁秉岐赋》两千余言，撷取精华，告慰天人：

> 事有旷百世而不朽又相感者，药有愈痼疾解疴沉之功效，余以专家型学者之识，既欣赏桂龙咳喘宁之神效，更钟情于其方其主人……（先生）独创桂龙药业。一则救助如父亲般患者，活人无数，做乡梓健康保护神；二则规避尔虞我诈，龃龉之中伤。业初，资金匮乏，其俱遑遑。但先生不馁，气势如虹……舛顺不折腰，亭亭而孤绝，不气馁，其为质也；不流于权势而改柯，其为心也；奋斗不止，逆境中攀爬，其为性也……遥想当年创业，北窗映雪，南轩聚萤，彩衣扇枕，缁布问经……砥砥所为，幸收元吉……

大家沉痛悼念王秉岐先生，多发图出来的，还是他那张更能体现其全国著名企业家风采的“成功人士照”——网上挂得也最多：白衬衣，红领带，情致饱满地坐在老板台后面的高背软椅上，沉静、毅然的面庞上，还带有一抹云蒸霞蔚的酡红。

与此形成比照的，则为李太平发朋友圈时所配的那张他临终前几天站在海沧别墅门前的留影。

那当然是回光返照。你看，这饱经癌症病痛折磨的人，竟然还有那样的风采和气宇，人堪比一株退尽繁华的深秋之树，眉宇间有睿哲的沉思，眼中有慈爱之光——这时你似乎已然懂了：他是全心全意爱着这个世界的人，包括爱他的家庭，在他临终意识清醒时，他还又一次和摄连珍说："把桂龙卖出去，也是减轻你的压力和负担。"他这一生从一而终都是在孜孜以求的奋斗和不做任何保留地付出。他这帧夕光晚照，从精神层面上理解，可以说是燃灯佛所言的静寂、虚无，返回尘世，便是满目青山夕照明的欣然、澄澈。他实现了一个人的自我价值，来在此却要把它们全部抛开，并且再无遗憾。他清楚地看见，这道大幕已经拉下来了，他再无必要和死神打斗个不息。

在厦门这地方，他已有了几个孙辈；但此刻，他也是看着天上的，看见了王二闰小老汉，他好像要把自己抱起来呀，自己在他跟前还是个小娃娃；在他父子穿过去的那条小土路两旁，地里的土豆花开了，这也是世间最朴素的花了，那么小，那么洁白。母亲也在天上看着他呢，你看，妈妈还是咱那神池老娘娘啊——故土也在天上。他那消瘦却坚定的面容上，掠过一丝神秘的微笑。

王秉岐，站在死亡的门槛上，也站在自家的别墅门前，完成了最后对世间的一瞥。

2

坐在我面前的摄连珍，面色泛黄泛黑，人很不好看。说她是个神池小老娘娘吧，显见不够健康，两腮上那种高原红一点也没有，反倒脸衰颓得挺小。她的体重八十来斤。王秉岐生病前，她的体重是一百二十斤。

这样照顾病人，跟着病人一道降体重是一个问题，再一个是夜间她很少有有质量的睡眠——哪怕是两三个小时呢。病人夜间自然离不人，她得端端地守着；另一面，她心里难活，本也睡不着。

去忻州采访张志礼，张志礼给了我一些照片，其中有两三张上有摄连珍。我算了一下时间，大致间隔有十年，但她这前后的变化、差距都太大，你甚至会认为，那不是一个人。

王秉岐的病，也许还有最终促成桂龙的售出。就身体方面，她所经受的，不外乎是一场劫难，把她摧残坏了。

就王秉岐，她会从他们家庭内部谈起。他们家庭本就和桂龙的成败兴衰、风光荣辱不可分割。在一些重要的节点上，或轻或重，她都有所表述，包括一家人在售让桂龙中所抱的不同态度。她性格中有很爽利的一面。那种神池女性快人直语的本色，并不因为自身所占有的财富而改变。另也得说，摄连珍擅谈吐，又不像一般女性，她完全能做到：时间有限，拣重要的说。

当年他们神池创业，摄连珍兼顾几头，又管财务，又当助手，又配合研制新药，亲手做药，还得管生产人员及全家人的吃喝拉撒。

管钱，听着好听，可主要是没钱，很多地方又必须用钱。

“这全是我。我得承担。有时候，秉岐他一个男人家不好意思，我就得往人前头走。今天三千，明天两千，亲戚、朋友、同事、同乡、同学，多有开过口的。这个事情也是，他一句话，我就得跑。钱呢，我们没有。可我们供着那么多人，还要进做药的原材料——十几味中草药，我们哪有钱？必须借来。我们要花钱的地方，实在太多了。”

刚结婚时，摄连珍就向王秉岐表白：“今后你干什么，我都支持你。我嫁给你，就是为了辅佐你，一辈子跟着你。”在那个时候，她就认识到这个人是干大事情的。

摄连珍说了：“王秉岐干什么都要干到最好，他是一个典型的追求完美的人。”问题跟着来了：“可他又不是神仙皇帝，到底，还是一个人。他的压力，比谁都大。

“我也认同大家的观点，他这个病就是长期承受压力造成的。这个社会，没有完全的对与不对。企业来说都是视利益为目的的，可他不这样，他做企业就是要做到完美。”

真正过得了关的好企业，多还是靠自己做起来的。你有政府背景，一时间可以，往下走呢？政府本身的决策，还常常变来变去呢。企业没有真正的社会需求，仅靠政府和银行来发展，一个时间里有钱，有潜力，不留神一个浪头过来，都有可能把你摧垮。

“老王脾气太暴躁，人太犟，性子起来，常不容人，他就是那种‘我全是对的’。他伤着别人，我就得去哄。

“很多时候我就和别人说，如果不是王秉岐这么强势逼我，我现在就是一个哄小孙孙的老娘娘了，工作呀、追求呀这些，什么都不是。正因为他逼我，我多年的财务工作，很少有纰漏，现在，就是现代化的办公这些——上网、做报表、电脑、手机，像短信微信这些，没个我拿不起来的。别人会的，我都会。”

她每天会发几条微信出来。所发时间，一般在凌晨两点到四五点之间。我每打开，基本会细读这些闪着思想烛火、带着殷切祝福的微文。

信任如树，不是一天长成的；真情似书，不是一笔写就的……

我问郭新民：“你二妈早年还是个文青，挺有文艺范儿的？”

新民说：“哪呀，我二妈她哪有那个本事？”

我倒认为，也不尽然。当年她和王秉岐谈恋爱，一个大学生，一个卫校生，能说在一起。在我们看，神池人，本还多俊秀多风流呢。

有些事，明明知道无果，却依然不悔；有些情，明明知道无缘，却依旧不舍……

摄连珍爱讲她是“一个神池小县妇女”，甚至“一个文盲”，恰恰因为她多见过世面，拿得起，放得下。至于多能对生活有洞察，则和她多年跟随王秉岐走南闯北分不开。

人这一生中，做人，什么都可以舍弃，但不可舍弃内心的真诚；什么都可以输掉，但不可输掉自己的良心……

丈夫在病痛中挣扎。时间在他们的心上嘀嘀嗒嗒地流逝。

它要带走她的那个人。没有他，她感到自己什么也不是。她“不能想，可一直想”。

她说：“事业型的家庭，就不是幸福的家庭。”

王秉岐还是家庭观念非常强的。现在有多少像他这样的大老板，原配想见人家一面都难。他基本上秉持的还是咱山西的老传统，考虑问题一般还从自己家庭内部出发。

她承认：“这个男人是很好的男人，我也算是幸福的。”前后有一点点矛盾。“实际上我们俩除了说公司里的事，在家里也没有更多的话说。对我，老王有个优点：凡是公司里的事，我的意见，不管好与不好，他听进去听不进去，他都会好好坐下来，听我把话讲清，讲完，讲透。这也是他对我最大的尊重。他每作决策，总会把我意见考虑进去。我们两个心上有一致的东西。

“我俩在一起要五十年了，我觉得，我很舍不得他。那天，我跟他说，老王，你能不能一直陪伴我，咱们一起享受生活有多好。到了咱这个年龄，一般都是退休下来，真正享受生活的好时候。我虽然文化水平不高，但咱这么多年还是可以沟通的。咱俩从来能说到一块儿。”

3

必须说，王秉岐最后苦熬这小半年，没遭受更大的病痛折磨，一个是在长庚医院的继续治疗有效果，一个就是家人终日的围绕、陪伴。

上一次，我和新民在返回太原的航班上，还嘀嘀咕咕，估摸他的弥留能有几多时日。这也是因为我们去之前他卧于病榻上那不吃不喝不治疗的糟糕表现，倒让爱着他的家人（包括他哥哥王秉钧老人和老伴儿，弟弟王秉青及杨文生）多是哀叹：他能不能活过今年这个春节啊？死亡的阴影，也笼罩在大家的头上。

然则，他又坚持了小半年。苦痛的生命并没有在绝望中放弃。

医院里高昂的治疗费用对于他这家庭当然不是问题。还是，关键在亲情的围绕和精心的呵护。这时，他也是被家人捧在掌心里哭闹的赤子。

他想吃一点儿什么呢？上午去医院，是文生开车，还是俊新开车，还是俊义也开车去，这摄连珍都会安排周详。

上一次，她就和我说："夏天的时候，我不想拖累孩子们，我们那时还住在旧楼上。那一段，我的心里很脆弱——比孩子们的也脆弱，孩子们毕竟都四十多岁了，不再是小孩子。孩子们过来有一段路，也不能天天盯在这边。所以，他的病和饮食起居都得我来打理。他提不起一点点东西来，想干任何一个事，都得有人照料、帮着他。就这去医院，你得先根据天气变化给他穿戴好，穿什么袜子，围什么围巾，戴哪个帽子，都得有准备；让他坐上轮椅，你还得手拉手拉着他，这才能到车前，你再把他从轮椅上弄下来，转到车上。我背上还背了个大包吧，里面有各种厚度的棉衣、毛衣、小被子、用纸、水壶水杯，缺一不可。"

为缓解病人因癌细胞扩散带来的疼痛，摄连珍还给王秉岐吃一种自制的止疼胶囊。摄连珍告诉我，原药病人喝起来太难受，她便做成了胶囊。"这些天他就吃着这个。我昨晚又做了一次，一直做到午夜十二点。现在，他这样吃两粒，效果也挺好，吃起来也不难受了。"她还向我讲了一下胶囊的加工过程：把原药研好，掺入辅料，之后干燥、粉碎，打包上机，做出成品。

后来这些年，为保证王秉岐的体能和精力，摄连珍实际上经常性将虫草、人参等名贵中草药研末，做成胶囊，让他每日吃几粒，有一个补充。

这对她倒是轻车熟路。早先两口子在神池家中做小儿咳喘宁蜜丸，蒸炒熬煮，煎晒研磨，那是家中的锅碗瓢勺都用上了。她是桂龙·王秉岐的第一个大工，第一个技师，也是这“锅碗瓢盆”当中的第一个质量监督检验员。

摄连珍说：“在他这个病人跟前，好多事都得忍，不忍不行。说他这病，他就和你吵：‘我这个病就是你们搞出来的。’让你难受不难受？可他是个病人，你必须由他。他向我们、还有向他哥哥这么抱怨，我能把泪咽回肚里；他向外说：‘我这个病就是让我们一家人气成这样的。’那我的泪就止不住了。他净戳你的心。胡说话，他是一家之主，他最强势。老王还说：‘老大家的（俊新媳归），见了我都不说话。’他也不管那人家是怕他呢，不习惯他吧，总也不能非按照你的要求要求人家吧。

“一天，他和他哥哥说：‘把爸爸、妈妈也弄在这儿来。’（这意思是把他已从神池迁往忻州的祖坟再迁来厦门，和他百年后葬在一起）。他哥哥就胡答应他，我也得胡答应他吧。完后，他还挺当事，这又和我说：‘以后，把老大（秉钧）、老三（秉青）一个兄、一个弟也都弄过来。’我说：‘可以，可以。’就是他说什么，我答应什么。这个他哥哥也答应了，也是说：‘可以，都可以。’

“实际这些事情是不可能的。谁从老家那头往这外面搬？不可能。

“但是老王呢，现在已经定了，山西他是不回去了。

“这两天，俊新在这头已经给他买好了墓地，安乐永居园，离天马山那边的殡仪馆不远。我和俊新也说：‘多花上些钱，找上个最好的最大的，再找个好风水先生看一下，按人家这里的风俗习惯，咱做到最好。’”

为此，摄连珍感慨：“他活得这一回，钱用来干什么？我要钱干什么？从我老太太来说，一两千万我也花不了。”

由此，又引出她对王秉岐后期一些投资的态度：“老王说是他投资什么什么。我说老王你别给我讲，我也不认为你那个投对投错，我也不说这个投对与错。你觉得高兴，就是了。”

另一边，则又表达了她对他的崇信，这已不是在端弄病人了：

“老王是病了，手术、化疗、麻醉，他的大脑受到了很大损伤。其实到他生病以前，好多事情，只要从他脑子里过，他就会记得清清楚楚的，人也是，只要有过交往，就会牢牢记住。我们这么多年在外，经过多少的人和事，很少有他忘记的，也很少有真正难住他的。

“老王的遗传基因很特殊。我们在国外和北京都给他查过，人家说，做了多少例，很少见到他这种基因，其中有一条，就是人非常聪明。”

也有大的隐忧，说那会影响寿数。想到王秉岐父亲活了五十多岁，王秉岐的病情自是很难好转，摄连珍不由得又担心起两个儿子来。

大家肯定是尊重医学科学的，但遗传基因作用于人的健康并非绝对。诚如他家的情况，兄长王秉钧老人，与他比就很不一样，临近八旬的老人，体健身轻，头脑反应灵敏，和家人朋友坐下来，白酒还能喝四两。再说他弟弟王秉青，那也是六十好几的人，正常看去，身板挺直，没有老态，反像一个中年人。并非为摄连珍宽心，儿孙自有儿孙福。

究竟家族遗传对王秉岐的身心制约有多大，一样打问号。

他成了这个样子，多一层因素，还在他多年为桂龙事业，鞠躬尽瘁，殚精竭虑，心血耗尽，积劳成疾。

郭新民就认为，他二爹这情况，全是累的。

摄连珍有两大宽慰：一是“王秉岐绝对不走官商勾结的路”，“他这个性格不行，那样，怕他早就坐牢了”；二是“王秉岐在钱上从不隐瞒我，没有小金库”。“后来他管上钱也有七八年了。过去他的钱都在我手上，是我给他钱，他能刷卡，不能取现。现在他自己管，可他从也不骗我。他就和我说：‘我手上没有你找不到的钱。’我感觉就没有。那天他问我：‘连珍，我问你个话，你知道我手里有没有钱?’我说：‘我百分之百敢肯定你没有。即使有一些我不知道，你觉得想给某一个人，你心里不给过不去，那你也不会背过我去给的。我知道，什么你都会跟我讲得清清楚楚，你知道我也不会拦着你。’”

王秉岐在病痛中实有两极：一边怪罪、抱怨，遥思、臆想；一边则如前所述，为了他这个家庭，把凡能想到的、凡能做到的，都想了，都做了。实则就是在病中一直安顿身后事。

官司有几桩，那是别人该他的。他也叫来律师，交代清楚，托给摄连珍。照一般看，这是一个自然转承关系，那他也要加以强调，免得日后有隙。房产本也是这情况，几个写有他的名字的，一皆找律师来，重又给摄连珍写清楚。在他毕竟业大房产多，写好遗书，非多此一举。律师说："这个正常连委托都不用，就是自然的。这个不同于给孩子们的，得有手续。"

最后，是病中给妻："你自己还年轻，生活还是要往前看。"

4

6 月下半月的厦门海岛，热浪滚滚。但我们多在室内、车中，由于空调开得非常大，人是凉爽之身，透过窗玻璃望，就觉得这厦门好：浓荫蔽日，海浪声声，繁花似锦。

而我在这里最深的南方北方体验，却在这当地人嘴上。那是一个出租车司机，他把武汉叫成了北方。

那可是祖国最著名的火炉子之一，能热死人的地方。你说，你和他心理上的南北落差该有多大？

说天下事奇，在我第一次来，有小半日间歇，可到鼓浪屿走走，这就打了这位当地朋友的出租到码头乘船。嘿，谁料想呢，不到三个小时后，我回到这边码头，一出租车司机笑着向我招手。原来还是这位讲武汉是北方的朋友，他的车在此排队，又排住了我。接着扯吧：武汉是北方。

茫茫人海，一天两坐这厦门朋友的出租车，这半辈子遇见的可不多。

想来这里或许有它的内在逻辑，也说类蝴蝶效应。那是在我们返程飞太原，中途飞机停武汉，结果遭遇风雪，飞机不能起飞，我们愣是被机场大巴拉到黄陂某酒店，住了一宿。

第二天早晨，我们退房乘大巴返机场，飞雪还在沙沙落着。

于我们言，也就很普通一场雪，鞋底也没埋。然则，当地人那个惊呼：好大的雪啊。

这次来厦门参加王秉岐追悼会，海沧这边，住了鼓浪湾大酒店。这在2015年6月16日傍晚，“大管家”杨文生带我们进去那清凉大厅（中央空调调得亦挺深）。我突然发现，这样多同来追悼的神池人。他们都在等新民的到来。多人还就在这一楼大厅站着或围坐。我认识的，自是有限几个：有李太平，有晋祠宾馆的振生兄，神池县教委一个姓刘的同志，和我们同乘一班飞机的一个中学校长，加新民的一个小舅子和摄连珍的弟弟摄二焕；再就是王秉岐治丧委员会的主任宫福存——他前两日从北京飞来，出任了这个“大总管”。我对他的到来和“任职”都有点儿意外。误以为“他后来离开桂龙，一定是和俊新有联系，并保持着很好的个人友谊”。

深入探究事实真相，恰又回到“解铃还须系铃人”上。那是在2010年春节前后，王秉岐返晋回秀容城葬母，借此哀鸣孝心，将原来“桂龙系”离去的好些人请来。宫福存先生便是其中之一。交情深者，交情益厚；有过节者，相逢一笑，再济沧浪。

那能说是王秉岐的一个大日子。他给老母亲办完丧葬，还让摄连珍拿钱出来，特别接济了几家神池穷亲戚。张志礼说：“那有不少家呢。还有摄连珍一个穷本家，那是王秉岐亲自把他拉回来，给了他一万块钱。这些在神池就能做个啥。”

宫福存正是在忻州重和王秉岐把酒言欢，释然多年胸中不快。

由他来做这个治丧委员会“大总管”，更显得咱神池土亲。哪有什么生分？都是咱神池自家人，满满一大中巴车，还有好几个小车。

我就思量：王秉岐本就是一个能量场？几十年里，仅说故乡这一边，有多少人因他而来？又有多少神池孩子，真就成了这厦门特区人？

现在，是见到杨文生生在厦门、长在厦门、现在厦门读大学二年级的二小子。

这孩子给新民和我都留下了很深印象。小子在我们跟前一点不拘束，像个十分上进的青年，侃侃而谈，与我俩纵论天下大事。孩子少年老成，与他这代人似有很大不同，能与人沟通，还挺懂得招呼人。他能喝几瓶啤酒，我看他饮酒后很静气，一点不浮躁。

他让我想到王秉岐的学生时代，想到他父亲杨文生那个小土疙蛋做公社通信员时代，同时也看到，这小子肩上扛着的神池人的未来。

而就他父亲母亲这么多年里一直陪伴在王秉岐、摄连珍身边，奉献了他们所能做到的一切，王秉钧老人则几番动情地提出来：杨文生两口子，正是咱兄弟王秉岐这一生最应该感激的人。有一次王秉钧老人向新民讲起时，眼里还噙了泪花。

啊，亲情不断在漫溢。那是三个老娘娘，总是俊新的老姑姑、老姨姨、老姥姥，她们这去没去过神池县城还两说，倒因王秉岐仙逝天南地北飞来厦门——孙悟空到了天尽头撒尿作记号的地方；三个老人确是上了年纪，腰背佝偻，头包粗线方巾，最老者，好像就是一双解放脚——北方农村人多拿玉米金皇后打比方。

中巴车返酒店路过高尔夫区，她三个下车，到别墅群去看摄连珍。她们不愿麻烦别人，说自己进去找。陪着下去的人，向保安讲了好半晌，保安才放她们过岗。

那就迷路了吧。三个神池老娘娘转啊转，举着脖子到处望：这哪有个摄连珍呀？

哪知道这海沧高尔夫区，比咱整个神池城还大。

5

2015 年 6 日 17 日上午。厦门。天马山殡仪馆 1 号吊唁大厅。

哀乐响起。大厅全以素洁的鲜花摆放出来。人来了很多。不到仪式开始，人已经满了。这里每人都佩戴了白花。年轻人来了许许多多，似都有一些络绎不绝。桂龙的事业不只是在继续。而它还十分年轻。又一部分，又一部分悼念的人们。

王秉岐的家人、亲属，咱神池人。

王秉岐先生的遗体，在那素洁莹白的鲜花丛中，他是那么小，感觉小得可装进一只小瓮子里。

我叩首合十，走在向他遗体告别的队列中，之后停下默哀、鞠躬。

这时他的遗孀摄连珍，让人搀扶着出现在吊唁大厅。她人小得、软得、瘦得、被苦泪泡得，似乎都要让你看不见了。

王俊新，脸色也很不好，泛黄、浮肿，本就有些稀疏的头发，似又掉了不少。和他母亲相似的地方，那是半驼着背，也快成一小老汉儿了。他这倒符合山西人所言的“丑孝，丑孝”。

他的朋友，来了很多。有不少像我们一样，远道而来：东北的、上海的、四川的、江浙的。俊新在社会上做人做事，广交天下朋友。“其实，处人也是这样的，你帮了一百个人，一千个人，上万个人，真正帮你的有十个人，你就是天才了。你走在哪里，做什么事情都是顺顺利利的。帮人不求回报，实际就是结善缘。你在人家需要的时候去帮他，做雪中送炭的事情，你自己自然会觉得有价值。”

王俊新正在承受着丧父之痛。他父亲是不喜欢胡雪岩的，认为红顶商人那就是官商勾结。他也秉承了父亲这性格，不拿商人身份去蹚官场浑水，尤在做人上多走民间化道路，繁华退尽：

> 人鬼天地，万金似慷慨
> 浮生若梦安载道，唯苦心良在

这电视连续剧《胡雪岩》主题歌，却有他几分心理写照。

作为王家老大，不管他的性格如何，那股倔强劲儿像或者不像父亲，在王秉岐决定将桂龙打包卖出，他若不强烈反对、坚决阻止，那反而是不可理喻的。那样一个大市场环境，每人身边自会形成利益圈。你是你，更多的时候，并不是你。

他们这家庭结构，说不上复杂。但在它上升到掌控一个全国著名药企，尤当它还摆脱原地方的牵扯、制约，在他们是否会产生经营一个独立小王国意识?

王秉岐曾说："我为什么要把总部机关挪到厦门来呢?第一，我的合作方是台湾人。我当时还和他相商：'能不能把总部设在太原?'他说：'不行，太原太靠里面了。万一大陆有个变动，我们跑不了。厦门你设个总部，我们语言相通，风俗习惯相通，出门打个车，十分钟就到机场了。在你那边，怕我是想走也走不了。'我来到厦门以后，返回头来安顿神池那边的厂长：'县里面要是给你出难题，你推到我这个董事长的头上就行了。他们打电话过来也好，我来对付他们。'这样，他们鞭长莫及，找不到我吧。那时候通话不方便，不像现在有手机。地方上这种请客送礼啦，政府让你今天请，明天请，今天要这个，明天要那个，这路子我倒给他堵了个差不多。"

去吧，异乡人，那也是他们的背影?

另外，邱波和戴峰的相继出现，让我对王秉岐又多了层理解。

他们亦如他的孩子。还都是"丑孝丑孝"：邱波一身深色衣服，皱皱巴巴的，苍郁的面容上，多添了几分哀戚。我在影像中所见的戴峰，至少有三几分的挺拔、帅气，尤当显年轻，现在看，却这样多的白发，又同邱波一样，脸上多是哀戚。另说给世界五百强公司在中国当值，压力也一定山大。

6

现在，郭新民迈着沉重的步伐，走上前，开始致悼词：

今天，我们怀着十分沉痛的心情，在这里深切悼念中国当代中医药界杰出人士、原桂龙药业集团董事长、"桂龙咳喘宁""慢咽舒宁"研创人王秉岐先生，2015 年 6 月 13 日 20 时 40 分，王秉岐先生因罹患癌症，医治无效，在厦门不幸辞世，享年七十周岁……

来厦之前，接到俊新电话，说给他父亲做一个小图册，需要一些电子版照片，文字也要一些有概括性的，可供写悼词使用；我因托好友王涛兄扫描并处理了不少王秉岐的照片，本书的工作实也进入写作阶段，能概括他创业桂龙的文字自是有一点，且我还专门为王秉岐做了一个“生平简历”。我一并将图文发给了俊新。

俊新动作挺快。在我和新民进鼓浪湾大酒店，在大厅已看见那悼念小图册。正感喟俊新做事知应该去找谁，却见宫福存交给我们的东西，与我原以为发给俊新的“王秉岐生平”等文字，完全不是一回事儿。显见是我心情沉重，把发俊新的文件倒错了。但那个“生平”等文字，我邮箱里没有。它还留在山西家中的电脑里面。我给妻子朱莉打电话，实际是好一阵子鼓捣。就和新民重弄悼词，这首先得掌握王秉岐生平的全部情况。

整夜和新民弄悼词的同时，也感受在他们之间，有一种回声似的东西，激荡在空中。

贤婿新民并爱甥晋杰、晶晶：感谢您们父子拨冗来厦门看我！世事不公，从政生涯之路愈来愈难走，但望安全、健康地创造你们之完美人生！

二爹、二姥爷全家致。

这是王秉岐最后发给郭新民的诀别信息。

回声1——

王秉岐因心肌炎突发，到忻州地区人民医院住过一次院。

赶巧了的，是郭新民的母亲，也因心脏不舒服住了地区人民医院，两人住进了同一个病房。

王彩玲，郭新民爱人，王秉钧长女，早年却多爱在她二爹二妈跟前。

摄连珍说：“郭新民老婆也是从我家走出去的。他俩找对象也是我们给找的。我就差没生她。”

王彩玲毕业于山西医学院。在她分回神池工作以后，正是王秉岐第一个认为她到了该谈婚论嫁的当口。这他首先就跟摄连珍商议，荣花子（王彩玲小名）该找上一个谁呢？在神池，那是没有哪个男青年能配得上咱荣花子的。在他两口子眼里，王彩玲可不只是神池县城数一数二的好闺女，“咱荣花子天女下凡，是天底下最好的好闺女。”

王秉岐办事挺冲。他一拍大腿，第一个想到了郭新民：“老书记郭伦的好儿子，好人才，好文采。也只有他才配得上咱家荣花子。”

新民和上医学院的王彩玲同届毕业，从城省太原返回忻州，新民进了地区劳动局。

现在，二爹王秉岐就是看上了郭新民，决心要办成这件事。他不光没怎么和长兄王秉钧商量，和大侄女荣花子也未问个短长，拉上摄连珍，倒下忻州去找了郭新民。“就找他本人。”

摄连珍不可，两人才到郭新民家里见了他母亲。

多少遗憾，是王秉岐没有想到，他们这样是有点儿攀高结贵了，不是门当户对。“那肯定不在一个平台上。”新民母亲向新民说他们来提亲，新民没答应。“我不会随随便便就同意的。”倒是新民母亲听了王秉岐的话，觉得他这侄女不错，不妨为新民多留意了解一下。

新民母亲有心，悄悄回神池看了这闺女，认为挺好。新民大姐留在神池，她又安排她了解王家跟王彩玲个人的情况。问题在于新民不乐意。这没办法，父母做不了他的主。

郭新民说：“我跟王彩玲在太原上大学就认识。她在医学院，我在山大。但是我们都没有说过这个事。我当时也还没大看中她，因为她是学医的，我是学文的，文和医有些风马牛不相及。当初咱那个理想，还是闹一个同窗好友，有共同的爱好，共同的兴趣，共同的人生志向。可是呀，周边就没有我能看上的。我们班里那么多女同学，说句难听话，我是一个也看不上。我天生有点清高是一面，另一面我那时已经开始搞创作，发表了一些东西，还被冠名‘少年诗人’；著名诗人马作楫老师为刊授大学编写《诗歌教材》，就收有我的文章。

“当时神池呀忻州在太原上学发展的，也有一批女孩子。我基本上也没有看对一个。倒是王彩玲在我心里还隐隐约约有点儿感觉，也不错。”但是新民当时就嫌她文采不足。一次老乡们在山大这边聚会，王彩玲过去吃饭，完了后还到新民的宿舍看了看。

“最后大家毕了业，我和她忻州、神池分开了，那个激情信号，似乎也忘掉了，放下了。”

可是王秉岐又要给他们接上这个信号。新民还是不大愿意，想着自己的另一半，会是下一个唐婉，下一个李清照，文佳人美，冰雪聪颖。这样，一推一年多，似就了了。

但这里最受挫的，非咱荣花子王彩玲，反是她二爹王秉岐。他那个个性又强，性子又急，对此都有些戳火。好歹，他还隐忍着，没说出什么不好听的话。

岂料山不转水转，天公要撮合这门亲事，把他们两个长辈放在了同一间病房。

新民说：“我妈那时候再一看王彩玲，就和我说：‘行了，不用挑了，这个娃挺不赖。’做我的工作。那反正我觉得我是孝子，我妈这种情况，我怕她说走就走呀，她有这个强烈要求，我必须答应她。答应了可能对她这个病有好处。所以，我说：‘行吧，就这吧。’”

对自己的婚姻，新民有总结：“这是人生命运。是大的缘分，不是一般的缘分，人有时候逃不脱命运，怎么他们两个住院能住到一块儿呢?”

王秉岐亲荣花子王彩玲，还亲自挑下这个大侄女婿。他虽为长辈，可自新民成了他们王家的女婿，每逢大事，便多爱和新民商量。

反过来，他恼俊新时由不住会说：“你就不能和你大姐夫比比。看看人家。

郭新民在致悼词——

王秉岐先生与世长辞了。他的离去，对家人、对亲友、对业界及社会各界，是一个巨大的悲哀；它的影响之广泛、之深远也是多方面的，至少在故乡山西、福建、安徽等地，是一个无法弥补的损失，留下深深遗憾！多少年来，他的价值，他的贡献，众所周知，有目共睹。他是一个秉承晋商精神、力倡儒家之道的全国著名企业家、医药学家：他总是在回馈、报答这个社会，他留给社会的物质和精神财富，是他对人类生命事业的伟大奉献："秉华夏仁术之道""创国粹桂龙药业""拯黎民于仁寿，济羸劣以安康"，他虽远去，但他亲创的桂龙系列药品，则必将长存于人世，护佑人类之康健……

回声 2——

进入二十一世纪以后，其中有一段，王秉岐连着给郭新民打电话说："仕途风险很大，尤其在中国做官，不稳定因素太多。所以，你退出来，不要吃政治这碗饭了。你来厦门，跟二爹来干，弄弄钱，会有一番作为的。"

那时郭新民正在长治市任市常委、组织部长，仕途上顺风顺水。但二爹苦口婆心，他自慎重考虑。"我未能辞官下海，到厦门助我二爹一臂之力，原因在官，又不在官。

"这时他的企业已经很成功了，不是草创时期那样，作为家人，就怕他不成功，想方设法给他以帮助。那时候，我考虑他多，几乎不考虑自己。但到这时候，我考虑他时，还会设想今后我要是和他在一起，会有多少种情况。

"仕途的情况，大家清楚，我很好。可我一样相信他的话：'在中国做官，不稳定因素太多。'我没有什么放不下的。辞官从商，又有什么不可以呢？我是觉得，这样一来，冲着钱去了，没准多半会弄你一个半途而废，这半路出家，有多少文不成、武不就的？你以为你挺有本事，实际上却给人家做不成，这现成的例子，身边就一大堆。咱从小没有经商的经历，买个碗人家还会让你多弄条毛巾。表象上看，咱也是一个风光人，至少好像是要比我二爹两个儿子俊新、俊义综合素质强。企业不熟悉，咱可以学，可是我又觉得，他是个家族企业，你过去了，就等于寄人篱下。钱多的地方好？不要说兄弟阋墙、拔刀相见了，老婆不相信汉，汉不相信老婆，父亲不相信儿子，儿子不相信父亲，人间亲情直接就没有了。他的家庭内部事实上也隐伏着这样的危机。为钱寄人篱下，这罪可不好受。另外，我也不爱钱，我有诗书画三宝，钱顶不住我这个。所以，我思考再三，跟我二爹去干桂龙，与我的人生价值观不符。”

郭新民在致悼词——

王秉岐先生的一生，跌宕起伏，波澜壮阔，充满了故事性。

其座右铭：“做人，做大人；走路，走大路；做事，做大事；赚钱，赚大钱——赚光明正大的钱。”

回声3——

郭新民说：“我一直在精神上支持他。”

张志礼说：“直到九十年代秉岐在忻州高新区建起中恒药厂，都得到过他这个大侄女女婿的相助。”

多次讲到“97北京桂龙咳喘宁科技鉴定会”，郭新民主要负责媒体工作，实际却不止这个。“北京鉴定，那我就是和我二爹一起去的。我的全面包装、策划。我是大管家，包括所有的新闻发布，所有的接待。当时大家住山西办事处，那里有我们一个神池老乡，是负责人。前前后后，我们北京忙乱了十来天。会议定在北京饭店开，那也是我和太平一起跑的。那时我还没有去宁武当副县长，人在地区劳动局当副局长，二十多不到三十岁，精力非常充沛。我在管了整个会务和来宾的吃住这些，还跟我二爹跑了卫生部、科技部。他们都有专门管新药的机构，管审批的，管研发的。山西这边，首先得向行署专员汇报，向市里各部门的领导通气，打招呼；通过市里各有关部门的领导向上反映，再把省里边有关部门的有关人士请到北京。这个运作基本上都是我一个人跑下来的。要不然单靠我二爹他们，不可能叫动人家。前面讲了，首都各大媒体、还有咱省里的各大媒体，也是我请去的。最后鉴定会不仅在国内，在东南亚，在台湾，在港澳地区，甚至在美国、加拿大、澳大利亚，都形成了声势和影响。这就是因为咱动用了二三十家主流媒体，全发了稿，播了消息，还有不少是专题、特写、包括长篇通讯。像日本友人寺西清一夫人寺西盈女士等外国哮喘病患，他们通过邮寄或拿外汇兑换券购买桂龙咳喘宁，大多是见到《人民日报·海外版》的报道，找上门来的。”

郭新民继续在致悼词——

> 伟大都是熬出来的。为什么说“熬”呢？因为普通人承受不了的委屈，他能承受；普通人需要别人理解安慰鼓励，他没有；普通人用消极指责来发泄情绪，但他必须看到爱和阳光，使之很多不尽如人意的事情逐步向好转化；普通人需要一个肩膀在脆弱的时候靠一靠，而他却是别人依靠的肩膀……

大厅内一片哭泣之声。郭新民也数度哽咽，泪流满面。

就悼词本身，郭新民的话是：“备其哀荣。那他一生所达到的那个高度，都在这里面。”

俊新平时的酒量是可以的，但告别仪式结束后在佳丽海鲜酒店的宴请上，并不见他多喝，身子便直晃。

我和王秉钧老人坐在一张桌子上，不同于他大侄子的，是老人喝下有半斤茅台酒，却看不到有醉意。他多说的一句话即：“送他走吧。”那前后是七八个月，他带老伴儿在厦门这边陪伴秉岐。他这里有一套普通住宅，他自己又能开车，每天就开着车过去。然而，到了王秉岐大限降临，他反而没有在兄弟身边。二姑娘的孩子完婚办喜事，他这个家中最长者，不能不赶回忻州去祝福。这里说长兄如父，则留下了遗憾。于王秉岐离世，老人的痛苦最深；于桂龙企业的卖出，那其实也是卖出他这几十年的心血的一部分。

在这边，神池人喝酒都很多。郭新民、李太平、振声他们几个，每人差不多喝进去一斤茅台。

酒是俊新专门去免税区买来的。

“这是喝秉岐的酒呢。”我说神池人能喝，郭新民说：“神池县山西白酒销售量人均第一。”

有一高个子，好像是浙江卫视分管广告运营的副总监，他被新民上午所致悼词大大地感动，主动过来找新民碰了三个大杯，交换了名片。他说，他多次参加这样的告别仪式，却从未见过今天这样震撼心灵的场面。

郭新民与他二爹，有命运感在里面呢。

回声 4——

王秉岐的《桂龙铭》最后成形，也是经过郭新民删节、改动的。王秉岐当时自己写了个东西，可是总感觉得不到更高的要求，和自己心里想表达的东西有距离。这他就求助郭新民，把意思讲清，把原稿发来；这郭新民当仁不让，“咱艾青奖也获了，文字上最是行家里手”，坐下来一个小时，该强调的强调，没有的补充，多则“删繁就简三秋树”，即成就了王秉岐这篇《桂龙铭》。二爹十分满意。他想要的就是这么个东西。余下，是书法形式的表达。一大一小，新民写了两幅。“这个《桂龙铭》还是一个很重要的东西：一是文字到位，二是表达了他的真实思想，三是对于整个做企业、做市场的人都能有一个很好的借鉴作用。

“我不高兴的是我那两幅手书不知他们弄哪儿去了。小的找不见了，大的也不知道丢在啥地方。真恨他们不成器。当时我写下，是准备把字套刻在中恒 · 忻州桂龙一进大院迎着的那面墙上，震铄人心；或者刻到几条木板上，挂进办公楼顶着的侧墙上，有个十来米就行。结果几年过去后，人家非但没弄，咱手书的东西也没了。有一年过年，我和他们这边几个管事的人吃饭，我说：‘咱写的那个大的《桂龙铭》哪儿去了?”他们说：‘哎呀，可能就在一楼放着呢。这东西还能找见。’去哪儿找?”

对桂龙咳喘宁的命名，郭新民尤其谈得详尽。

因为这里有一个前提，那是在厦门长庚医院，躺在病床上的王秉岐说，他当时为了桂龙公司的命名，还专程从神池跑到忻州，这二字是他和地区医院院长赵震环一起琢磨的。

王秉岐的原话是："一个桂枝，一个龙骨。我起这个名字，想了半天。我办企业，刚开始叫神池制药厂，再做也得出局，因为神池太小了。后来我就考虑到商标问题，想了很多，但没有定下来。我就去找地区医院的院长赵震环——后来他当了省卫生厅厅长。我知道他脑子特别好使，和他说：‘你想想我桂龙咳喘宁办企业，注册个什么名字呢?’赵震环化学脑袋，听我一说，眼睛一转：‘就两个字：桂龙。这个多好啊，又吉利，又吉祥，又符合你的产品。’我一听，说：‘这个好。瞧，我琢磨了两三个月琢磨不出来，到你这儿一下解决了。’很快，我拿上设计印刷好的东西，到北京进行了注册。我怕别人抢占了我这个好名字。尽管说那时候人们还没有很强的商标注册意识。"

这次采访，郭新民也在场。因病房内进来出去探视王秉岐的人太多，有那么些乱乱哄哄的，所以新民把桂龙公司的命名和桂龙咳喘宁的命名弄混了。正因此，还惹他一肚子不高兴："我二爹他完全记错了。"我们回来后我向他说那是公司的命名，新民说："那也不是事实。因为公司起名也是我和他两个人一起商量的。"

这是怎么回事儿?王秉岐大病在身，死神的羽翅就在他头顶上盘旋，想来这一时间，记错了过去一两件事情，尚属正常。

尽管如此，我还是相信他的话不可能完全有错，应该是有影子的事。这么说，是新民记错了?不，也不是这么一回事。

这全是事实。怎么说?实际也一句：英雄所见略同。

我相信桂龙公司在命名这事上，大概也如此。相信王秉岐甚至在他二人之外，还和别的什么人一块儿琢磨或提起来过。都不为过的。但还是要说明一下，桂龙公司的命名要比桂龙咳喘宁的命名晚许多。为什么？如王秉岐所说，他开始弄药一直是个公家人，公司成立却是后来的事。桂龙咳喘宁从家庭作坊转为正式药厂出品，那神池制药厂，也是他为县里搞起来的。

看看郭新民怎么说："药出来了，就得有包装、设计、命名、注册商标。有这么一套宣传的东西，你才能将它推到市场上。可我二爹当时就不知道该叫个啥。我问他药里边的成分都有些什么？他说有龙骨，我说好，龙是咱五千年中华文明的古老图腾，这是一个；他又说有桂枝，还有好多药；后来我说这个桂枝——'桂'字挺好的，如果从语言的谐音上，是尊贵宝贵的意思，音同字不同，但这个'桂'本身就有吉祥之意，一个龙、一个桂，一下结合到一块了，我说：'对，干脆就叫桂龙，桂龙咳喘宁。'这名字是我起的，我是从中国文化和哲学的内涵上给他做了一些思考和定位。"

这下来就是怎么包装了。"桂龙最初的包装全是我设计的。包括他最重要的注册商标，也是我设计的。它不是有一个中国的中字吗？里头写桂龙两个篆字。中字代表中国中医，和桂龙也结合起来了。我为什么这样定位？实际也是参考了很多中华元素，不是随便给他画个圈圈。必须说，第一个咱懂美术，喜欢绘画；第二个咱对语言文字有感觉，有研究；第三个对中华文化情有所钟，而这些意思，全在'桂龙'之名和它的系列设计里了。这之后工厂跟着弄出来，派人就上北京注册了。它打上我的烙印，跟我也不可分割了。"

回声5——

我们初到迎泽宾馆，他老乡李太平是西七楼服务员，他老乡张维全是西三楼服务员，另还有梁玉英、杜春花几个女孩子，也是这边西楼的服务员。我是西六楼的服务员。

我们每楼上男服务员的单身宿舍，都占的是楼层上的另一个工作间。这里因为通茶炉等管道，上下留有一个长方形的大口子。我们楼上楼下，经常通过这个大口子说话。八角大楼的两个钢结构外挂消防楼梯，其一就在我们的宿舍背后，我们想出去，钢框玻璃门上的钥匙一扭，即可便利地利用这个消防钢梯上下串门子。应该说，大家皆无秘密可言。差不多，也因为这样，王秉岐来了，他在上面跟着李太平进宿舍，我在下面听见，即可登外挂消防梯上去，混个脸熟，嘘寒、闲聊；不是老乡，冒充故交。一会儿神池家张维全到了，一会儿神池家王福来了，还有女服务员梁玉英、杜春花也跟过来。老乡见老乡，欢欣异常。

太平他们对他的爱见，有一句提示性的话是：可别想着大家会胡乱地尊崇一个人。有关这一点，我曾多次在写我们青少年时期的文章中强调："我们这些小孩子并不小。"同我一样，太平他们这十余神池家，大凡也在穷困山乡中长大的。大家吃个窝窝都那么不容易。为此，在生活的这本教课书里，和吃糕吃蜜者比较，不禁多了几分生存能力，在思想、感情与社会的认识上，似也更成熟、更老练一些，甚至更世故、更狡黠一些。有道是"寒门出孝子"——苦能把小孩子熬大。"我们这些小孩子并不小"，还有另一层社会政治含义。这又是在"贫困、饥馑的乡村背景"下，实在是锻打人的意志和生命力的钢钎铁砧。回望当初的李太平、王福、张维全，在他们身上竟然很少有什么幼稚可笑的地方；倒是少年老成，应对社会的复杂艰危局面，调停难以调停的人际关系这方面，给我留下更深的印象。

这样子似在接受心灵的传输，精神的沐浴。太平他们张张笑脸迎向王秉岐，一时间，完成对他的簇拥、合抱。（王秉岐确有人生导师的精神特质，这也影响了几代桂龙人。他常通过手机短信和微信等方式，向朋友们传达他的认知与思索。）这样的时候，我们当然甘做绿叶，甘当向日葵了。说崇敬之情，另存深焉，亦是乡野孩子走向城市后对故土的回想和拟人化了的、半宗教式的景仰以及王秉岐成为这段乡土传奇的代言等等。这也是一种心灵的坚守，以此来抗拒所处现实的庸碌无为，包括惶惑尘俗对人性张扬的阴沉吞噬。你看太平他们，个个雄心勃勃，凌云壮志，问题是整日忙着打扫卫生，倒痰盂，洗痰盂，扣地板，擦马桶；王福忙得一头汗在客灶狂蒸包子，弄不好碱就大了。这憋屈、难活的；值班，烟也不让抽。

乡土，对于离开他的人是一种情怀。保持，就是葆有你的根。

我们身上，都倔强地带有生身土地的不肯臣服。这样一些孩子，你想让他们胡乱地崇拜一个人？远不是那么回事。

回声6——

刘渡舟老人曾对王秉岐有过这样的评价：我带出来多少学生，也培养了不少研究生，但像王秉岐这样有出息、有成就的极少。他是我最得意的门生。

郭新民说：秉岐的成功——对恩师的回报，可以说绝无仅有。

他们在一起，是合力为我们这社会做出了贡献。

……

厦门，遥对台湾宝岛的祖国南大门，每天近一千架飞机在她的区域上空飞过，每天逾五百架次的航班起降。

天上不停地有飞机飞过，把你的目光引向高空，形成仰望。

那就是鼓浪屿吗？钢琴和诗人的鼓浪屿，世间最美的一个社区。

从这边码头望去，游人都看得清晰。这里在冬日也有澄明的流光。

路边一棵榕树下
是我怀念的地方
晴朗的天空
凉爽的风
还有醉人的绿草香

这首《榕树下》，去厦门后终日回荡在脑际。这哪像是一首日本曲子呀，它好像专为鼓浪屿那两株大榕树而谱写。

一株一千年，一株八百年，树的周身，流苏般纷披而下，那是一万部荷马式火红的大胡子。

最后一夜，杨文生讲起王秉岐最终的弥留。在他说到，那他就是长时间的不间隔的嚎叫。我的心，死命地一揪。

嚎嚎嚎嚎，嚎嚎嚎嚎，嚎嚎嚎嚎，嚎嚎嚎嚎——

杨文生说："他已经没有意识了，眼里的光都散了，可还一直在嚎叫：嚎嚎嚎嚎，嚎嚎嚎嚎——"从穷乡僻壤，到厦门特区。

定稿于 2017 年 10 月，太原后铁匠巷

图书在版编目(CIP)数据

神池人的厦门：王秉岐传 / 柴然著. — 北京：中国文史出版社，2018.1

(跨度·非虚构文库)

ISBN 978-7-5034-9775-9

Ⅰ. ①神… Ⅱ. ①柴… Ⅲ. ①王秉岐-传记 Ⅳ. ①K825.38

中国版本图书馆 CIP 数据核字(2017)第 280597 号

责任编辑：马合省　蔡晓欧

出版发行：中国文史出版社
网　　址：http://www.chinawenshi.net
社　　址：北京市西城区太平桥大街 23 号　邮编：100811
电　　话：010-66173572　66168268　66192736（发行部）
传　　真：010-66192703
印　　装：廊坊市海涛印刷有限公司
经　　销：全国新华书店
开　　本：720×1020　1/16
印　　张：18　　插页：4
字　　数：260 千字
版　　次：2018 年 1 月第 1 版
印　　次：2018 年 1 月第 1 次印刷
定　　价：48.00 元